哲學評論

PHILOSOPHICAL INQUIRY

第7辑

武汉大学哲学学院
武汉大学中西比较哲学研究中心 编

WUHAN UNIVERSITY PRESS
武汉大学出版社

图书在版编目(CIP)数据

哲学评论．第7辑/武汉大学哲学学院;武汉大学中西比较哲学研究中心编．—武汉：武汉大学出版社,2009.6

ISBN 978-7-307-06940-4

Ⅰ.哲…　Ⅱ.①武…　②武…　Ⅲ.哲学—文集　Ⅳ.B0-53

中国版本图书馆 CIP 数据核字(2009)第038359号

责任编辑:黎晓方　　责任校对:黄添生　　版式设计:支　笛

出版发行：**武汉大学出版社**　(430072　武昌　珞珈山)

(电子邮件：cbs22@whu.edu.cn　网址：www.wdp.com.cn)

印刷:湖北恒泰印务有限公司

开本：720×1000　1/16　印张:18.75　字数:259千字　插页:1

版次：2009年6月第1版　2009年6月第1次印刷

ISBN 978-7-307-06940-4/B·231　定价:39.50元

出版者：
武汉大学出版社
2009年

主编的话

□ 吴根友

《哲学评论》作为武汉大学哲学学院和“武汉大学中西比较哲学研究中心”的论文集，到本辑为止已经是第 7 辑了。此前，有《珞珈哲学论坛》共有 4 辑，加起来一共有 11 辑了。这期间，系、院领导班子已经换了多轮，而主持编辑者也已经有四五个人了吧。按照上届班子郭齐勇院长的说法，谁任学院院长谁就接任《哲学评论》的主编一职。而此届班子朱志方院长则对此稍作调整，成立编委会和编辑部，让我领导编辑部，并出任《哲学评论》的主编，实在是体现了他以虚驭实的领导艺术。

此辑出版之际恰遇哲学学院诸大事因缘，一是本院德高望重的萧萐父先生于 2008 年 9 月 17 日因病医治无效逝世，二是 2007 年武汉大学主办、哲学学院承办了第十五届国际中国哲学大会，三是最近武汉大学哲学学院与台湾辅仁大学哲学系共同举办了博士生论坛。三件大事凑合，就形成了本辑论文的三大专栏。而在纪念萧萐父先生的文章中，郭齐勇教授第一次全面阐述了萧萐父先生的为人、为学、为教以及启蒙思想的新内涵，李维武教授第一次阐述了萧萐父先生有关真理与民主关系的新认识，值得认真咀嚼！

由于是刚刚奉命接手此事，对于如何进一步办好《哲学评论》，其实还并没有多少想法。但通过审读此辑文章，颇有几点感想，写出来，作为主编的话，也算是“就职演说”吧！

我认为《哲学评论》作为一种实质性的论文辑刊，在本质上至少具备以下四个方面的特性：

第一，原创性。一本学术论文辑刊的生命力，就在于其发表的文章有没有原创性。对于原创性的定义可能是一个非常难的学术问题。但有些基本的意思还是很清楚的。首先，文章对于一个传统的哲学问题或哲学家的思想，第一次给出了新的解释。其次，发现了一个很有学术价值的新问题。再次，对一个虽然是旧的、且有很多思想家或学者论证过的问题提供了一种不同的且有理有据的新解释。又次，对一个新的思想家或学者思想的第一次的阐发。凡此种种，皆可视为原创。“原创”的价值有大有小，“原创”的程度有高有低。那是量的问题。哲学思考总避免不了从质的方面出发来对思考的对象进行定性的分析。尽管后现代哲学有强烈的反本质主义的倾向，但哲学思考不同于数学的微分与积分、不同于社会科学的量化统计分析的根本特征之一，还在于从质的角度规定对象的意义，从而把现象生活中甲事物与乙事物、甲现象与乙现象区别开来。

第二，规范性。现代所有的成熟学科门类，其学术研究都必然地强调规范性。哲学研究在中国相对于其他学科而言而还非常年轻，也只有将近一百年的历史。作为一种现代的人文学门类，其研究规范与其他学科也有相通之处。比如说，当我们在论证一个问题时，总要对自己将要论述的问题的研究史作一简明扼要的介绍，总要向人们汇报一下自己研究的起点何在。不做这样一个研究史的概述，你就没有说明你是提出并回答一个新问题，还是对一个老问题提出新答案。甚至使人误解你对有关问题的重要研究成就一无所知，也许你自以为是的观点和论证早就有人提出过了。

规范性的细节技术要求很多，我们很多的文章都已经做到了。可规范性的较高要求——强调论题的学术起点，把学术论文看作是解决问题或提出问题的思想或方案的表达，有些年轻的作者还并不一定有明确的认识。他们有的是为了发表文章，有的是刚刚阅读了一些文献而有了一点想法，就急于想表达出来。而他们往往不太在意对此问题前人或同时代的其他人又有说了些什么。

由于人们相对忽视学术研究的规范性，结果学术研究的原创性也就难以保证。不仅我们《哲学评论》以往发表的有些文章没有充分注意这些问题，国内很多杂志或辑刊的论文都不太注意这一问题。结果是：虽然我国是发表学术论文数量最多的国家之一，但在全世界又是被引证率最低的国家（相对于论文数与被引证的比率来说）。这其中可能还有其他因素的影响，但我认为，缺乏规范性制约下的原创性，是其中最为重要的原因。

第三，评论性。与国内其他同行的杂志或辑刊相比，本辑刊既然取名为《哲学评论》，那么就应当在今后发表文章时加强对各种哲学研究成果的评论工作，通过评论来引起有价值的学术争鸣。由于各种复杂的历史与社会因素的影响，近几十年来真正的哲学评论文章相对而言是少了点。很多书评都成为同行师门、学术兄弟歌颂和吹捧的官样文章。要么有些貌似批评的文章，实在是抬杠的争论，也只是搅一搅学术的混水，以期互相抬高而已，缺乏实质性的思想批评与学术真问题的追问。学术评论绝不是读了某人一本著作后写一点读后感之类的工作，而是通过对相同哲学论题进行相当全面、深入的了解之后而对一本新著作或一些新观点进行学术斟酌的工作。通过此一“斟酌”、“权衡”来考察学术研究的新进展，维护旧的真理性观点，肯定、支持新的真理性认识。如果能本着这样的学术追求去从事哲学评论工作，谁又能说“书评”不是论文呢？

第四，首发性。首发性是绝大多数学术杂志和辑刊的基本要求。本《哲学评论》对今后发表的文章绝对要强调这一点。这虽然是一个普通的技术性要求。但没有这一基本的技术要求，前面提出的第一、二条就难以落实。从学术研究的社会效果来说，“学术乃天下之公器。”但从现代竞争社会的要求来说，N 多种杂志或辑刊要获得自己独特的生存空间，并通过自己的强有力的生存来构成对他者的一定压力，从而促使学术生态群体的整体健康发展，这是现代社会区别于古典社会的本质属性的表现。尽管中国学人与中国社会还不太重视“知识产权”和学术辑刊拥有“知识产权”的问题，但我想这个问题慢慢会引起国人们重视。我个人希望这个看起来是技术性的小问题，其实在未来的若干年里也许就慢慢成为重要的问题。因此，我特别将这个问题明确地提出来（尽管前几辑的主编们都强调了这一问题），并作为我在任主编期间的一条技术性的，但绝非不重要的原则，这条原则首先要不折不扣地得到贯彻。

也许我所说的“四性”，对于一份资深的学术辑刊的主编来说，全是务去之陈辞。然作为一个新生的辑刊——《哲学评论》而言，也许是必须公开亮出的旗帜。我不敢说有了这“四性”就能把《哲学评论》办得更好。但我可以敢断言，不坚决地坚持这“四性”，《哲学评论》一定不会越办越好，她很有可能是不死不活，作为一个可有可无的辑刊在苟延残喘着。

我不想这样看着这本凝结着哲学学院很多老师心血的辑刊将是这样的生存状态，相信很多其他的老师也有跟我类似的感觉。

是为序。

初稿于特立尔大学附近塔佛小镇

（2008-11-15）

11 月 21 日修改于访问慕尼黑大学期间

哲学评论 目 录
第7辑
PHILOSOPHICAL INQUIRY
出版者:
武汉大学出版社
2009年

Contents 目 录

哲学评论

“武汉大学—台湾辅仁大学博士论坛”专题

批评与书评

文化研究

哲学评论 纪念萧萐父先生文集
第7辑
PHILOSOPHICAL INQUIRY
出版者:
武汉大学出版社
2009年

萧萐父先生的精神遗产

——兼论萧先生启蒙论说的双重含义

□ 郭齐勇

萧萐父先生于2008年9月17日逝世，享年84岁。萧先生的精神遗产，表现在其人格风范、社会影响、精神感召、学术思想、教书事业、培育人才等各个方面。传统儒生一般在社会政事、教育师道、经史博古、文章子集之学上都有全面的建树与发展，萧先生则是在当代社会具有类似全面性的知识人！

一、萧先生是一位全面的现代知识分子

现代社会使很多人成为片面或单面的人，使很多知识人堕落成为人格分裂的人。形成鲜明对照的是，萧萐父先生是全面的人，是保存了古代遗风的刚正不阿的现代知识分子。他有强烈的现代意识而又有深厚的传统底蕴，是集公共知识分子、思想家、学者、教师、学科带头人、文人于一身的人物。在历史长河中，每个人的生命都是短暂的，每个人的行迹、事业或许都只是沧海一粟、水沤泡沫，但中华民族的历史不正是这些有血有肉、有为有守的普通人的集成么？

萧萐父先生于 1924 年 1 月 24 日出生于四川省成都市的一个知识分子家庭。他关切国事民瘼，思考世运国脉。在大学期间，他参加学生进步组织，发起、编辑《珞珈学报》。1947 年在武汉大学发生震惊全国的“六・一”惨案时，他任武大学生自治组织的宣传部长，积极投身爱国学生运动。当年毕业后，回到成都华阳中学任教，同时并受聘于尊经国学专科学校，讲授“欧洲哲学史”，主编《西方日报》“稷下”副刊，积极参加成都地下党组织的活动。1949 年 5 月入党，12 月受党组织委派作为军管会成员参与接管华西大学，后留任该校马列主义教研室主任。1956 年进中央党校高级理论班深造。同年，应李达校长的邀请回武汉大学重建哲学系，1957 年正式调入武汉大学哲学系。“文革”期间，萧萐父先生被定为李达“三家村黑帮”，横遭迫害。虽经历被抄家、挨批斗、住“牛棚”，但他矢志不改，在襄阳分校住牛棚放牛劳动改造的日子，他已开始关于王夫之思想的写作，已开始对中国从明清之际到现代思想启蒙之坎坷道路的思索。

萧萐父教授是国际知名学者、我国著名哲学家与哲学史家。他是国家重点学科——武汉大学中国哲学学科的创建者与学术带头人，教育部人文社会科学重点研究基地——武汉大学中国传统文化研究中心学术委员会主任。他曾历任武汉大学哲学系中国哲学史教研室主任、博士生导师，中国哲学史学会副会长，国际中国哲学会国际学术顾问，中国《周易》学会顾问，国际道联学术委员，国际儒联顾问，中国文化书院导师等；长期从事中国哲学的教学与研究工作，曾应邀赴美国哈佛大学、德国特里尔大学等校访问、讲学；在国内外发表学术论文百余篇；学术著作有：《吹沙集》三卷、《船山哲学引论》、《中国哲学史史料源流举要》、《吹沙纪程》、《明清启蒙学术流变》（合著）、《王夫之评传》（合著）等。主要编著有：《中国哲学史》上下卷、《哲学史方法论研究》、《中国辩证法史稿》第一卷、《王夫之辩证法思想引论》等。晚年选部分论文与诗书，与夫人的画合集，编为《萧氏文心》（四种）。①

先生治学，首贵博淹，同时重视独立思考，独得之见。先生对中国哲学的学科建设，对从先秦到今世之完整的中国哲学史的重建，作出了可贵的探索与卓越的贡献。他会通中西印哲学，以批评的精神和创造性智慧，转化、发展儒释道思想资源。为总结历史教训，他从哲学史方法论的问题意识切入，尽力突破教条主义的束缚，引入螺旋结构代替对子结构，重视逻辑与历史的一致，强调普遍、特殊、个别的辩证联结，认真探究中国哲学范畴史的逻辑发展与哲学发展的历史圆圈。他与李锦全教授主编的《中国哲学史》一书得到广泛认同，累计印行了十余万册，获国家教委优秀教材一等奖，十多所学校采用，培养了两代学人，被译成韩文与英文，产生了广泛影响。先生又以不断更化的精神，由哲学史方法论问题的咀嚼，提出了哲学史的纯化与泛化的有张力的统一观，努力改变“五四”以降中国哲学依傍、移植、临摹西方哲学或以西方哲学的某家某派的理论与方法对中国哲学的史料任意地简单比附、“削足适履”的状况。

先生治学，宏观立论与微观考史相结合，通观全史与个案剖析相结合，提出了两个之际（周秦之际与明清之际）社会转型与文化转轨的概观，提出并论证了“明清早期启蒙思潮”的系统学说，形成系统的理论体系。先生的原创性智慧表现在其学术专长——明清哲学，特别是王船山哲学方面。他以对世界文明史与中华文明史的多重透视为背景，提出了以明清之际早期启蒙思潮作为我国现代化的内在历史根芽与源头活水的观点，受到海内外学术界广泛的关注，影响甚巨。他的“启蒙”论说实际上早已超越了欧洲启蒙时代的学者们的单面性、平面化与欧洲

① 参见吴根友等撰：《讣告》；又请参见郭齐勇：《史慧欲承章氏学 诗魂难扫瑶人愁——萧萐父教授学述》，载萧汉明，郭齐勇编：《不尽长江滚滚来——中国文化的昨天、今天、明天》，东方出版社 1994 年版；田文军：《锦里人文风教永 诗情哲慧两交辉——萧萐父教授学术生涯掠影》，载郭齐勇，吴根友编：《萧萐父教授八十寿辰纪念文集》，湖北教育出版社 2004 年版。

中心主义、人类中心主义的立场。

对待古今中外的文化传统与哲学思想资源，萧先生以宽广的胸襟，悉心体证，海纳百川，兼容并蓄，坚持殊途百虑、并育并行的学术史观。他重视一偏之见，宽容相反之论，择善固执而尊敬异己。他肯定历史、文化的丰富性、复杂性、多样性、连续性、偶然性及内在的张力，异质文化传统的可通约性，古、今、中、外对立的相对性，跨文化交通与比较的可能性。萧萐父先生还是当代中国哲学史界少有的诗人哲学家。他晚年一再强调中国哲学的诗性特质，从容地探索 Logic（逻辑）与 Lyric（情感）的统一，并认定这一特质使得中国哲学既避免了宗教的迷狂，也避免了科学实证的狭隘，体现出理性与感性双峰并峙的精神风貌。

1958 年至 20 世纪 80 年代初，萧先生与唐明邦先生、李德永先生合作为本科生讲授“中国哲学史”课程。自 1978 年招收硕士生，1987 年招收博士生以来，萧老师先后开设了“哲学史方法论”、“中国哲学史史料学”、“中国辩证法史”、“明清哲学”、“佛教哲学”、“道家哲学”、“马克思的古史研究”、“马克思晚年的人类学笔记”等课程或系列专题讲座，开启了多个学术路向，为中国哲学史界培养了一批优秀人才。在长期的教书育人过程中，他提炼出了 20 字方针：“德业双修，学思并重，史论结合，中西对比，古今贯通。”这是他对做人与治学之道的深刻总结。

作为知识分子的萧先生，从青年时代开始，追求民主、自由，积极参加过 20 世纪 40 年代末的民主运动；一生坎坷，始终关心国家与人类的命运；从反右到“文革”，在历次政治运动中，既被批判又批判别人，用他自己的话说，“曾经目眩神移，迷失自我”；“文革”之后，痛定思痛，反省自己；愈到晚年愈加坚定地以批判与指导现实的公共知识分子而自命。他既继承了儒家以德抗位的传统，又吸纳了西方现代价值；既正面积极地从文化与教育方面推动现代化，又时刻警醒现代化与时髦文化的负面，与权力结构保持距离，具有理性批判的自觉与能力。

晚年，他一再呼唤知识分子独立不苟之人格操守的重建，倡导士人风骨，绝不媚俗，并且身体力行。他被褐怀玉，以浩然正气杜绝曲学阿世之风，绝不为了眼前名利地位而摧眉俯身事权贵。萧萐父先生具有人格感召力。

作为思想家的萧先生，虽然主要从事中国哲学史的研究，但他做的是有思想的学术。他致力于发现与发掘中国文化思想内部的现代性的根芽，因而与持西方中心主义的启蒙论者、食洋不化者划清了界限；他发潜德之幽光，重在表彰那些不被历代官方或所谓正统文化重视的哲学家、思想家，重在诠释、弘扬在历史上提供了新因素、新思想、新价值的人物的思想，因而与泥古或食古不化者划清了界限，这就是“平等智观儒佛道，偏赏蕾芽新秀”。他重视中国传统文化的多样性，努力发挥儒、释、道及诸子百家中的丰富的现代意义与价值，特别是本土文化中蕴含的普世价值，并尽其可能地贡献给世界。

作为学者的萧先生，堂庑很宽，学风严谨，所谓“坐集古今中外之智”。他希望自己与同道、学生都尽可能做到“多维互动，漫汗通观儒释道；积杂成纯，从容涵化印中西”。有人以为萧先生属侯外庐学派，但他晚年否定了这一点，他强调他的确受到过侯外庐先生的影响，但同时也受到过汤用彤等先生的影响，甚至受后者的影响更大。他曾检讨亚细亚生产方式的提法，认为那仍是西方中心主义的。萧先生晚年更重视经学，曾与笔者多次详谈三礼，详谈近代以来的经学家，如数家珍。他也重视儒学的草根性，多次讲中华人文价值、做人之道、仁义忠信等是通过三老五更，通过说书的、唱戏的等，浸润、植根于民间并代代相传的。

作为教师的萧先生，一生教书育人，认真敬业，倾注心力；提携后进，不遗余力。他对学生的教育，把身教与言教结合了起来，重在身教。他强调把道德教育、健全人格的教育放在首位。晚年他对笔者谈过青年学人的培养问题。有一次他对我说：你尽量给中青年提供各种机会与条件，如出国，晋级，享受特殊待遇等，多方照顾，到学校争取一些利益，这是对的。但年轻人要经得起磨砺、坎坷，对他们不要溺爱，而应适当批评、敲打。他认为，做人比做学问更重要，现代仍要讲义利之辨。无论是做人还是做学问，都要把根扎正。他下功夫培养各领域的学生，除了他的专长明清哲学之外，他还有意识地开拓了《周易》、儒学、道家与道教、佛教、现代中国哲学、出土文献中的哲学等领域，培养了这些领域里的学术专才。他还鼓励学生自愿选择从事政治学、管理学、新闻传播学的研究。他一再主张甘坐冷板凳。

作为学科带头人的萧先生，有着开放、宏阔的学术视野、杰出的组织能力，敏锐地把握海内外学术界的动态，让本学科点的老师与同学拓宽并改善知识结构，通过走出去与请进来的方式，实现并扩大对外交流，虚怀若谷地向海内外专家请益。他有凝聚力，善于团结、整合学科点老、中、青学者，以德服人，尊重差异，照顾多样，和而不同。他有全局的观念与团队精神，事事考虑周围的人。如上所述，他很有学术眼光，深具前瞻性，开拓了若干特色领域。

作为文人的萧先生，兼修四部，文采风流，善写古体诗词，精于书法篆刻，有全面的人文的修养与文人的气质。他对分科过细的体制内的教育多有批评。

分别地看，萧老师是知识分子、思想家、学者、教师、学科带头人与文人。然而萧先生毕竟是一个人，一个活生生的人，是伟大的人师。我之所以要从这个视角去解读萧公，是因为我觉得文化界、大学教育界太多的所谓教授，包括本人在内，越来越不够资格做知识分子、教师与文人，更不要说思想家、学者与学科带头人了。

在2008年8月30日的一次聚会中，我们心知萧先生将不久于人世了，大家的神色都很凝重。历史学家章开沅先生亲口对我说：以萧先生的学问与影响力，本省是对不起他的（按指本省常有意无意地忽略、漠视甚至压抑萧公）。我说：萧先生属于人类，属于中国，不仅仅属于他生活与服务了半个多世纪的本省。章先生又说：在一定意义上，像萧先生这样全面的知识人，将成绝响。9月23日，萧师仙逝的头七祭日，在告别仪式前，章先生接受记者采访，慨然叹曰：“萧老师学贯古今中西，诗词歌赋皆通，我很佩服他。他对真理的执著，对人格操守的坚持，对学术自由的追求和对学者尊严的维护，有士大夫的品格，其风范、气度影响了几代知识分子。一代学人逝去，是为学殇。”① 我觉得，章先生是萧先生的知音，故引用他的评价作为本节结语。

二、萧先生对中国哲学与文化的解读中包蕴了“启蒙反思”的意蕴

关于萧先生的“明清早期启蒙思潮”的内涵、意义与价值，陈来教授与高瑞泉教授的讨论②极具启发性。

有的同志认为，今天思想界有关“启蒙反思”的论说与萧先生的“明清启蒙思潮”的论说是针锋相对的。我的理解恰恰相反，我认为两者恰好具有一致性。在一定意义上，萧先生的启蒙观或启蒙论说包蕴了“启蒙反思”的意蕴。萧先生并未照抄照搬西方启蒙时代的理论，也没有照抄照搬“启蒙反思”的理论，而是从中国思想文化的历史与现状出发，从健康的现代化（特别是人的现代化）出发，作出了深刻的反思。诚然，他坚持启蒙论说，反对取消、解构启蒙的看法，不同意把启蒙心态视为“有问题的心态”。③ 然而实际上，萧先生强调的“启蒙”，内涵十分丰富，不是近代西方的“启蒙”所能包括的。我在本文中特别要谈谈我本人过去忽略的方面，近年来我已开始重视全面地理解萧先

① 见朱玲等：《萧萐父远行　珞珈师贤少一人》，《楚天都市报》2008年9月24日A08版特别报道中的“各界评说”栏。

② 参见陈来：《历史自觉和文化主体》，《读书》2008年第5期；高瑞泉：《芳情不悔说启蒙——读萧萐父〈吹沙三集〉、〈萧氏文心〉等著作的体会》，《武汉大学学报》（人文科学版）2008年第5期。这是2008年有关萧先生思想研究的十分重要的成果。

③ 萧萐父：《自序》，《吹沙三集》，巴蜀书社2007年版，第1页。

生的启蒙论域。①

第一，萧先生的启蒙观的要旨，是从中国文化传统中寻找自己的现代性的根芽，强调本土文化中孕育了现代性。他主张的是中国式的启蒙，是中华文化主体的彰显，而不是全盘西化与全盘式的反传统，他驳斥了中国自身不能产生现代性因素的西方偏见，这就疏离、超越了西方中心主义，也就蕴含了“启蒙反思”。

1987年，萧先生说：“中国的现代化，决不是，也决不可能是什么全方位的西方化，而只能是对于多元的传统文化和外来文化，作一番符合时代要求的文化选择、文化组合和文化重构。因此，就必须正确认识到自己民族传统文化的发展中必要而且可能现代化的内在历史根据或‘源头活水’，也就是要找到传统与现代化之间的文化接合点。这是目前应当思考的一个重要问题。”② 萧先生不希望继续陷入中西对立、体用两橛的思维模式之中。

他认为，所谓启蒙，是中国式的人文主义的启蒙，是走自己的路，而不是失去主体性的，走别人的路。1982年，他在其名篇《中国哲学启蒙的坎坷道路》中开宗明义：“中国是否曾有过自己的哲学启蒙或文艺复兴？如果有，它的历史起点在哪里？经历了什么样的特殊道路？”③萧先生思考的中心是在中国多种思想资源中寻找什么样的思想资源作为接上现代化的基础或起点。他所寻找的是中华民族自我批判、自己走出蒙昧的16世纪泰州学派等新动向，特别是17世纪明末清初一大批思想家与文化人的思想异动。故他强调的是“中国有自己的文艺复兴或哲学启蒙，就是指中国封建社会在特定条件下展开过这种自我批判”④。

① 参见郭齐勇：《萧萐父先生文选序》，载萧著《萧萐父文选·上》，武汉大学出版社2007年版。

② 萧萐父：《文化反思答客问》，《吹沙集》，巴蜀书社2007年版，第73页。

③ 萧萐父：《中国哲学启蒙的坎坷道路》，《吹沙集》，巴蜀书社2007年版，第11页。

④ 萧萐父：《中国哲学启蒙的坎坷道路》，《吹沙集》，巴蜀书社2007年版，第15页。

他的关键性的思路是“从我国17世纪以来曲折发展的启蒙思潮中去探寻传统文化与现代化的历史接合点”①。与西方思想家视西方启蒙为绝对、普遍的立场，绝然不同。

1986年，萧先生说：“特别是要意识到对外开放所含蕴的我们民族要自我振兴在文化上所面临的艰巨任务和历史责任。既要摆脱近代史上曾有过的‘中体西用’、‘全盘西化’、‘本位文化’之类的老框框，又要反对失去主体的自卑思想。正确的主体思想来自历史创造活动，来自对历史形成的文化现实及其发展的正确理解。我们这个民族既有自己源远流长的文化传统，又在历史上曾经成功地消化了外来的文化因素……我们继续着17世纪以来的历史行程，正在更自觉、更深广也更有选择地吸取、消化西方文化及其发展的新成就。如果我们能够树立正确的主体思想，在一个新的基础上把它们融会贯通，让人类创造的文化信息在中国‘聚宝’，经过重新创造再反馈出去，那将对人类文化的新发展作出重要贡献。”② 很明显，萧先生主张在宽容开放中不失其民族文化的主体性。

萧先生论证“中国式的人文主义思想启蒙”，探索“中国式的思想启蒙道路的特点”。③ 他特别重视“自我更新”，“即依靠涵化西学而强化自身固有的活力，推陈出新，继往开来”，消化西学，重建“中华文化主体”。④ 在本土文化中，例如明末清初思想家那里，就孕育着中国文化现代化的胎儿。

晚年的萧先生特别指出：“早期启蒙说”的深刻的理论意义，首先在于“驳斥了国际上普遍存在的中国社会自身不可能产生出现代性因

① 萧萐父：《文化反思答客问》，《吹沙集》，巴蜀书社2007年版，第57页。

② 萧萐父：《对外开放的历史反思》，《吹沙集》，巴蜀书社2007年版，第48页。

③ 萧萐父：《文化反思答客问》，《吹沙集》，巴蜀书社2007年版，第60、61页。

④ 萧萐父：《活水源头何处寻》，《吹沙集》，巴蜀书社2007年版，第90～91页。

素的西方中心主义偏见，有力地证明了中国有自己内发原生的早期现代化萌动，有现代性的思想文化的历史性根芽。”“一部中国史，并非如西方学者所说‘连一段表现自由精神的记录都不可能找到’。”“在中国人当中，并不缺乏对于公开地自由地运用其理性的权利的追求，任何否认中国人同样应该享有人类的普遍价值、把中国人看作‘天生的奴隶’的种族论的观点，都是完全错误的。”①

第二，萧先生的启蒙观，特重非西方民族与文化，特别是中国文化之体认，批驳了西化派否定中国有自己的哲学、有自己的认识论的看法，批评工具理性、唯科学主义的意涵。这恰好是“启蒙反思”的题中应有之意。

萧先生肯定“中国文化要走自己的路”与“寻根意识”，强调“‘无形的根’，那就是‘中国文化中的真道理’，即具有普遍价值的民族精神，乃是创造中华民族新文化的源头活水”；“西方文化的道路和模式却并不是绝对的和唯一的……西方现代文化是欧美各民族文化的现代化，仍然是民族性和个性很强的东西，尽管其中寓有世界性的要素。从这个意义上说，中国文化现代化要走自家的路（但不脱离人类文明的发展大道），并不是错的。文化的民族主体性的问题，确乎是一个极其重要的问题”②。

他说：“长期以来流行一种见解，即认为中国哲学注重伦理学，着重讲修身；而西方哲学才注重认识论，着重讲求知……应当突破欧洲近代实证论者的狭隘观点，看到哲学史上提出过的认识论问题。”③ 这不仅是对冯契先生的肯定，也表明他自己的学术径路与工作重心。萧先生

---

① 萧萐父：《“早期启蒙说”与中国现代化》（与许苏民合作），《吹沙三集》，巴蜀书社 2007 年版，第 46、48、49 页。

② 萧萐父：《辨异 · 自主 · 寻根》，《吹沙集》，巴蜀书社 2007 年版，第 537 页。

③ 萧萐父：《通观全过程，揭示规律性》，《吹沙集》，巴蜀书社 2007 年版，第 531 页。

十分重视中国哲学史上的认识论，曾下功夫研究了汉魏之际、明清之际的认识论问题。他很重视中国先哲“察类”“明故”“求理”的过程与特色，又重视辩证思维。他指出：“需要重新审视中国古代辩证理性思维产生和发展的历史”；“我们民族智慧中的辩证思维，既区别于印度，又不同于希腊，而有其自身的历史特点和逻辑发展……作为认识成果的辩证法，也同样表现为一系列范畴和规律在历史上的依次出现并发展到一定阶段而得到理论总结……历史上的辩证法的认识成果，是多层次、多侧面的，并非完全表现为哲学理论形态，而是以不同程度的抽象、多种形式的范畴表现于各种思想 文化的史料之中。”① 他重视史家、兵家、农家、医家、天学、数学及政论、文艺评论和学术史观中的辩证智慧。

萧先生批评西化思潮，特别是实证主义、科学主义对本土哲学智慧的漠视与曲解：“到了近代实证科学思潮兴起并传入中国以后，一种以解剖学为基础的崭新医学及其形而上学的世界观与方法论开始拒斥传统的中医学，中医学的基础理论被认为违反实证科学而陷入困境，《周易》也被看做充满神秘象数的一座迷宫而无人问津，中医与《周易》的会通关系渐趋疏远了。”“在中国，历史地形成了医易之间互相会通的文化传统。三才统一的宇宙模式，动态平衡的系统思想，以阴阳五行为核心的范畴体系，乃是医易相通的逻辑基石。”② 他对古代医学与易学中蕴藏的有机整体、动态平衡、生命信息、生理节律等予以高度肯定。

对于气论与传统思维，对于中国哲学的诗性特质，萧先生有很多独到见解，又特别发挥王船山诗化哲学与历史文化慧命，指出：“船山多梦，并都予以诗化。诗中梦境，凝聚了他的理想追求和内蕴情结。”“船山诗化了的‘梦’，乃其人格美的艺术升华。”“船山之学，以史为

① 萧萐父：《〈中国辩证法史稿〉弁言及后记》，《吹沙集》，巴蜀书社 2007 年版，第 572 ~ 573 页。

② 萧萐父：《〈医易会通精义〉序》，《吹沙集》，巴蜀书社 2007 年版，第 585 ~ 591 页。

归。……通过‘史’发现自我的历史存在，感受民族文化慧命的绵延……”①他对道教、禅宗等的思想方式与人的胸次、境界、性灵的关注，都与西方近代理性主义、实证主义、科学主义不可同日而语。

他对西方从16世纪以来的“科学—理性”主义思潮及其代表人物，从维柯到法国百科全书派，从黑格尔到摩尔根、孔德、斯宾塞等所持的普遍主义的、单线演化论的观点予以扬弃。② 以上表明，萧先生的启蒙论说，恰好超越了西方从启蒙时代到康德的启蒙论说，包容了也超越了今天“启蒙反思”的内容。

三、萧先生的“人论”超越了启蒙时代的“人的重新发现”

萧先生说：“启蒙，是15世纪以来世界历史的主题。启蒙的核心是‘人的重新发现’，是确立关于人的尊严、人的权利和自由的人类普遍价值的公理，特别是确认每一个人都有公开地自由地运用其理性的权利，并且以人道主义原则为人类社会至高无上的原则和普世伦理的底线，反对任何形态的人的异化。在全世界范围内，这一历史进程至今也没有完结。”③ 萧先生在具体讨论“人的发现”时，时时突破了这一范围。

由于萧先生有非常深厚的人文底蕴，又处于今世，故他的启蒙观，尤其表现在对天与人的关系，人的终极信仰，人与自然，以及有关人的全面性、丰富性的阐扬上。人不是单面的人，人不只是个体权利、利益、智力的集合体；启蒙也不意味着个体权利、知性与个性自由的无限

① 萧萐父：《船山人格美颂》，《吹沙二集》，巴蜀书社2007年版，第424~427页。

② 参见萧萐父：《“早期启蒙说”与中国现代化》（与许苏民合作），《吹沙三集》，巴蜀书社2007年版，第50页。

③ 萧萐父：《“早期启蒙说”与中国现代化》（与许苏民合作），《吹沙三集》，巴蜀书社2007年版，第40页。

膨胀；这不仅与近代西方启蒙理性的“人的觉醒”不同，而且包蕴了批评人类中心主义，批评工具理性与原子式的个人主义。在这个意义上，萧先生的启蒙论说包蕴了“启蒙反思”。

萧先生揭示了《周易》哲学中科学易与人文易的价值，尤其指出后者“超越占卜迷信之外的神道意识，对宇宙人生终极意义的追求，‘阴阳不测之谓神’、‘神无方而易无体’、‘穷理尽性’、‘原始反终’，圣人以此‘斋戒’、‘洗心’、‘退藏于密’的精神家园……往往涵蕴于‘人文易’的深层义理中，诸如宇宙既济而未济，大化生生而不息，‘乾道变化，各正性命’……莫不言简意深，值得珍视。”① 萧先生探讨“人文易”，使之与“民族魂”相联系，并借以批判启蒙理性，特别是工具理性。他指出：“人所面对的理世界，既有理性（工具理性）所认知的实然之理，也有心灵（价值意识）所感悟的应然之理。两者互相区别，又互相联系，但却永远不能互相代替……‘刚柔相错’所展示的‘天文’，属于工具理性所认知的客观物象及自然知识的实然之理，但人总是按一定的社会需要和价值理想去‘观天文、察时变’，其目的和意义便离不开人文意识中应然之理的指向；而作为人类文明的根本标志，‘观乎人文，以化成天下’，更是易道的主旨和理论重心，构成‘人文易’的丰富内涵……内蕴于民族文化深层中的价值取向与精神动力，是民族传统中最有活力的文化基因，可以长期影响乃至支配一个民族的普遍心理素质和文化走向。”②

萧先生发挥了王船山《周易外传》中“存人道以配天地，保天心以立人极”的思想，肯定人与天地的贯通，并在此基础上认同儒家的

① 萧萐父：《易蕴管窥》，《吹沙二集》，巴蜀书社 2007 年版，第 114～115 页。

② 萧萐父：《易蕴管窥》，《吹沙二集》，巴蜀书社 2007 年版，第 116～117 页。

人禽之辨、华夷之辨、君子小人之辨。①

萧先生通过对唐君毅哲学的讨论，肯定以人的道德理性、精神自我来界定人的本性、本质，旨在超越物质现实与自然生命，反对自然主义、功利主义。萧先生肯定唐君毅，“首先是道德自我的建立……确立了自贵其心的个体独立人格及其自觉追求真善美等理想的价值，反对了重物轻人、重外轻内的各种拜物教及人的异化，且与梨洲、船山同调，高扬耿介不阿的‘豪杰精神’。其次是人文精神的阐扬。这是把道德自我作为精神主体的合乎逻辑的展开，历史地总结中西人文思想的成就和异同，肯定了中国文化（包括哲学智慧、道德理想、艺术精神、人格境界、宗教意识等）的精神价值，提出了通过中西文化的洞察和返本以开新，展示未来人类文化（自由、民主、和平、悠久等人文理想）的前景，并寄望于中国传统人文精神的发展能够融摄西方之科学、民主与宗教的精神精华，以创建一理想的人文世界。以上两个层面，颇与传统的内圣与外王、明体与达用、成己与成人等致思程序相应。最后是文化价值的哲学升华。这是通过对中国传统哲学的系统反刍，对西方哲学和印度哲学的进一步了解之后……将哲学系统扩展为以整个生命存在和心灵活动为基础，对人类文化的各种价值形态，对人类哲学的各种义理，进行哲学心灵的遍观和升华，即其最后完成的‘心有三向’、‘心通九境’的系统理论……”“约而言之，从道德自我之建立到人文精神的阐扬，再进到文化价值的哲学升华，围绕着人，开展出人生、人心、人性、人格、人伦、人道、人极、人文的多层面慧解……君毅之学，人学也。”② 我之所以长段引用以上原文，是因为萧先生借解读唐君毅的哲学阐扬了自己对“人”的全面、多样的理解，这种理解当然超越了西方启蒙时代对人的理解的褊狭性。

---

① 参见萧萐父：《王夫之辩证法思想引论》，见萧先生主编的同名书，湖北人民出版社1984年版，第38～39页。

② 萧萐父：《论唐君毅之哲学史观及其对船山哲学之阐释》，《吹沙集》，巴蜀书社2007年版，第551～552页。

萧先生对徐复观思想的阐扬，重视其对周初“忧患意识”的抉发，指出：“这种人文精神，以‘敬’为动力，以‘德’为目标，以‘成己成人’的社会义务作为自己的行为准则和应尽之责，因而是一种自觉的道德理性……认定性善说是通向人的终极价值和安身立命的桥梁，是确定人的尊严和人与人相互信赖的根据。故由‘性善’说可以推广为‘仁政’说，确定人民的好恶为指导政治的最高准绳，即中国思想史中以道德主体性为基础的最高的民主政治精神，只是缺乏民主制度的构想。”① 萧先生特重徐先生对传统思想资源，主要是儒道资源中的自由精神、人格自由的诠释，最后指出：“他（指徐复观，下同）在孔孟儒学中发掘出道德自律与人格独立的主体性原则，他在庄学、玄学中又发掘出审美观照与艺术自由的主体性原则。他既肯定人不仅是道德主体，而且是艺术主体，也就承认了主体的多元化，人还可以作为独立的认知活动的主体，政治与经济活动的主体，科技与宗教活动的主体等……他力求发掘中国传统文化中的人文精神，亦即主体自由的精神，高度自觉的忧患意识，不为物化的人道之尊。这是现代化价值的生长点，是传统与现代化的接合处。”② 萧先生在对徐复观的讨论中包含有如下思想要点：人是全面的人，具有多元主体性；具体的现代人可以通过学习传统儒道思想资源，吸取“不为物化的人道之尊”；而且说这就是现代价值的生长点，是传统与现代化的“接合处”。

萧先生多次谈到人的有限性，人的缺失、弱点，人对自然与超自然的敬畏等，他不仅重视人文，尤其尊重、重视天与天道，尊重、重视地或自然，重视天地与人的贯通，重视世界上与本民族之大的宗教传统，全面理解个体人与天、地、他人、万物的关系，自身身体与心灵的关系。因为在中国哲学文化中，儒释道资源中，人文不与宗教、自然、科

---

① 萧萐父：《徐复观学思成就的时代意义》，《吹沙二集》，巴蜀书社 2007 年版，第 499 ~ 500 页。

② 萧萐父：《徐复观学思成就的时代意义》，《吹沙二集》，巴蜀书社 2007 年版，第 503 ~ 504 页。

学相对立。由上即知，萧先生的现代“人论”是很丰富的，这才是“人”的真正的“再发现”。

四、萧先生的启蒙：既走出中世纪，又走出现代性

康德是在启蒙运动与宗教改革之后，在当时的德国而不是法国的背景上谈启蒙的。康德所谓“启蒙”即人要有勇气摆脱不成熟的状态，勇于自己去运用自己的理性。康德哲学包蕴有人就是理性、理性就是人的看法。① 启蒙在一定意义上就是对理性的普遍性的高扬。启蒙理性与科技的片面发展或所谓现代性带来人的异化，人的整全生命的被肢解，人变成了理性的工具，人变成了物化的对象，人不可能成为真正的主体，人丧失了自己的全面性。

针对康德“什么是启蒙”的问题，福柯在两百年后解释，启蒙即是“出路”。萧先生也是主要探讨“出路”的。据韩水法研究，这种解读意涵着：“启蒙既不是一个凌驾于所有人之上的理性的纯粹的运动，也不是人类的一个群体对另一个群体，一个族类对另一个族类，一个人对另一个人的教化。每一个个体作为自为者都是启蒙的主体；与此同时，每个主体对于任何一个主体都可以是，或者应当是一个批判性的主体……他本身就承荷启蒙和驱动启蒙。”②

杜维明指出，与中国传统人文精神不同，西方近代的人文精神“并不能把人摆在宇宙大化的格局中来讨论，它只是把人当作一个与自然异化、与天道异化而独立出来的一种浮士德式的人。也就是说，这种人的特点在于，为了得到新的经验、新的真理、新的价值、新的成功，即使要出卖我的灵魂也在所不惜。无疑，这样一种精神表现为‘以动力横绝天下’，它虽成就了鬼斧神工，繁兴大用，以至凿凿然不知其何

① 参见康德著，何兆武译：《历史理性批判文集》，商务印书馆1990年版。

② 韩水法：《启蒙的主体》，《开放时代》2008年第5期，第113页。

所止境。但是它只是一种气命之伸展和周纳，而无托体之基，无精神归路，其结果当然也为人类带来很大的灾害。”① 胡治洪总结杜维明的看法：“西方‘原子式’的个人主义、突出抗衡与制约关系的民主及工具理性和科学主义，即为启蒙理念系统的核心与实质。这一系统发展出一种强势的人文精神，但却是人类中心主义的、排斥性的人文精神……”②

如前所述，萧先生通过对“文革”的反省，对于西方近代以来的个人主义、片面民主、工具理性、唯科学主义等给予了系统批判，对传统人文精神与西方人类中心主义的人文精神的差别有系统的论说。

萧先生的思想、精神中有显隐之两层，显性的是“走出中国中世纪”，隐性的是“走出西方现代性”，这两层交织一体，适成互补。我们对萧先生的思想，不能只突出其任何一面、一层。萧先生主张“两化”，“即中国传统文化的现代化和西方先进文化的中国化……要把‘全球意识’与‘寻根意识’结合起来”③。他批判了理性过度膨胀所带来的生态灾难与人之生命的迷惘，批判了历史的虚无主义与道德价值的相对主义。他强调民族文化的自我认同与当代中国伦理共识的重建，多次参与国际性的“文化中国”的讨论。

萧先生也多次参与国际性的“文明对话”，他一贯充满了文化包容意识与多元开放心态，摆脱东西方中心主义。他说：“对世界文化的考察要摆脱东方中心或西方中心的封闭思考模式，走向多元化，承认异质文化的相互交融”；“东方与西方有共有殊，东方各民族之间、西方各

---

① 东方朔整理：《杜维明学术专题访谈录》，复旦大学出版社 2001 年版，第 204 页。

② 胡治洪：《全球语境中的儒家论说——杜维明新儒学思想研究》，三联书店 2004 年版，第 162 页。

③ 萧萐父：《中国传统文化的现代化与西方先进文化的中国化》，《吹沙二集》，巴蜀书社 2007 年版，第 66 页。

民族之间也各有同有异。"① 他主张尚杂、兼两、主和的文化观，在差异、矛盾、对立中互动。这些方法也包含着"走出中国中世纪"与"走出西方现代性"的兼有、差异与互动，一体两面之交叉互动。当然，他的主要思路是，只有从现代性才能走出现代性。

综上所述，萧先生通过对"文革"的反省，针对国家、民族文化（特别是政治文化）建设的现实、紧迫问题，着力于西方启蒙理性与启蒙价值的引入，特别是发抉中国传统中与之相契合、相接植的因素（例如他下过功夫的明清之际思想家们的新思想萌芽等）。但我们不能忘记的是，萧先生是一位东方、中国的有底蕴的知识人，其论说启蒙的时代又是20世纪80年代至21世纪的开端，在现代性的弊病暴露无遗之际。在这种背景下，由这样一位中国杰出的诗人哲学家，一位生命体验特别敏锐的思想家来论说启蒙，其启蒙意涵已不是西方近代启蒙主义的内容，而恰恰超越了启蒙时代的启蒙精神，包蕴了诸多反思启蒙或启蒙反思的内容。他实际上有着双向的扬弃，意在重建中华文化的主体性。看不到这一点，那就恰好低估了萧先生的思维水平与他的启蒙论说的意义。

五、萧先生学术的多面相与人才培养

萧先生的学问是博大的而不是偏枯的。明清之际学术思潮只是萧先生的一个领域，绝不是他的全部。他有博大的气象，这当然是指他的心胸、意境，也指他在理论建构上与学术上的多面相。他有马克思主义哲学、西方哲学与中国哲学的理论与历史的功底，能融会贯通。他的理论贡献在启蒙论说、传统反思、哲学史方法论与中国哲学史及辩证法史的架构等方面；他的学术贡献在于他深度地、极有智慧地探讨了中国哲学

① 萧萐父：《古史研究与马克思主义理论的拓展》，《吹沙集》，巴蜀书社2007年版，第467、466页。

史的多个面相，在经学（主要是《周易》）研究，在儒、佛、道的研究上，在汉唐、明清、现代等断代哲学史的研究上，他有创新见解，又开辟领域，培养人才，使之薪火相传。

关于《周易》，萧先生考察了易学分派，提出了“科学易”与“人文易”的概念，倾心于“人文易”，指明“观乎人文，以化成天下”乃“人文易”的核心，提示“人文易”内蕴的民族精神包括有时代忧患意识、社会改革意识、德业日新意识、文化包容意识等，重视反映人文意识新觉醒的近代易学。

关于儒家，萧先生肯定了《礼运》大同之学，孟子的“尽性知天”之学以及分别来自齐、鲁、韩《诗》的辕固生的“革命改制”之学，申培公的“明堂议政”之学，韩婴的“人性可革”理论“皆属儒学传统中的精华；而子弓、子思善于摄取道家及阴阳家的慧解而分别涵化为《易》、《庸》统贯天人的博通思想，尤为可贵。”① 他肯定《易》、《庸》之学的天道观与人道观，指出：“所谓‘至德’，并非‘索隐行怪’，而只是要求在日常的社会伦理实践中坚持‘中和’、‘中庸’的原则，无过不及，从容中道；这样，在实践中，‘成己’‘成人’，‘尽人之性’，‘尽物之性’，就可以达到‘赞天地之化育’的最高境界。重主体，尊德行，合内外，儒家的人道观体系也大体形成。”② 萧先生阐释了儒家的儒经、儒行、儒学、儒治的传统及其多样发展，特重对儒学的批判与创造转化。

关于佛教，他透悟佛教哲学的一般思辨结构（缘起说、中道观、二义谛、证悟论），重视解析其哲学意义，对佛学中国化过程中极有影响的《大乘起信论》，对慧能，对《古尊宿语录》，对禅宗的证悟论都作过深入研究而又有独到的见解。

---

① 萧萐父：《儒门〈易〉〈庸〉之学片论》，《吹沙二集》，巴蜀书社 2007 年版，第 94 页。

② 萧萐父：《儒门〈易〉〈庸〉之学片论》，《吹沙二集》，巴蜀书社 2007 年版，第 98～99 页。

关于道家与道教，他对老子、庄子，对道家人格境界与风骨、隋唐道教、黄老帛书都有精到的研究。我在旧作中曾写到，从20世纪80年代末到90年代初，学术界“涌动着一个当代新道家的思潮，萧萐父是其中的始作俑者之一。他是热烈的理想主义者，有强烈的使命感、责任感和积极的入世关怀。他在90年代倡导‘新道家’，当然与他的际遇和生命体验不无关系。他是一个行动上的儒家和情趣上的道家。他的生命，儒的有为入世和道的无为隐逸常常构成内在的紧张，儒的刚健自强与道的洒脱飘逸交织、互补为人格心理结构。要之，他肯定的是道家的风骨和超越世俗的人格追求与理想意境……相形之下，他对儒、道的取向又确有差异。当然，这并不妨碍他对儒学的真精神采取宽容的态度，也不妨碍他自己的真精神中亦不乏浓烈的儒者情怀，他所批评的是儒学的负面与儒学的躯壳。”①

关于汉至唐代的哲学，他对秦汉之际，对杨泉、鲁褒、何承天、刘禹锡、柳宗元等都下过工夫。

关于明清之际哲学思潮，是他的专长。他全面深入地研究了这一思潮的全盘，把这一段哲学史作为一个断代，作为哲学史教材的一编予以凸显并细化，又特别深入地研究了王夫之、黄宗羲、傅山等个案。他是当之无愧的王夫之专家和明清之际哲学的专家。

关于现代哲学思潮，他研究了马克思主义、自由主义与文化保守主义诸流派及其他学者。在马克思主义哲学思潮方面，他对李达、郭沫若、侯外庐、吕振羽、冯契等人作了深入研究，在文化保守主义思潮方面，他对熊十力、梁漱溟、冯友兰、唐君毅、徐复观等人作了深入研

① 郭齐勇：《史慧欲承章氏学　诗魂难扫瑷人愁——萧萐父教授学述》，载萧汉明，郭齐勇编：《不尽长江滚滚来——中国文化的昨天、今天、明天》，东方出版社1994年版，第45页。有关萧先生的学问与人才培养，另请参见：郭齐勇：《萧老师指引我走上学问之路》，载郭齐勇，吴根友编：《萧萐父教授八十寿辰纪念文集》，湖北教育出版社2004年版；郭齐勇：《恩师萧萐父先生走了》，台北《鹅湖》2008年第10期；郭齐勇：《坐我光风霁月中——追怀萧萐父先生二三事》，《读书》，2009年第3期。

究，他还研究了梁启超、刘鉴泉、蒙文通等学者的思想与学术。

他还开拓了中日思想的比较研究领域，支持了楚地简帛的研究等。

萧先生培养了很多学生，这些学生在中国哲学史、文化史的各领域继续跟进他的开拓，予以补充或深化。他也鼓励他的学生按个人的兴趣向科技哲学、政治学、社会学、管理学、传播学发展。据个人不完全统计，他最早的弟子是许苏民；他与李德永、唐明邦老师合作培养的硕士研究生有：童鹰、宫哲兵、董建桥、高广、萧汉明、蒋国保、李汉武、刘春建、吴方桐、李维武、黄卫平、舒金城、郭齐勇、邓红蕾、张铁勇、柴文华、余金华、萧洪恩、田文军、徐水生、吕有祥、赵阳、梁隽华、何建明、李炼、李大华、郑潮波、别祖云、金光鸿、陈红兵等。他培养的博士研究生有：李维武、郭齐勇、甘万萍（肄业）、吴根友、徐水生、龚隽、刘惠文、邓名瑛、刘泽亮、朱哲、李大华、闵乐晓、王仲尧、高华平、张志军、邓辉等。

萧先生的精神遗产是非常丰富的，本文不免挂一漏万。从以上我们简述他的学术思想的诸层面与人才培养中，我们不难发现，他处处闪耀着活力与智慧，他的开拓精神，嘉惠学苑，启迪后生，带动一片。他常常说：集诸家之长，走自己的路。在学习诸家方面，他常常向教研室、博硕士研究生推荐国内外老中青学者的论著，充分肯定别人的成就，虚心向学术界的师长、朋友甚至青年学习。他的开放心态、博大气象及贯通百家的学力，令人敬仰。他有很强的学习的能力，永远保持着学术上的朝气、敏锐与激情。他对学生重在培养、熏染、提升其学习与继续学习的能力，引导他们健康地成长，认真地做人做事。

2008年10～11月

（应武汉大学《哲学评论》所请而作）

（本文编辑：朱会晖）

萧萐父老师与1978年真理标准问题讨论

□ 李维武

2008年正值1978年真理标准问题讨论开展30周年，而当年曾积极参与这场讨论的萧萐父老师却于9月17日逝世。大概是由于年代已经久远，萧老师当年参与真理标准问题讨论的这一段历史似乎已经被人们忘却。由萧萐父先生治丧委员会发布的《讣告》，对萧老师的生平与志业作了全面阐述，对萧老师的人格与学术作了高度评价，实是一篇衡论萧老师其人其学的重要文章，然而令人遗憾的是，其中竟无一字提及此事。但我以为，这一段历史对于萧老师来说，并非可有可无之事！正是这样，作为30年来追随他的学生，也作为20世纪中国哲学研究者，我想在这里就萧老师对真理标准问题讨论的理论贡献，结合自己的追忆与研究，作一简要的回顾与评价。

一

真理标准问题讨论发动于1978年5月。5月10日，中共中央党校《理论动态》刊登《实践是检验真理的唯一标准》一文。11日，《光明日报》以本报特约评论员名义发表这篇文章。12日，《人民日报》、《解放军报》对这篇文章作了转载。由此，一场以哲学讨论形式开展的关于中国共产党思想路线的论争拉开了序幕，在全国范围内展开。这场讨论的背景、过程及其意义，在30年后的今天已经为人们所普遍了解。但是在当年，一般的人们对于这些并不是能够清楚地了解的，往往既不了解报刊上文章中所讲的东西，更不了解在这些文章背后所发生的事情。

那时，我作为七七级大学生，刚刚于这年3月进入武汉大学哲学系本科学习，正在作一个工人到大学生的角色转变，努力适应对我来说已经很难适应的大学读书生活，主要精力都放在课程学习上。同学们大都也是如此。对于真理标准问题讨论，当然引起了我们这些初学哲学者的注意，但大家当时更多的是结合正在学习的辩证唯物主义，仅从学理上予以关注、加以思考。如为什么只有实践才能成为检验真理标准这个问题，我们在当时就是费了好大的气力，才从主体与客体的联系上搞清楚。至于这场讨论的背景与意义，以及本系的老师们如何看待和参与这场讨论，当时我们作为学生并不清楚，老师们也没有在上课时告诉我们。

有一次，记得是在这年夏天，我到萧老师家里去看望他。在谈话中，萧老师提醒我要关注这场讨论，说是意义重大。这是我的老师中，提醒我关注这场讨论的第一人。这对我的震动很大。以后，我开始搜集报刊上有关讨论的文章，贴了一本剪报。这本剪报保存至今，几天前为撰写有关邓小平思想的书稿还曾用过。在使用这本剪报时，想到当年提醒我关注这场讨论的萧老师已经永远离去，心中不免久久怅然。

二

萧老师不仅是真理标准问题讨论的关注者，更是真理标准问题讨论的积极参与者。

参与讨论，发表文章，这些在今天看来都可以说是平常之事。但是，在当时的武汉大学，由于复杂的历史的和现实的原因，却存在着重重的阻力。这些阻力的存在，在一些有关文献上还可以从字里行间读得出来。例如，在1996年由武汉大学出版社出版的武汉大学哲学系、社会学系编《珞珈哲学论坛》第1辑上，以显著地位刊载了未署名作者的《武汉大学哲学系简史》，其中谈到1978年真理标准问题讨论中的武汉大学哲学系，只有一句话：“1978年，哲学系部分教师在我国理论界的支持下冲破重重阻力，积极投入关于实践是检验真理唯一标准的讨论，反对‘两个凡是’的错误思潮，为拨乱反正起了重要作用。”① 从这句话里，可以看出当年武汉大学哲学系的老师们参与这场讨论是艰难的，并非今天所能想像的平常之事。

这些“重重阻力”来自何方？如何阻碍？《武汉大学哲学系简史》没有作进一步的交待。如果查阅1993年由武汉大学出版社出版的《武汉大学校史（1893—1993)》，倒可以看到一点历史的真实信息。该书第十章第一节第三小节标题是《开展真理标准问题的讨论》，其中谈到武汉大学当年的有关情况：“1978年5月11日，《光明日报》发表特约评论员文章《实践是检验真理的唯一标准》，引起了校党委和广大教师、干部的普遍重视。从1978年9月开始，在校党委领导下有计划有步骤地开展了真理标准讨论和对‘两个凡是’观点的批判。校党委一面加强自身学习，一面部署学校工作。10月12日，在广泛讨论基础上召开的全校师生员工大会上，党委主要负责同志指出，现在我们讨论的实践是检验真理唯一标准的问题，是坚持辩证唯物主义认识论，反对唯心主义、形而上学认识论的重大理论问题，是要不要高举毛泽东思想伟大旗帜的政治问题，是彻底肃清林彪、江青反革命集团的流毒和影响，坚持实事求是、拨乱反正、正本清源的原则问题，是坚持党的路线、加速实现四个现代化的根本问题。我们一定要充分认识这场讨论的重大现实意义和深远历史意义，真正从理论和实际的结合上弄清为什么实践是检验真理的唯一标准，并以此为指导，搞好教学、科研、后勤等各项工作。”② 从这些记述中可以看出，在《光明日报》发表《实践是检验真理的唯一标准》一文整整5个月后，武汉大学才召开全校师生员工大会进行全校性学习动员。对于这种迟迟才行动起来的现象，今天看来也

---

① 《武汉大学哲学系简史》，《珞珈哲学论坛》第1辑，武汉大学出版社1996年版，第19页。

② 吴贻谷主编：《武汉大学校史（1893—1993)》，武汉大学出版社1993年版，第302页。

并不奇怪，也属一种正常的现象。对此，邓小平在1979年有过说明："对于实践是检验真理的唯一标准的论点，开始的时候反对的人不少，但全国绝大多数干部群众还是逐步接受了的。"① 这样一来，也就不免要产生"重重阻力"了。

积极投入真理标准问题讨论的"哲学系部分教师"是哪些老师呢？在《武汉大学哲学系简史》中，没有留下他们的姓名；至于《武汉大学校史（1893—1993）》，压根儿就没有提武汉大学有部分教师冲破重重阻力，积极投入讨论之事。看来，这些修史者大概是想让后人忘却这些人与事，使他们成为"思想史上的失踪者"。好在当年的文献俱在，不是这些修史者可以轻易地否认和掩埋的。1979年，《哲学研究》编辑部编了两集《实践是检验真理的唯一标准问题讨论集》，汇编了1978年真理标准问题讨论的主要文章，由中国社会科学出版社于当年出版，其中有两篇重要文章是由武汉大学哲学系教师撰写的：一篇是陶德麟老师的《关于真理标准的几个问题》，刊于《哲学研究》1978年第10期；一篇是萧萐父老师的《真理和民主》，刊于1978年11月16日《光明日报》。只有在这里，我们才可以看到当年积极投入真理标准问题讨论的"哲学系部分教师"是哪些老师，他们在这场讨论中做了什么事情。

三

萧老师的《真理和民主》，当年在《光明日报》发表后，我就认真读过，并留下了深刻的印象。刊登这篇文章的报纸，我至今还保存着，尽管已经发黄变脆。但说实在话，这个深刻的印象之所以产生，是由于文章作者是萧老师的缘故；其实我当时并没有读出文章中的思想意蕴与

① 邓小平：《思想路线政治路线的实现要靠组织路线来保证》，《邓小平文选》第2卷，人民出版社1994年版，第190页。

理论价值，并没有对这篇文章有什么深刻的理解。

真正对这篇文章有了深切的理解，是在 10 年之后。当时我已成为萧老师的博士研究生，并由研究中国古代哲学转入研究 20 世纪中国哲学。为了反思与总结 1978 年以来中国哲学的发展，我曾在 1988 年集中阅读了 10 年前真理标准问题讨论的主要文献，进行比较和衡论，发现萧老师的文章在这场讨论中确实有着自己的创新之处和理论价值。

自 1978 年 5 月以来，真理标准问题讨论从哲学思路上看，都是沿着认识论路径来加以展开的，所涉及的哲学问题亦基本是认识论问题。由于当时中国哲学界思想水平的限制，更由于这场讨论实际上是以哲学讨论形式开展的关于党的思想路线的论争，因此讨论的主要目的在于恢复党的"实事求是"思想路线，并不在于哲学理论上提出新的创见。邓力群在 1978 年 7 月 17 日的一次讲话中，就以他个人的体会说到这一点："《光明日报》发表《实践是检验真理的唯一标准》以后，引起了一些议论。后来《解放军报》又发表了长篇文章，对前一篇文章的观点，进行进一步地阐述，对不赞成这篇文章的看法，进行了商讨和批评。我个人是完全同意这两篇文章的。说实在话，第一篇文章见报后，在没有听到不同意见时，我认为是一篇很普通的文章，并没有觉得发表了什么谁也没有讲过的新意见。听到不同意见以后，我才觉得，这篇文章的确起了好作用。"① 今天我们高度评价这场讨论，也是在这一意义上讲的。

但这并不意味着这场讨论在哲学理论上就只是重复以往的基本常识，而没有提出一些新的创见。如果细读萧老师的《真理和民主》，就会发现这是一篇在哲学理论上颇有创见的文章。在这篇文章中，萧老师打破了传统的认识论与历史观的界限，明确提出马克思主义真理观和马克思主义民主观的内在联系问题。这一问题，是以往讲马克思主义认识论时未曾深入论

① 《邓力群同志在理论与实践问题讨论会上的讲话》，《实践是检验真理的唯一标准问题讨论集》第 1 集，中国社会科学出版社 1979 年版，第 73～74 页。

及的,也是 1978 年众多参与讨论者都没有专门提出探讨的。

四

今天看来，萧老师的《真理和民主》有很浓烈的政治气味，这是当时的时代使然，更何况真理标准问题讨论本身就不是纯哲学意义上的学术讨论。但透过这些政治气味，我们又可以清晰地看到这篇文章的内在理路，正是在这里表现出很强的逻辑力量和历史感。

在文章的开篇，萧老师即指出："真理标准问题的讨论在全国蓬勃展开。这是一次激发亿万群众革命智慧的哲学解放运动。哲学的解放，就是真理和群众的结合，就是在马克思主义的真理旗帜下充分发扬无产阶级的民主。"① 进而他提出了自己所要探讨的问题："真理和民主是属于不同领域的两类范畴：真理是认识论的范畴，民主是社会历史的范畴，两者似乎没有必然联系。但是，如果思考一下事情的本质，就会发现两者是有机地联系在一起的。"②

接下来，萧老师对于真理和民主的联系，进行了多方面的论与史相结合的论证，一环接一环地加以阐发。

萧老师首先从作为认识论的实践主体入手，把实践活动的主体与历史运动的主体相贯通，提出正是人民群众成为真理和民主相联系的基础。他指出："马克思主义认识论的第一的和基本的观点是实践观点，即科学地指明认识的任务在于通过实践而发现真理，又通过实践的检验而证实真理和发展真理。马克思主义历史观的首要的和基本的前提是群众观点，即彻底地承认以物质资料生产者为主体的人民群众是历史的创造者。这两个观点，不可分割。因为实践是千百万群众的实践。人民群众改造自然、变革社会、创造历史的过程，就是通过生产斗争、阶级斗

① 萧萐父：《真理和民主》，《光明日报》1978 年 11 月 16 日。

② 萧萐父：《真理和民主》，《光明日报》1978 年 11 月 16 日。

争和科学实验的实践活动去发现、证实和发展真理的过程。坚持实践观点就必须坚持群众观点。”①

萧老师又以马克思主义哲学史为根据，从马克思主义哲学的创立，考察了真理和民主在马克思、恩格斯哲学思想中的内在联系。他指出：“马克思主义开始创立时，就把真理和民主，作为两个互相联系的最重要的研究课题。一八四五年，马克思、恩格斯共同完成了对青年黑格尔学派的批判，出版了《神圣家族》，清算了鲍威尔等人的天才史观，在人类认识史上第一次肯定了‘历史活动是群众的事业’，确立了马克思主义的群众观点，即人民群众是历史的创造者和无产阶级能够而且必须自己解放自己的根本观点。恰在同年，马克思完成了对黑格尔和费尔巴哈的哲学批判，写出了《关于费尔巴哈的提纲》，从认识论上既否定了黑格尔的唯心主义，又批判了费尔巴哈的形而上学，并认真剥取了黑格尔和费尔巴哈哲学中把实践作为认识的一个环节的真理颗粒，在人类认识史上第一次科学地规定了实践是变革现实的物质活动，确立了马克思主义的实践观点，即人类认识的来源和检验真理的标准都只能是社会实践的根本观点。这样两个观点的同时确立，奠定了马克思主义哲学世界观的基石，引起人类认识史的空前大革命。”②

萧老师还对毛泽东哲学思想史进行了考察，指出毛泽东所讲的群众路线，也同样强调了真理和民主的联系。他说：“在《新民主主义论》中，毛泽东同志阐述了真理和民主的关系，语重心长地指出：‘真理只有一个，而究竟谁发现了真理，不依靠主观的夸张，而依靠客观的实践。只有千百万人民的革命实践，才是检验真理的尺度。’实践不是抽象的个人活动，而是千百万人民的革命实践，人民群众既是实践的主体，也就是认识的主体，真理的认识在实践着的群众之中，要学到知识，找到真理，必须到群众中去，向群众学习。毛泽东同志在《关于

① 萧萐父：《真理和民主》，《光明日报》1978年11月16日。

② 萧萐父：《真理和民主》，《光明日报》1978年11月16日。

领导方法的若干问题》中极为精辟地指出：‘凡属正确的领导，必须是从群众中来，到群众中去。这就是说，将群众的意见（分散的无系统的意见）集中起来（经过研究，化为集中的系统的意见），又到群众中去作宣传解释，化为群众的意见，使群众坚持下去，见之于行动，并在群众行动中考验这些意见是否正确。然后再从群众中集中起来，再到群众中坚持下去。如此无限循环，一次比一次地更正确、更生动、更丰富。这就是马克思主义的认识论。’这里所阐明的是党的工作路线和认识路线的一致，在马克思主义发展史上第一次揭示了‘从群众中来，到群众中去’是发现和检验真理的必由之路。所以坚持真理和发扬民主，坚持真理的实践标准和实行群众路线是互相联系、密不可分的。这里所阐明的关于理论对实践的依赖关系，领导对群众的从属关系，先当学生后当先生的关系，先有民主后有集中的关系，等等，不仅极大地丰富了马克思主义的理论，并且使马克思主义的真理观和民主观更紧密地结合起来。”①

通过上述论析，萧老师得出结论说：“马克思主义的真理观和民主观在理论上和实践上都是密切联系在一起的。只有坚持真理的实践标准，才可能确认群众对真理最有发言权，因而才会自觉地实行群众路线，发扬人民民主，倾听群众的呼声，集中群众的意见，把自己对真理的认识放到群众中接受检验，在群众的监督之下坚持真理，修正错误。同样的，只有坚持民主集中制，发扬人民民主，深入群众，深入实际，调查研究，拜群众为师，才可能把检验真理的标准只能是社会实践的这个理论真正落实到行动，在实际中解决认识路线问题。”②

正是这样，萧老师通过自己的思考，对真理和民主的联系、马克思主义的认识论和历史观的联系，作了深入的阐发。从这些阐发中，可以看得出萧老师对马克思主义哲学理论的深入思考，也可以看得出萧老师

① 萧萐父：《真理和民主》，《光明日报》1978年11月16日。
② 萧萐父：《真理和民主》，《光明日报》1978年11月16日。

的马克思主义哲学功力。这些是今天治中国哲学者往往所不及的。

五

萧老师这篇文章的价值和意义，首先在于提出了一个值得关注和探讨的哲学问题：这就是要获得真理，不只有一个认识论意义上的实践检验问题，而且还有一个用民主来保障真理的获得、保障实践对真理的检验的问题。历史已经证明，人们之所以在真理问题上会出现唯书唯上，不是忘记了实践是检验真理的唯一标准，而是由于缺乏民主来保证贯彻这一标准。而后一个问题，是以往讲马克思主义认识论者没有涉及或基本没有涉及的问题。因此，萧老师这篇文章打破了真理标准问题讨论仅仅限制于认识论的格局，而从真理和民主、认识论和历史观的结合上，有力地深化了对真理标准问题的探讨。这个问题的明确提出，固然有其时代的背景，但我想还与萧老师的人生体验有关。

萧老师这篇文章从真理标准问题出发对民主的呼唤，也有着重要的现实意义。这一点在 1978 年底即已鲜明地表现出来。在这年底举行的中央工作会议上，邓小平于 12 月 13 日作了题为《解放思想，实事求是，团结一致向前看》的讲话，这个讲话实际上成为党的十一届三中全会的主题报告。这个讲话共四部分，第一部分题为《解放思想是当前的一个重大政治问题》，第二部分题为《民主是解放思想的重要条件》，这就明确地把解放思想和发展民主直接地联系在一起，在强调解放思想的同时强调发展民主。

邓小平在讲话中对真理标准问题讨论予以了高度评价，指出这是一场思想解放运动，并进而提出重新确立党的“实事求是”的思想路线。他指出：“目前进行的关于实践是检验真理的唯一标准问题的讨论，实际上也是要不要解放思想的争论。大家认为进行这个争论很有必要，意义很大。从争论的情况来看，越看越重要。一个党，一个国家，一个民族，如果一切从本本出发，思想僵化，迷信盛行，那它就不能前进，它的生机就停止了，就要亡党亡国。……只有解放思想，坚持实事求是，一切从实际出发，理论联系实际，我们的社会主义现代化建设才能顺利进行，我们党的马列主义、毛泽东思想的理论也才能顺利发展。从这个意义上说，关于真理标准问题的争论，的确是个思想路线问题，是个政治问题，是个关系到党和国家的前途和命运的问题。"① 在接下来举行的党的十一届三中全会上，"实事求是"作为党的思想路线得到重新确立，并由此而实现了党的工作重心的转移，开辟了中国改革开放的新时期。

在这一讲话中，邓小平明确提出了民主是解放思想的重要条件，批评在过去一个相当长的时期内民主太少，认为这正是造成思想僵化的主要原因之一。他说："因为民主集中制受到破坏，党内确实存在权力过分集中的官僚主义。这种官僚主义常常以'党的领导'、'党的指示'、'党的利益'、'党的纪律'的面貌出现，这是真正的管、卡、压。许多重大问题往往是一两个人说了算，别人只能奉命行事。这样，大家就什么问题都用不着思考了。"② 在如何发展民主问题上，邓小平不仅强调群众路线，而且提出了使民主制度化、法律化的主张。他指出："一个革命政党，就怕听不到人民的声音，最可怕的是鸦雀无声。"③ 又指出："必须使民主制度化、法律化，使这种制度和法律不因领导人的改变而改变，不因领导人的看法和注意力的改变而改变。现在的问题是法律很不完备，很多法律还没有制定出来。往往把领导人说的话当做'法'，不赞成领导人说的话就叫做'违法'，领导人的话改变了，'法'也就跟着改变。"④

---

① 邓小平：《解放思想，实事求是，团结一致向前看》，《邓小平文选》第2卷，人民出版社1994年版，第143页。

② 邓小平：《解放思想，实事求是，团结一致向前看》，《邓小平文选》第2卷，人民出版社1994年版，第141～142页。

③ 邓小平：《解放思想，实事求是，团结一致向前看》，《邓小平文选》第2卷，人民出版社1994年版，第144～145页。

④ 邓小平：《解放思想，实事求是，团结一致向前看》，《邓小平文选》第2卷，人民出版社1994年版，第146页。

邓小平的这些思想，是对 1978 年真理标准问题讨论的深刻总结与进一步丰富。由此反观萧老师的《真理和民主》，可以清楚地发现文中所阐发的思想，确实对党的思想路线的转变和发展民主问题的提出，是起了积极作用的。

总之，从哲学意义与现实意义看，萧老师这篇文章无疑是 1978 年真理标准问题讨论的一篇重要文献。即使在今天看来，这篇文章仍然对深入理解马克思主义哲学认识论有着重要的启示。

六

大概也就在 20 年前，我在一次与萧老师的谈话中，谈到我对他这篇文章的看法和评价。他听了我的一番论说后，笑着说这篇文章具有这样的意义，自己还没有想过。接着谈话就转入了别的话题，以后我们师生之间再未谈论这篇文章。1991 年，萧老师的《吹沙集》由巴蜀书社出版。当我打开他的赠书时，惊奇地发现集中所收首篇文章，就是《真理和民主》。我问萧老师为什么以此文为首篇，他说：这是受了你的看法的影响。这确实是我万万没有想到的。

今天回想起这些往事，如同就在昨天，真是感慨万千！这些往事，虽然时过境迁，俱成历史，但我以为是不应当忘却的，从师生之间的情感来说是如此，从 20 世纪中国哲学史与思想史的书写来说更是如此。正是这样，我把自己的所读、所思、所忆、所感，都记录在此，供后来修史者参考。

谨以此文纪念真理标准问题讨论 30 周年！

谨以此文祭奠萧老师在天之灵！

2008 年 10 月 17 日于武汉大学

（本文编辑：肖航）

锦里人文风教永　诗情哲慧两交辉

——萧萐父教授学术生涯掠影

□　田文军

2008年9月17日，萧萐父老师永远地离开了我们。在和萧老师最后道别以后的这段时间里，心情一直在沉痛中。前些日子，吴根友教授告诉我，《哲学评论》计划辟专栏发表有关萧老师的文章，以示对萧老师的怀念，并希望我也准备一篇。我认识萧老师快40年了。几十年中，萧老师给予我的帮助很多，一时不知从何写起才足以表达自己对萧老师怀念与感激的心情。我找出自己过去写成的几篇记述萧老师学术生活的文字，想从记忆中寻求启发。翻阅这些往日写成的文字，我突然想到：何必再写呢？选载一篇已成的记述萧老师学术生涯的文字，让更多的青年学子了解萧老师，了解萧老师的学术人生，应当是对萧老师最好的纪念。有了这样的心念，我开始重新打量自己的这些文字。由于工作的需要，从20世纪80年代以来，我曾先后写成过多篇记述萧老师学术活动的文章。第一篇是1987年《武汉大学学报》第5期刊载的《萧萐父教授》，此为一篇小传，署名“戈天”，实际上是由我与郭齐勇教授合写的；第二篇是1989年2月我应《武汉学刊》(第2期）之约写成的《吹尽狂沙始到今——记哲学史家萧萐父的学术耕耘》，署名“施田”（此文又载于1990年上海学林出版社出版的《时代与思潮》第3期)；第三篇是1989年应《社会科学家》(第6期）之约写成的《萧萐父教授》；1995年，《二十世纪中国哲学》(方克立主编，华夏出版社出版）也曾收入我写的《萧萐父》(传)；1999年10月，由简永福、皮明庥主编，武汉出版社出版的《时代的回响——新中国武汉地区社会科学评述》

一书中，曾收入我以访谈录形式写成的《世纪桥头有所思》，记述萧老师的学术活动（此文收入萧老师的《吹沙三集》时，更名为《神州慧命应无尽　世纪桥头有所思——萧萐父教授访谈录》)。2004 年，萧老师 80 寿辰时，郭齐勇、吴根友教授主编《萧萐父教授八十寿辰纪念文集》，由湖北教育出版社出版，文集中收入的《锦里人文风教永　诗情哲慧两交辉——萧萐父教授学术生涯掠影》，则是我较为全面地记述萧老师学术活动的一篇文章。

我写作有关萧老师学术活动的文字，他很少过问，也不曾与我谈及他的家世与生活道路。我对萧老师的了解，除了通过其著述，多依据他于 1983 年在上海《书林》发表的《我是怎样学习起中国哲学史来的》一文。2004 年的写作与过去有所不同。这次萧老师曾听我详谈文章写作的构想，他希望我把文章写得生动一些，不要太学究气，并亲手将他父母遗存的文稿及有关他家世方面的文字材料交与我，供我写作参考。文稿用布帛包裹，系手抄本，蝇头小楷，纸透墨香。其时，他与卢文筠老师的《缀玉集》及他父母的诗词集《松萱遗墨》尚未印行，我第一次见到两位老先生的遗墨，不由得心生敬意。萧老师还曾交给我一份成都市委组织部编辑的刊物，上载当年成都华阳中学学生的回忆文章，内容涉及萧老师 1949 年前后在成都的革命活动。这些文字，极大地丰富了我对萧老师家世的直接了解，加上萧老师 1995 年写成的《冷门杂忆》，对自己在武汉大学哲学系的学习生活有过较为详细的记述，我对萧老师学生生活的了解也更加全面。于是，我在自己过去工作的基础上，参阅郭齐勇教授 1994 年写成的《史慧欲承章氏学　诗魂难扫瑷人愁——萧萐父教授学述》一文，写成了这篇记述萧老师学术活动的文字。

在这篇文章中，除了萧老师的青少年时期，大体上以十年为一个时间段来记述萧老师的学术生活，其中，“文革”十年则与其后十年合写，较为广泛地涉及萧老师论理（Logic）与抒情（Lyric）并重的“双L情结”与“历史情结”，对萧老师的哲学史方法学、明清启蒙史观、文化理论等均有所评说。稿成之后，萧老师曾多次提出修改意见，他告诫我，学术评说不宜过多，这种工作应留给他人去做；文章中有关他的教学活动的内容，他则表示了浓厚的兴趣，他喜欢自己的学生，愿意记述与他们一起的生活。他对自己较早招收的博士研究生郭齐勇、李维武等人的学术工作，曾有评价，我原计划在文中做一些介绍，后因篇幅原因未能如愿。许苏民教授不曾在武大学习，也不是萧老师的研究生，但在学术方面，曾得到萧老师多年的帮助。我在文中记述了萧老师与许苏民教授多年的学术交往与友谊。萧老师曾表示自己喜欢这段文字，在交谈中还多次表露对后辈学人的鼓励与期许。《萧萐父教授八十寿辰纪念文集》出版之后，我曾问他同门师友对我这篇文字的印象，萧老师没有多谈，只说“很亲切”。“很亲切”三字使我感到满足，这是萧老师对我这类文字的唯一肯定。现在回想起来，这篇文章中的许多语言本来即是萧老师的，文章从构思到成型均得益于萧老师的指导。在萧老师离开我们后的今天，我决定把这篇文字再奉献给亲爱的读者，希望人们通过我这篇文章更多地了解萧老师的学术人生，同时也想将这篇旧稿作为一瓣心香，表示我对萧老师的怀念。

家教师恩　稚子启蒙（1924—1947）

1924年1月，一个寒冷的冬夜，在成都西城区一座废桑园内有个婴儿呱呱坠地。这个男婴的父亲萧仲仑、母亲杨励昭其时是中小学教员，他们为自己的孩子取名萐甫（后改为萐父）。2003年除夕，萧萐父《七九自省》词中有“寂寂常关内，有娇儿，懵懵莽莽，呱呱坠地”的句子，并自注云:“我初生时瘦弱，父母虑难养，因取小名‘莽子’，呼为‘莽莽’。”

萧萐父的父亲萧参（1885—1961），字仲仑，四川井研县人，父母早丧，勤读自奋；20岁应乡试时，得知甲午战争后国势危殆，遂弃举业，参加同盟会，投身反清革命。辛亥后，因不满“革命功成，走狗当道”的时局，愤而弃政从学，教书为生，曾任四川大学、华西大学等校教授，并兼任中小学教职，培养巴蜀青年学子。唐君毅在成都读小学时，萧仲仑即曾以《庄子》书中《逍遥游》、《养生主》诸篇作教材为其讲国文，后来唐君毅认为自己钟情于玄思哲理，“或许亦源于此”。萧仲仑学无师承，私淑廖平，在《尚书》、《老子》、《楚辞》、《庄子》、《唐宋词》以及中医理论研究方面均有很高造诣，松石琴心，道家风骨，流誉蜀中；新中国成立后受聘为四川省政协文史馆研究员，其论著、诗词多毁于十年浩劫。

萧萐父的母亲杨励昭（1897—1984）祖籍四川崇庆，生于成都，乃蜀中清代爱国名将杨遇春后裔，肄业于成都女子师范学校，能诗词，工书画，曾长期担任成都成公中学、建本小学、四川大学附中语文、国画教员；新中国成立后应聘为四川医学院绘图员，有《梦蔆阁诗词稿》存世。

萧仲仑弃政从学，取陶渊明《归去来辞》“门虽设而常关”之意，将寓所名为“常关”，倾心于“喜无书札到公卿”的生活，曾自题云：“天地有情应似我，根株无恙不依人”。但萧仲仑并未真正避世归隐，常与蒙文通、唐迪风、张真如等川籍学者评史论学。在他的心灵深处，明清之际的黄梨洲、顾亭林、王船山一类人物，仍是值得尊崇的先贤，神交的诤友。因此，萧萐父少儿时代即在一种特殊的语境和氛围中由父母教读，耳濡目染者除了左、孟、庄、骚，尚有明清野史笔记之类。萧萐父曾忆及童年的读书生活：“童年是孤寂的……我的童年就生活在‘常关’之内，由父母教读……我常钻在屋角几堆旧杂书中去乱翻，一次翻出了清末同盟会印作革命宣传品的小册子，除邹容、章太炎论著外，还有黄宗羲的《明夷待访录》、王夫之《黄书》、王秀楚的《扬州十日记》等。书的内容当时看不懂，书的封面写着‘黄帝纪元’或‘共和纪元’，颇引起好奇，而这一事实（加上常听父辈谈起明清史事总是感慨万端以及他们像对老友一样对‘梨洲’、‘亭林’、‘船山’等的亲切称呼）却在童心中留下深深印痕。为什么明末清初这批学者在

300年前写的书会对辛亥革命起到鼓动作用？这个问题……织成心中一个历史情结，长期纠缠着自己的灵魂。"① 拆解"历史情结"，是萧萐父后来学术活动的重要内容之一，这种"历史情结"在他的童年生活中已开始萌生。

萧萐父童年由父母教读，直到12岁，仅上了两年小学，于1937年考入成都县中。进入成都县中以后，老师向他和同学们介绍，县中校园后面的池塘乃扬雄的洗墨池。扬雄一生仰慕司马相如辞赋的"弘丽温雅"，感慨屈原志洁行廉不容于世，其著述《法言》、《太玄》的文雅古奥，萧萐父从父辈的言谈中早有耳闻。联想到自己幼年时去成都君平街湛冥里舅舅家，大人们讲述的严君平靠卖卜自养，精研《易》、《老》，潜心学问，少年扬雄随严君平问学的故事，更增添了他对古人勤学的景仰。

萧萐父在抗战年代开始自己的中学生活，有幸遇上了几位熟谙中国忧患传统的中学教员，罗孟祯先生即其中一位。罗先生注意培植学生的爱国热忱，同时也努力向学生传授文史知识，开启学生的心智。他向学生介绍蒋方震的《欧洲文艺复兴史》与梁启超为之作序而写成的《清代学术概论》，讲解刘知几、章学诚的史论，鼓励学生在努力掌握科学文化知识的同时，锤炼人格自我。这种教学活动与萧萐父接受的家庭教育十分契合，使他获益颇多。罗先生90大寿，萧萐父曾吟诗拜祝："蜀学渊渊积健雄，功高化雨育童蒙。墨池波涌山河泪，树德声传耿介风。指画舆图腾巨浪，壁文史慧轫初衷。丹柯代代燃心炬，万朵红梅祝寿翁。"②罗先生去世后，萧萐父挽联云："墨池掀巨浪，哺育童蒙，呼唤国魂，纵横天下事，绛帐宗师留浩气；空谷起跫音，慨慷时局，激扬史慧，风雨百年心，丹柯炬火有传人！"由此可见罗先生对萧萐父学术生涯的深刻影响。

① 萧萐父，许苏民：《明清启蒙学术流变》，辽宁教育出版社1995年版，第779页。

② 萧萐父：《吹沙二集》，巴蜀书社1999年版，第760页。

进中学时，萧萐父在国学方面已有相当基础，他利用暑假，通过朱点《史记》、《后汉书》等原典进一步提高自己阅读古籍的能力，同时，也努力在阅读中了解西方文化的精神与传统。他泛观博览，心无定所，不经意间又表现出一些独立的致思趣向。在一次学校五题必作的外国史考试中，他只选作了有关希腊哲学家的一题，老师不但没有批评他，反倒给了他高分。1943年三四月间，萧萐父正读高三。其时，冯友兰应邀来成都讲学，萧萐父与好友徐溥等逃学前去听讲，围绕冯友兰演讲中所诠释的儒道诸家的人生境界理论及其现代意义，他与同学们争论不休，并因此搜读冯友兰的《新理学》、《新事论》、《新世训》、《新原人》、《新原道》等著作，增进了自己对哲理的兴趣。

他对文史的兴趣也不断增长。高中期间，他与同学们一起办中、英文墙报（英文墙报名为 Rainbow，中文墙报名为《空谷跫音》），出诗歌专号《狂飚》。萧萐父的第一篇关于史论方面的长文《论史慧》即是在《空谷跫音》上发表的，文章曾得到罗孟祯先生的赞许与肯定。高中时，他与几位热爱文学的同学还各有自己手抄的诗词集，他的诗词集题为《寥天鹤唳》。中学阶段的这种学习趣向虽游移朦胧，却为他后来的大学生活奠定了基础。

1943年，萧萐父19岁，高中毕业时半自觉地报考了时在四川乐山的武汉大学哲学系。战争年代的乐山，疮痍满目，民生凋敝。武大师生们只能利用一座破文庙空房艰难办学。但是，武大教务在朱光潜、叶石荪等先生主持下，仍然继续着其注重教育质量的传统，物质生活条件艰苦，并未影响师生们对学术的追求。“国事的蜩螗、民族的苦难，反而激发起师生们内心深处的屈原式的忧患意识和费希特式的哲学热忱”。①

在武大哲学系，萧萐父在必修张真如教授开设的“西方哲学史”、“德国哲学”，万卓恒教授开设的“西方伦理学史”、“伦理学原理”、“数理逻辑”，以及胡稼胎教授开设的“哲学英语”、“中国哲学”等专

① 萧萐父：《吹沙二集》，巴蜀书社1999年版，第381页。

业课程的同时，还选修过朱光潜教授开设的“英诗选读”，缪朗山教授开设的“俄国文学”，彭迪先教授开设的“西方经济学说史”等课程。大学教授的学术素养给萧萐父留下了新的印象，他晚年仍然对自己的业师感念不已：“抚念生平，其所以走上学术道路，勉力驰骋古今，全赖从中学时起就受到几位启蒙老师言传身教的智能哺育和人格熏陶。至于大学时代传道授业诸师，冷峻清晰如万卓恒师、朴厚凝专如张真如师、渊博嵚寄如金克木师，诲教谆谆，终身不忘。”①

大学时期，萧萐父除了选修专业课程，更加广泛地涉猎中外文化名著。他读康德的三大批判、黑格尔的《逻辑学》、尼采的《查拉斯特图拉如是说——为一切人而不是为一人的书》、罗曼·罗兰的《约翰·克里斯朵夫》、高尔基的《母亲》、伏契克的《绞刑架下的报告》、法共党员的《狱中书简》，读郭沫若的《十批判书》、《甲申三百年祭》，以及侯外庐的《中国近世思想学说史》等，不断拓展学术视野。1946 年武汉大学迁返珞珈山，金克木教授受聘来武大开设“印度哲学史”、“印度文学史”，金先生渊博的学识令萧萐父钦羡不已。他曾多次向金先生请教有关中、西、印文化比较方面的问题，开启自己思考文化问题的新路向。

除了哲理的训练，大学阶段萧萐父对于文学的兴趣也达到了新的境界。这一时期他写下了大量的诗词。这些诗词中，有不满社会现实，直抒胸臆者：“……遥想千家野哭，正都门，酒温歌竞。塞雁惊烽，哀鸿遍地，月寒风噤。剑外心期，吟边怀抱，怕催青鬓。步溪桥，天心何处，问梅花讯。”② 有对美好生活的赞美：“尘外神游地，飘然野鹤心。风怀期懋赏，林壑渺幽寻。但觉嚣氛远，不知云路深。烟空萧寺柏，佳句费沉吟。”③ 他在大学三年级时写下的组诗《峨嵋纪游》，曾由原华

① 萧萐父：《吹沙集》，巴蜀书社 1991 年版，第 625 页。
② 萧萐父：《吹沙集》，巴蜀书社 1991 年版，第 598 页。
③ 萧萐父：《吹沙二集》，巴蜀书社 1999 年版，第 713 页。

西协和大学外籍教授费尔朴（Dryden L. phelps）、云瑞祥（Mary K. Willmott）二人译为英文，纳入《峨山香客杂吟》一书，在香港出版。诗词虽为感兴之作，却“回荡着在时代风涛里泅泳者的呼唤和心声”，表明萧萐父青年时代即在着力于理性思维训练的同时，善于以形象思维表达自己对自然与人生的审视与思索，追求以诗言志，以诗释理的学术风格，开始形成自己论理（Logic）与抒情（Lyric）并重的“双L情结”。

1946年12月，北平发生美军强暴北大女生沈崇事件，“反美抗暴”浪潮席卷全国。沈崇事件对萧萐父心灵的撞击，使他的人生道路发生了重要转向，他在潜心学业的同时，积极投身爱国学生运动。在一次全校时事讨论会上，有人认为沈崇事件涉及治外法权，应通过法律手段解决；也有人认为此为个别事件，不宜影响“友邦”关系。萧萐父驳斥了这些谬论，声称这是“人性与兽性的斗争”。他慷慨陈词，激烈的反美蒋情绪感染着与会师生。次日，武汉《大刚报》即以“人性与兽性的斗争”为题报道武大师生的集会。1947年6月1日，武大学生黄鸣岗、王志德、陈如丰在反美蒋运动中惨遭国民党军警枪杀。“黑夜正浓闲话和平皆有罪，黎明未起蓦然觉醒竟捐生。”武大师生开始了对国民党政府更强烈的反抗，萧萐父也积极投身到学生运动中去。他曾担任武大学生自治组织的宣传部长，办学运小报，组织红五月大游行，以长诗《春雷颂》鞭挞黑暗，期盼黎明。激烈的反美蒋活动引起了当局的注意，萧萐父开始受到特务的监视。

1947年，在万卓恒教授的指导下，萧萐父以《康德之道德形上学》为题完成了自己的毕业论文。论文由同学们代为抄正之后送呈万卓恒教授评审并获得通过。论文认为：康德发现了真正的“人”与真正的“自然”，并认同歌德的观念，肯定康德“用永恒的新奇与日增的仰慕与崇敬，来充溢我们的心灵”，把自己从“死气沉沉的状态中拯救出来。”这实际上用哲学的语言表达了作者在黎明前的黑夜对正义与理想的追求，对自由与光明的向往。“从这里，我们隐约可以听到作者在投身于进步的学生运动时的内在心声。”① “头上是灿烂的星空，心中是道德的律则”。1947 年 7 月，萧萐父为逃避追捕，心念康德的名言，潜离汉皋，开始了自己新的人生历程。

华阳星火　坝上春浓（1948—1957）

1947 年 8 月，萧萐父离开武汉大学后回到成都，任教于华阳县中（现成都三中）。此时，萧萐父虽不是中共正式党员，但他与成都地下党员朋友联系密切，为华阳县中带来了新的时代风气。

华阳县中与成都县中（现成都七中）、联中（现石室中学）齐名，人称“成、华、联”，三校都是成都著名中学。萧萐父在华阳县中担任国文教员。在教学活动中，“他不仅讲授语文知识，而且将中外哲学直至社会主义学说都渗透到教学中去，同学们把每一次听课都当作一次精神享受，课堂内外常常站着其他班旁听的学生。华中透进了新鲜空气，学生精神为之一振。”② 教学之余，他团结向往进步的学生，给学生们借阅《大众哲学》、《群众》、《新华日报》等进步书刊，启发学生运用人民革命的观点思考中国的现实问题。

1949 年 5 月，萧萐父成为一名中国共产党员。在成都地下党组织的领导下，他在华阳县中把学生积极分子组织起来成立“读书会”。在“读书会”成员的带动下，华阳县中学生阅读进步书刊开始形成风气，鲁迅的《彷徨》、《呐喊》，高尔基的《母亲》、《在人间》，巴金的《家》、《春》、《秋》，萧军的《八月的乡村》等书籍在学生中广泛流传。在进步思想的影响之下，学生们自发地组织起来创办墙报，畅谈读书体会，议论社会现实。由“读书会”成员主办的《而已》墙报，指斥学校风

---

① 邓晓芒：《康德之道德形上学·跋语一》，萧萐父《吹沙二集》，巴蜀书社 1999 年版，第 364 页。

② 周德远等：《解放战争末期华阳县中的学生运动》，见中共成都市委党史工作委员会编《成都党史资料通讯》，1986 年第 4 期。

气，抨击社会黑暗，曾在华阳县中乃至成都社会产生广泛影响。当时，华阳县中的领导权被国民党中统特务魏少申把持。在魏少申操纵下，学校取缔了《而已》墙报，理由是《而已》“煽动人心，侮辱师长”。但这不仅未能制止学生的进步活动，反倒扩大了“读书会”的影响，激发了学生的爱国热情。

在任教于华阳县中的同时，萧萐父还曾应著名学者蒙文通先生之邀，受聘于尊经国学专科学校，为学生们讲授“欧洲哲学史”，并为《西方日报》主编《稷下》副刊。在萧萐父的主持下，《西方日报》“稷下”刊发了一些文风尖锐的哲学、政治、经济方面的文章，这些文章在新中国成立前夕的成都思想界发挥了较好的影响作用。

1949年3月，成都地下党组织为了配合全国的解放战争，组织四川18所省立中学开展声势浩大的“尊师运动”。萧萐父根据党组织的指示，及时将运动火种引进华阳中学。“读书会”通过“级联会”组织全校师生走在“尊师运动”游行队伍的前列。后来华阳县中的师生又开展了驱逐特务校长魏少申，保护学校财产，维持学校秩序的斗争。1949年12月30日，萧萐父与华阳县中的师生满怀激情在成都北门参加了欢迎中国人民解放军的入城式，迎来了华阳县中的新生。在华阳县中领导学生运动，使萧萐父开始领略马克思主义理论对于中国革命的巨大指导意义，在《西方日报》的工作，则进一步拓展了他对于理论的兴趣，使他开始深入地研读马克思主义著作。

成都解放初，萧萐父参加接管华阳县中并任副校长；以后，受党组织的派遣，又参与接管华西大学，为华西大学军管会成员之一，后留任该校马列主义教研室主任，主讲《新民主主义论》、《社会发展史》、《辩证唯物论》等理论课程。为系统讲授这些课程，他认真研读马克思主义经典著作，取得了良好的教学效果。1953年，全国高等学校实行院系调整，华西大学重组，萧萐父留任四川医学院马列主义教研室主任，继续从事政治理论课教学工作，使他对马克思主义理论的研探更趋系统、深入。

新中国成立以前，萧萐父与大多数旧中国知识分子一样，支配其行为的是年轻人的浪漫、激情与正义感。他们不是因为思想上选择了马克思主义而投身革命，而是因为置身于革命洪流之中才去寻找革命的理论。萧萐父在大学时代的读书范围虽然也涉及马克思主义著作，但是，在他的心目中，马克思主义还只是西方学术派别之一。萧萐父系统研读马克思主义经典著作，建立自己的马克思主义信念，得益于他从1951年到1955年之间在华西大学与四川医学院的政治理论课教学工作。这种工作使他在马克思主义理论方面具备了相当厚实的基础，也为他后来从哲理的层面深入思考中国文化的历史走向与现实走向准备了条件。

1956年，是萧萐父人生中一个重要的转折点。这一年组织决定他进入中央党校高级理论班深造，使他获得了一次重新选择生活环境，确立自己学思方向的机会。这次机会源于武汉大学恢复哲学系建制。1953年，全国高等学校院系调整，创办于1922年的武汉大学哲学系并入北京大学哲学系。1952年11月，著名马克思主义哲学家李达就任武汉大学校长后，于1956年决定恢复创办武大哲学系，并邀请萧萐父重返母校，参与哲学系的建设工作。当时，党中央关于“双百”方针的公布，关于向科学进军的号召，以及李达校长为武汉大学哲学系绘制的宏伟蓝图，使在北京的萧萐父深受鼓舞。他决定接受李达校长的邀请，重返珞珈山，专心于哲学史的教学科研工作，使自己在系统研探马克思主义理论的基础上，继续解析自己少儿时期即已心存的“历史情结”，探寻马克思主义在中国传播发展的历史根据。作为一名青年学者，矢志于这样的探寻，道路漫长而艰难。但是，他没有犹豫，没有彷徨，而是为即将开始的新的学术生活兴奋不已：“犹记湖山残雪后，红梅芳信苦探寻。十年巨浪开新国，一点痴情结素心。烈火熔炉钢未熟，春膏原野草初生。高峰路远相携去，不畏艰难决意行。”这首题名为《一九五七年元日有寄》的诗中所记述的即是他决定重返武汉大学时的心境。

为了适应新的工作，萧萐父带着李达同志的殷殷嘱托，离开中央党校，进入北京大学进修中、外哲学史。当时，北京大学哲学系因为高校院系调整,大师云集。这种特殊的学习环境使萧萐父在中学与西学两方面皆得明师指点。在北大期间,他先后选修或聆听过冯友兰、郑昕、朱谦之、张岱年、吴则虞、侯外庐、杜国庠、吕振羽诸先生的专题课程或学术演讲,常去贺麟、汤用彤家中侍坐求教,并在学业上得到了导师任继愈先生的具体指点。这种定向进修,不仅使萧萐父踏入学术殿堂,学有进境,也使他确立了自己毕生为之奋斗的学术方向。他曾以"未名湖畔花千树,一夜春风次第开"的诗句来形容自己学业上获得滋润的欣喜之情。

前辈学者的启迪与指点,使萧萐父更加注重自身学术素养的积累与锻炼。在北大期间,他积极参与当时有关中国哲学史方法论问题的讨论,曾写成《我对研究中国哲学史的几点意见》在《光明日报》发表。其后又先后写成并发表了《关于继承祖国哲学遗产的目的和方法问题》、《怎样理解马克思主义哲学的继承性》等论文,阐释自己对于中国哲学史研究方法的理解。同时,他积极参加中国科学院哲学研究所中国哲学史研究室主持的中国哲学史资料选辑工作,承担对严复《原强》一文的校注与训释,从论、史两个方面形成了自己早期的中国哲学史研究成果。

这些研究成果明确指出研究中国哲学史的目的,乃在于探索马克思主义哲学中国化的历史根据和思想土壤,而要达到这样的目的,一方面必须深入地研探马克思主义的哲学史观,正确理解马克思主义哲学的继承性,掌握科学的哲学史方法论武器;一方面则必须系统周密地占有历史资料,全面清理中国哲学遗产,分析其精华与糟粕,揭示其规律与特点,在具体的研究工作中,牢牢地把握住论史结合,古今通气这样一个总方向。萧萐父探讨中国哲学史研究方法的这些认识成果曾受到国内外学术界的广泛关注。由美籍学者陈荣捷编译,普林斯顿大学出版社于 20 世纪 70 年代初出版的一部中国哲学资料汇编中,介绍新中国时期关于中国哲学史的五种具有代表性的学术观点时,即曾专门摘介萧萐父《怎样理解马克思主义哲学的继承性》一文的结论部分。

萧萐父在北京大学学习期间,正值全国范围内开展反"右派"运动。作为北大哲学系中国哲学史党支部副书记,他参加过批判"右派”，又因为保护同志而仗义直言，自己也被视为思想“严重右倾”，受到了“留党察看”的严厉处分。在这样的时代条件下，他对于中国哲学史方法论原则的探索与思考，也难免打上某些时代的印迹。但是从他早期的中国哲学史研究成果中，我们仍可看到他少儿时代即已心存的“历史情结”，看到他颇具个性的学术激情与致思特色。这种学术激情与致思特色在他后来的学术工作中得到了进一步发展。

玄门寂寞　兰菊葳蕤（1958—1966）

1957年秋，萧萐父正式调入武汉大学哲学系任教。在一个黑暗动荡的年头离开母校，十年后重返母校时物是人非，自己面临的将是一条崭新的学术生活道路。但是，他对于自己从批判旧中国的黑暗腐朽转向建设新中国学术文化的工作仍然充满了信心。这种心境使他写成了《一九五七年七月初到汉皋》：“武昌城外柳依依，回首沧波路未迷。西蜀紫鹃归梦远，东湖红萼故人稀。峥嵘诗律归平实，寂寞玄莹入细微。恰是艳阳天气好，春兰秋菊正葳蕤。”真实地记述了自己重返武汉大学以后的感受与期盼。

从1956年萧萐父决定回武大任教至1966年“文革”开始，这十年间，萧萐父的学术活动大体上可归结为两个方面，一是着力建构具备武大特色的中国哲学史课程体系，二是深探哲学史方法论原则，致力于王船山哲学研究。

重返珞珈山后，萧萐父面临的主要工作是武大哲学系的中国哲学史学科建设。武汉大学自1922年建立哲学教育系以来，曾先后聘任范寿康、万卓恒、方东美、张颐、金克木等知名学者来系执教，学术力量不弱，范寿康先生即曾出版过多种中国哲学史方面的著作。但相较于北大、清华等校的中国哲学史学科尚存在差距。在中国学术界，武大的中国哲学史学科能够占据一个比较重要的地位，与萧萐父进入这一学科点后的工作是联系在一起的。

萧萐父回到武大哲学系以后，任哲学史教研室代主任，主持哲学史教研室工作。在致力于中国哲学史学科建设的过程中，他与李德永、唐明邦先生一道，提出以研读“两典”（马列主义经典著作与中国古典哲学文献）为基石，以清理“藤瓜”（哲学发展的历史线索及其重点）、探索“两源”（哲学理论形成的社会历史根源与认识论根源）为起点，来规划组织中国哲学史课程的教学工作，并将这种教学方式提升到理论的层面，写成《关于中国哲学史课程改革的几个问题》在《武汉大学学报》上发表。在这种关于课程改革思想的指导下，经过几年的努力，编印出近百万字的《中国哲学史》教材，并编成一套《中国古典哲学名著选读》作为辅助教材，使武大哲学系的中国哲学史课程，开始形成自己的学术风格与理论体系。

致力于王船山哲学研究，则与萧萐父的哲学史观密切联系。在他看来，研究中国哲学史的主要目的，当在于揭示中国哲学史的发展规律，探索马克思主义哲学中国化的历史根据。毛泽东思想乃马克思主义理论中国化的典型形态，探索马克思主义哲学中国化的历史根据，实即是研探毛泽东思想得以产生、发展的历史文化背景及其思想土壤。同时，萧萐父的学术活动也在一定程度上受到侯外庐关于中国近世思想启蒙之说的影响，十分看重“周秦之际”与“明清之际”的思想家在中国思想文化史上的地位和作用。他认为“船山”与“韶山”，文采风流，学脉相连。研探王船山哲学，将有助于厘清毛泽东思想形成的思想资源与历史脉络。这种观念与追求，使王船山哲学自然地进入了萧萐父的学术视野。萧萐父曾论及自己在教学科研中致力于船山学研究的这种缘由：

“50、60年代，在从哲学到哲学史的专业转向中，我较认真琢磨的是黑格尔——马克思的哲学史观及其一系列方法论原则；同时，也努力挹注前辈学者的研究成果，使我深受启发的是：关于历史和逻辑相统一的分析方法，以及历史的发展只有到特定阶段才能进行自我批判和总结性反思的提示，关于中国史中两个‘之际’——即把‘周秦之际’与‘明清之际’视为中国思想文化史上两个重大转变时期的提法，关于王夫之哲学标志着传统理学的终结和近代思维活动的开端的论断，关于晚明到清初崛起的批判思潮中的启蒙因素的发掘……等等。这些自然促进了对问题的进一步思考，并在教学体系上作了重要改革，将明清之际（即明嘉、万时期至清乾、嘉时期）作为中国思想发展的一个特殊阶段而独立成编，提出这一编的教学，旨在‘推程、朱、陆、王之‘陈’，出顾、黄、王、方之‘新’，即重点表彰能够冲决思想‘囚缚’的‘破块启蒙’的思想家们。在此基础上，60 年代初，遂有为纪念王船山逝世 270 周年的几篇论文习作。”①

萧萐父致力于王船山哲学研究与深探中国哲学史方法论原则是同步进行的。20 世纪 60 年代初，他一方面深化自己对于哲学史方法论问题的思考，先后在《哲学研究》等重要学术刊物上发表《关于历史科学的对象》、《哲学史研究的根本任务和根本方法》、《是主观社会学 还是历史唯物论》等论文，继续论释自己所理解的哲学史研究方法论原则，一方面则开始具体解析王船山的哲学思想体系。1962 年 11 月，萧萐父参与筹办由湖南、湖北两省社联主持的纪念王船山逝世 270 周年学术讨论会，并向大会提交了《王夫之哲学思想初探》、《浅论王夫之的历史哲学》两篇重要学术论文。在这两篇论文中，他把王船山哲学纳入明清之际这一特殊的历史背景中考察，从本体学说、认知理论和历史哲学诸层面解析船山哲学体系，认定王船山哲学作为时代矛盾的一面镜子，具有多层面的两重性。论文既充分肯定船山哲学所具备的划时代的理论成就及其所体现的“新的突破旧的”的启蒙思想特质，又深刻揭示了王船山哲学的理论局限及其留给后人的理论思维教训。这一研究成果的理论深度与系统性，代表当时的船山学研究水平，为海内外学术界所瞩目。两湖地区召开的全国首届王船山学术讨论会，极大地促进了海内外的船山学研究，萧萐父也开始以船山学专家名世。这一时期，萧萐父在

① 萧萐父，许苏民：《明清启蒙学术流变》，辽宁教育出版社 1995 年版，第 780～781 页。

将学术视野聚焦于明清之际，致力于船山哲学研究的同时，为适应教学工作的需要，还将科研工作延伸到了玄学、佛学领域，先后发表了《唐代禅宗慧能学派》、《刘禹锡“天与人交相胜”学说》等重要论文。这些论文追求之高远与理性之缜密，同样受到了学术界的关注与好评。

20 世纪 50 年代中期到 60 年代中期的十年时间，是萧萐父学术生命中的黄金时段之一。他所主张的论、史结合，古、今通气的哲学史方法论原则，在其教学科研工作中得到了创造性的运用，并获取了一批重要的学术研究成果。“海涛不比胸涛阔，天外云帆笔外诗。”他满怀信心，情理并重，以宏阔的学术视野在理性王国与历史海洋中钩沉发微，探赜索隐，企求更为丰硕的学术成果。遗憾的是“文革”爆发，阻止和中断了他的学术活动的深入与拓展。

严肃反思　学科重建（1967—1988）

“文革”开始以后，是非颠倒，万家墨面。1966 年 6 月 7 日，武汉大学开始批判以老校长李达为首的“珞珈山三家村”。“奇冤虚构三家案，黑线株连数百囚。”萧萐父也因“珞珈山三家村”案株连而被批斗、抄家，后又长期下放湖北襄阳广德寺农场，与农工“同卧牛棚，雪压风欺”，虚度年华。解除劳动改造后，萧萐父回到哲学系，虽也希望继续自己钟情的学术工作，但“文革”条件下，实际上已经没有他的工作空间。萧萐父后来曾忆及这种状况：“十年浩劫的困境中，有时想起明清之际学者们‘锋镝牢囚取次过，依然不废我弦歌’的坚贞风范，也是一种无形的精神激励。‘文化大革命’后期，囚居野寺，我曾一冬奋笔写成《船山年谱》稿 20 万言，继又草成《船山哲学》稿 10 余万言，调不入时，俱成废稿。”① “文革”时期，就自然生命而言，

① 萧萐父，许苏民：《明清启蒙学术流变》，辽宁教育出版社 1995 年版，第 781 页。

萧萐父正当盛年，但因“文革”摧残，在他的学术生命中却是荒芜的十年。

“文革”结束以后，中国知识分子迎来了学术的春天。从1976年至1988年，这十多年构成了萧萐父学术生命中又一个黄金时段。这一时间段内，萧萐父的学思范围大体上包含三个向度：即参与思想理论战线的拨乱反正；主编教育部委托编写的《中国哲学史》教材，进一步完善武大中国哲学史学科的课程体系；深化对于中国哲学启蒙问题的思考。

中国共产党十一届三中全会的召开，使党的事实求是的思想路线得到恢复。思想战线的拨乱反正激发了萧萐父的学术青春。他在《光明日报》发表《真理与民主》等重要文章，参与真理问题的讨论。《中国哲学》创刊后，他的《石韫玉而山辉　水怀珠而川媚》也在《光明日报》发表。文中满怀激情地写道:“粉碎了‘四人帮’,学术得解放。郭老带头呼唤：‘拿出理论上的勇气’，迎接‘科学的春天’！全国理论工作者慨然奋起，砸碎枷锁，打破禁区，开辟草莱。实践标准的呐喊，结束了哲学贫困的局面，春雷惊蛰，万象昭苏；马克思主义的史学园地，也百卉初荣，春意盎然。《中国哲学》这个以中国哲学史、思想史研究为内容的专业性学术丛刊又破土而出。百花园里，平添一分春色。”史学园地，春意盎然，使萧萐父备受鼓舞。他在积极参与真理问题讨论，为清“左”破旧贡献力量的同时，严肃自省，坦陈自己在以往的学术活动中，由于受到“左”的思潮蛊惑，也曾“时陷迷途，有时作茧自缚，有时随风飘荡，教训很多”；“经过十年浩劫，痛定思痛，咀嚼苦果，才若有所悟”。① 这种严肃的反省自剖，为萧萐父重新投入教学、科研及学术组织工作，获取新的学术成就奠定了坚实的思想基础。

主编《中国哲学史》是萧萐父这一时期的代表性学术成果之一。

① 萧萐父：《我是怎样学习起中国哲学史来的》，上海《书林》1983年第5期。

1978年，教育部组织武汉大学、中山大学、四川大学、南开大学、南京大学、广西大学、辽宁大学、湘潭大学等九所大学编写高等学校哲学系本科生选用的《中国哲学史》教材，由萧萐父担任主编。在众多专家的合作下，历时三年，终于写成一部70多万字的两卷本《中国哲学史》。这部教科书注意净化哲学史研究对象，发掘中国哲学遗产中的启蒙因素，着力探索中国哲学发展的历史脉络与逻辑线索，其鲜明的学术风格与理论特色受到学术界的普遍赞扬。学者们认为此书“反映了中华民族思想跳动的脉搏”；著名哲学史家张岱年教授、石峻教授也肯定此书“较好地揭示了中国哲学发展的规律和特点”。此书由人民出版社出版之后，重印多次，印数达十多万册，被许多高校选作教材，荣获国家教委优秀教材一等奖，并被译为韩文、英文。由于此书规模宏阔，思想新颖，形成于“文革”后思想理论战线的拨乱反正之中，承上而启下，在中国哲学史学科史上具有重要的理论价值与学术地位。

在主编《中国哲学史》的过程中，萧萐父着力较多的另外两项工作，一是深化对于哲学史方法论的思考，一是进一步完善武大中国哲学史学科的教学体系。两卷本《中国哲学史》的成型，与萧萐父对哲学史方法论原则的重新学习与思考是紧密关联的。他认为，哲学的特征，使其成为一种特殊的社会意识。这种社会意识有别于宗教、道德、艺术，也不同于其他具体科学等社会意识形态。哲学认识的矛盾发展史应当是哲学史特定的研究对象。基于这种观念，他主张中国哲学史研究，应以哲学认识矛盾发展史取代意识形态色彩浓厚的“两军对战史”，纯化自身，改变过去的研究工作中长期存在的对象不明、越俎代庖的现象。

同时，萧萐父主张在哲学史研究中突出历史与逻辑统一的研究方法。他认为，历史上哲学认识矛盾发展的逻辑进程，集中体现在哲学范畴的产生、发展、演变之中；历史上哲学派别的对立、斗争以及斗争中的相互渗透转化，通过哲学范畴的继承、扬弃或赋予新解表现出来；哲学发展到一定阶段的历史总结，也是通过把以往各个哲学体系中的重要范畴纳入新的体系，使其成为新的环节来实现的。因此，哲学史体系只有以螺旋结构取代对子结构，才有可能深刻地论释哲学认识发展的客观逻辑，科学地揭示历史上哲学发展的本质矛盾和内在规律。

萧萐父对哲学史研究方法的这些思考，不仅成为他主编《中国哲学史》的指导思想，而且系统化、理论化为多种认识成果。他先后写成了《中国哲学史方法论刍议》、《马克思主义哲学史观与蒙古族思想史研究》、《历史感情与历史科学》、《中国哲学范畴研究中的论史结合问题》等重要论文，并与陈修斋教授共同主编《哲学史方法论》一书，由武汉大学出版社出版。这些研究成果，以其严谨的系统，深刻的理性、对于清算"文革"造成的思想混乱，导引中国哲学史研究的正确路向，促进中国哲学史学科的发展发挥了重要作用。

萧萐父对中国哲学史方法论原则理解的深化，也使武汉大学中国哲史学科的教学体系在面向本科学生的基础上，开始延伸到研究生教学体系的建设。这一体系的建设虽然有一个历史的发展过程，但大体上是在20世纪80年代成型的。在他的组织下，哲学史方法论构成了研究生课程的一个重要环节，其他课程也基于其所理解的哲学史方法论原则组织与建设，并且以"德业双修、学思并重、史论结合、中西对比、古今贯通"这20个字来概括学科点的研究生培养目标，表述学科点的学术方向与学风特色。经过多年的教学实践与探索，终于使武大中国哲学史学科点发展为一个受到海内外学术界关注的哲学史专业人才培养基地。

20世纪80年代，萧萐父还在《中国社会科学》发表了《中国哲学启蒙的坎坷道路》、《对外开放的历史反思》等重要论文，主编《王夫之辩证法思想引论》（湖北人民出版社1984年版），受聘为罗马尼亚Lucian Boia教授主编的《国际史学家》辞典撰写《王夫之》条目。这些构成了他在这一历史时期中另一种类型的学术成果。在《中国哲学启蒙的坎坷道路》一文中，他认为回溯历史，中国也有过自己的哲学启蒙或文艺复兴。这种哲学启蒙或文艺复兴是在对整个宋明道学的否定性批判中开始的。打破宋明道学的思想桎梏，产生了人文主义的初步觉醒。“在明清之际的社会大动荡、阶级斗争的大风雨中，我们民族也产生过自己的思想巨人。我们有自己的但丁，如汤显祖、曹雪芹，他们唱的且不是‘神曲’，而是‘人曲’；也有自己的达·芬奇、米开朗琪罗，如郑燮、石涛、陈洪绶，他们画笔下的人和物都表现了倔强的异端性格；还有自己的布鲁诺式的‘哲学烈士’，如何心隐、李贽，他们敢于背经叛道，死而不悔；我们更有自己的弗兰西斯·培根，如徐光启、方以智、梅文鼎，他们学贯中西，开始了铸造自己‘新工具’的事业。至于王夫之、黄宗羲这样博学深思、著作宏富的思想家，在世界文化史的这一阶段上可说是旁世无匹。”但是，清初的历史洄流，使明清之际思想家们的思想火花，并“没有能形成照亮黑夜的‘火流’，而他们散播火种的著作反而成为清王朝禁毁的对象。”“五四”以来的思想文化启蒙，同样坎坷曲折，理性的觉醒和培育与时代要求相距尚远。这种观念，使萧萐父把中国历史上“新的突破旧的”，“死的拖住活的”这种带规律性的矛盾状况，视为中国近代革命难产的原因。并认定这种难产给中国现代科学文化的发展带来了特定的局限与困难，主张在现实的民族文化建设中“补课”，自觉地避免某些历史运动的洄流，培育丰厚的理论思维土壤，以求民族文化的复兴与繁荣。

萧萐父的这些学术研究成果，同他主编《中国哲学史》的工作关联，但就视域而言已不在同一理论层面。他对于中国文化历史走向的思考，凸显启蒙精神，呼唤理性自由，肯定个性价值，批判“文革”中的专制与愚昧，已同他对中国文化现代化建设的思考连接起来，使他开始在新的视域中清理中国的哲学传统，思考中国哲学传统的现代价值。

吹沙觅金　漫汗兼容（1989—1999）

20 世纪 80 年代后期，萧萐父在净化哲学史研究对象，获取一批重要的学术成果之后，开始泛化的哲学史研究。在他看来，哲学史研究，“或纯化，或泛化，或微观，或宏观，或纵向，或横向，都可以‘自为经纬，成一家言'”，而“以哲学史为核心的文化史或以文化史为铺垫的哲学史，更能充分反映人的智能创造和不断自我解放的历程”。① 这种学术观念，使萧萐父在更广阔的学术视野中关注与思考中国文化的历史走向与现实走向，构成了他学术生涯中又一个颇具特色的十年。

这十年中，他对于佛教哲学、道家哲学、儒家哲学、现代新儒学以及易学哲学的研究更趋系统，绠汲更深。他独立撰写或与人合作编纂、点校的《中国辩证法史稿》、《船山哲学引论》、《吹沙集》、《明清启蒙学术流变》、《众妙之门》、《古尊宿语录》、《中国哲学史史料源流举要》、《吹沙纪程》、《吹沙二集》等学术著作，以及《文化反思答客问》、《活水源头何处寻——关于传统文化与现代化之间历史接合点问题的思考》、《慧命相沿话启蒙——明清文化名人丛书总序》、《传统·儒家·伦理异化》、《道家·隐者·思想异端》、《中国文化的“分”“合”“一”“多”与文化包容意识》、《中国传统文化的现代化与西方先进文化的中国化》、《人文易与民族魂》、《易蕴管窥》、《关于〈大乘起信论〉的思想源流》、《关于〈大乘起信论〉的历史定位》、《佛家证悟学说中的认识论问题》等重要学术论文都形成于这一历史时期。这些学术成果所涉及的专业范围十分宽泛，思想旨趣不囿于一隅，幽邃深远。但其终极层面的思想根源与动力，又大都与中国20世纪80年代兴起的文化研讨热潮关联。因此，就这些学术成果总体性的致思指向而言，又可视为萧萐父对中国文化全方位、多层面、多视角的思考，其内容大体可区划为中国文化传统的反刍，中国文化现实走向的考辨，以及中国文化前景的展望等。

萧萐父认为，人类文化是多源发生、多元并存、多维发展的；人类文化传播中的辐射、迁徙、涵化、融合都以文化发生的多根系与文化发展的多向度为前提。他以中国传统文化中“道、法由相依而分驰”，“儒、法由相乖而合流”，“儒、道由相黜而互补”，论定中国文化为含

① 萧萐父：《吹沙集》，巴蜀书社1991年版，第410页。

括儒、释、道乃至于诸子百家之学的多元集合，强调中国文化自身的多维与互动。同时，他认为，文化传统并不是已经逝去的历史陈迹，而是现实中活的文化生命。文化传统中新旧杂陈："或已死而未僵，或初生而尚丑，或托古以护新，或假新以复旧"；任何将文化传统单一化，简单地肯定传统文化的"道统"或简单地认定传统文化陈腐的理论，都是非科学的。正确的选择只能是基于主体的自觉对历史中形成的传统去进行筛选和评判，探索新旧文化代谢发展的机制，找到传统与现代化之间的历史接合点。

基于这些观念，萧萐父在新的时代条件下，反思中国传统文化，诠释、解读中国的文化传统，既有对易庸之学中所含人文意识的肯定，对道风、佛慧的揄扬，也有对儒门学风的褒贬。对于20世纪80年代以来海内外颇为流行的"东方文化热"、"儒学复兴论"、"东方的觉醒"、"西方之没落"、"东化的世纪"、"全球化时代"、"文明冲突论"等文化学说都持客观考察、冷静分析的态度。他好奇兼爱，在欢迎文化理论中的"千门万户"，倡导文化理论中的"殊途百虑之学"，认同中国传统文化的包容意识的同时，呼唤启蒙，坚持自己对中国文化现实走向的独立思考。在他看来，历史已经证明"西学中源""中体西用"之类的思想范式曾将人们引向歧途，给人们留下了深刻的理论教训。在新的时代条件下，对文化与传统的反思，应当超越中西对立，体用两橛的思维模式，既反对不加分析的维护传统，又反对盲目幼稚的鼓吹"西化"。唯有如此，才可能正确理解中国传统文化中的启蒙思想因素，找到中国文化现代化的活水源头，正确理解中华文化必须而且可能现代化的内在历史根据。

萧萐父对中国文化发展前景的展望，与他对传统文化的选择，对现代文化的创建和对未来文化的设计及追求是联系在一起的。在他看来，中国社会转型中的文化变迁，既表现为中西的冲突与融合，又表现为古今的变革与贯通。我们在人类已经跨入新的世纪的时候思考民族文化问题，不应停留于"五四"前后的观念与论争，而应关注20世纪90年代以来东西方文化交流的深层面扩展，关注人类文化发展的前景与趋势。随着全球经济一体化的发展，人类文化不断整合的趋势在所难免。但是，在新的世纪，人们所面临的仍是一个多极的世界。在这样的世界格局中，未来中国新文化既不可能“东化”，也不可能“西化”。其走向只能是中国传统文化的现代化与西方先进文化的中国化。这种走向是一个相互关联的双重过程：要实现中国传统文化的现代化，必须吸纳包括马克思主义在内的西方文化的优秀成果；唯有重视民族文化的优秀传统，为西方文化提供扎根的土壤，才能实现外来文化的中国化。因此，他主张打破中国学术文化被简单政治化的格局，凸显中国文化包容意识的价值，在文化建设中正确处理“辨异”与“自主”的关系，将“全球意识”与“寻根意识”结合起来，通过与世界文化多层面接轨，多途径对话，在全球文化的“百家争鸣”中，实现民族文化的重构与创新，使中华民族重新居于世界文明的先进行列。

萧萐父关于中国文化现代化及其前景走向的这些思考，有对传统文化的历史回溯，也有对现代文化理论的考辨，是他在自己的学术耕耘中，吹沙觅金，长期积靡的结果；相较于他以前对于中国文化问题的思考，其理论的深度与密度均有所拓展。1993 年夏，北京大学举办汤用彤先生百年诞辰纪念会，萧萐父曾缀诗表达对汤先生的孺慕之情，其中有“漫汗通观儒、释、道，从容涵化印、中、西”之说。涵化印、中、西，通观儒、释、道，既表达了他对汤先生学术成就的景仰，也表达了他自己的一种学术追求。正是这种追求，使他在新的历史条件下，思考中国文化问题，理性与情感并重，民族与世界相连，历史与现实贯通，普遍与特殊兼顾，自为一家，被学术界视为当代中国文化理论中颇具个性特色的一派。

丹柯心炬　代有传人（2000—　）

2001 年，萧萐父主编的《熊十力全集》出版，“熊十力与中国文化”国际学术研讨会在武汉大学召开。他在会中指出，熊先生在浙大“漆园”的一副对联未选入全集是一个失误，因而题诗：“八卷雄文慧命传，无穷悲愿说人天。神州鼎革艰难甚，白首丹心猛着鞭。”诗中赞扬了熊十力先生的文化慧命与悲愿，也表达了他自己在新的世纪中的人生追求。

萧萐父是带着对民族文化的深沉思考步入新世纪的。这样的思想动力，使他在2000年至2003年间不仅推出了《传统价值　鲲化鹏飞》、《王夫之评传》、《早期启蒙说与中国现代化》等重要学术论著，而且敏锐地关注着海内外学术发展的态势。20世纪90年代郭店楚简的出土，引起国际汉学界高度关注。在武汉大学召开的“郭店楚简国际学术研讨会”上，萧萐父曾指出人们对楚简的研究，是在古史研究中继续实践“二重证据法”或“三重证据法”，极有可能带来“楚简重光，历史改写”的文化发展前景。他的这些学术成果与学术见解涵括了他长期契真融美的所思所学，也昭示了他在新的世纪为人为学新的感悟与新的心境。

海内外学术界关注着萧萐父的学术成就，关注着他的人生道路。有学者认定他是一位“智者诗人”或“诗人智者”，赞赏他将文化批判的锋芒隐含于文化包容意识的宽容之中；有学者认同他的“道家风骨”，称道他“鸥梦童心”，“化境悠然”；也有学者认定他是一位热烈的理想主义者，肯定他强烈的使命感、责任感和积极的人生关怀。2003年2月，国学大师饶宗颐先生有《满江红——寿萧教授萐父八十》：

“与子论交，记秋老、可人风物。喜提挈，船山师友，文澜壮阔。已化神奇从臭腐，更开云雾见新月。问何来，玄旨澈微芒，心如发。潇湘恨，波澄碧。参洙泗，异端息。漫登山临水，道家风骨，俯仰扁舟天一瞬，商量绝学肱三折。借长江，作酒进冰壶，春无极。”

并附注云：“王而农《蝶恋花》词有‘渺渺扁舟天一瞬’句，君究心王氏学，所造尤卓越。”饶先生不仅全面肯定萧萐父的道德文章，尤其称道他在船山学研究中的卓越贡献。学者们这些论释各有会心，各以不同的侧面肯定了萧萐父的学术成就，人格风范。

但是，面对新的世纪，回溯自己数十年来的学术生涯，萧萐父仅以“好奇兼爱，杂而多变，情乃一贯”12字概述自己的所学所思，强调自己的“历史情结”与“双L情结”，视自己为一名普通的教育工作者，一个在学术文化工作中“承先以成其富有，启后以见其日新”的过渡性人物。他的这种自我认同是真诚的。我们从其“历史情结”与“双L情结”中，对他的学思特色确可得出一些总体性的结论。

“历史情结”实即是他对于民族文化强烈的忧患意识与责任意识。萧萐父学成于20世纪40年代，其学术活动大体上与新中国的成长同步。他经历过新中国成立前夕的苦难，亲历过“文革”的专制与愚昧，也体验过改革开放，国家走向富强的喜悦与自豪，其学思历程，紧系着民族文化复兴中的艰难与曲折。这使得他对民族文化的责任感既源于中国知识分子的忧患传统，又源于自己对中国文化建设实践要求的领悟。因此，其学其思，虽杂而多变，视域时有不同，但总体指向都在于自己的“历史情结”。他带着丰硕的学术成果走向国际学术舞台，赴新加坡、美国、德国讲学；掘井及泉，吹沙觅金，锲而不舍地发掘中国传统启蒙思想资源；对于古今中外学术大家的思想或“闻风相悦，心知其意；或涵泳其中，哀乐与共；或有所较评，也力求‘异以贞同’”，在对古、今、中、西漫汗兼容的基础上建构自己的文化理论，并力图使其整合于民族整体性的文化理论之中，促进中国传统文化的现代化与西方先进文化的中国化，都是为了拆解自己的“历史情结”。这种拆解大体上是以笔耕的方式进行的。

他拆解自己“历史情结”的另一重要方式是像丹柯一样燃心为炬，满腔热情地培养青年学术人才，以求学术文化的“慧命承继”，“心火相传”。他在诗作中有“孤山诗梦梅魂洁，四海交游处士多”之说，曾广为学者们称道。所谓“四海交游处士多”，有指与他平辈论交，切磋学问者，更多的似应是指他数十年间培养的博士生、硕士生，以及与他交往密切的学术青年。

1978 年，萧萐父开始招收中国哲学史硕士研究生，1987 年开始招收中国哲学史博士研究生。从此，一批批有志于中国哲学史研究的青年学子，相继来到珞珈山讨教求学。他言传身教，为青年学子的成长倾注了大量心血，先后为研究生开设“哲学史方法论研究”、“中国哲学史史料源流举要”、“中国辩证法史”、“明清哲学”、“佛教哲学”、“道家哲学”、“马克思的古史研究”、“马克思晚年的人类学笔记”等基础课程与专业课程。鼓励自己的学生德业双修，矢志于国家民族的学术文化建设。在研究生培养工作中，他依据国内外学术发展的动态与趋势，兼顾学生的专业素养与学术兴趣，因材施教，精心指导学生选定研究课题，确立专业方向，帮助他们迅速地步入学术天地。今天，武汉大学中国哲学史学科点的毕业生已成为一支重要的学术力量，正活跃在中国哲学史领域，为国家民族的学术文化建设贡献自己的力量。

萧萐父在以自己的致思趣向影响学生的同时，也以此影响其他学术青年。许苏民同志青年时期在学术方面即得到过他的热情指点。萧萐父晚年与许苏民合作推出了《明清启蒙学术流变》、《王夫之评传》两部学术专著。在《王夫之评传·跋语》中他曾深情地写道：“我们这一代学人，如此承先以成其富有，启后以见其日新，更不辜负前辈学者的具体嘱托，而使中国思想的慧命之流生生不已。这是另一部没有写出来的人文精神史中的心火之传，最令人欢欣和鼓舞。”为了“使中国思想的慧命生生不已”，萧萐父在学术工作中既尊重学者各自的自由创造和独立思考，又善于团结协作。他总是将武汉大学中国哲学史学科点的学术成就，归功于学科点全体同仁的团结拼搏。在他看来，一个学术集体，唯有立足本土，扎下深根，又不断地开拓视野，面向世界，面向未来，才有可能在这个学术文化日新月异的时代自强不息，求得发展。他在新的世纪中的这些思考，同样联系着他的“历史情结”。

“双 L 情结”使萧萐父在自己的学术生涯中，诗情与哲理并重，追求哲学的诗化与诗的哲学化。在他看来，在情与理的冲突中求和谐，在形象思维与逻辑思维的互斥中求互补，在诗与哲学的差异中求统一，是中国知识分子历史地形成的优秀传统。中国学术文化史上，庄周梦蝶、荀卿颂蚕、屈子问天、贾生哭鹏，即是这种传统的具体表征。因此，他在青年时代即不满意于西方文化将整合的价值世界割裂，把审美对象局限于自然与艺术，主张和谐为美。晚年则将哲学的诗化与诗的哲学化升华到了更高的理论层次。认为诗化哲学的传统“使中国哲学走上一条独特的追求最高价值理想的形而上学思维的道路，既避免把哲学最后引向宗教迷狂，又超越了使哲学最后仅局促于科学实证，而是把哲学所追求的终极目标归结为一种诗化的人生境界，即审美与契真合而为一的境界”①。萧萐父认为，王船山哲学，依人建极，以史为归，其诗中所谓“惟其超越，是以和易。光芒烛天，芳菲匝地。深潭映碧，春山凝翠”，即是以诗语梦境凝聚自己理想追求的范型。这样的诗化哲学使“哲理与诗心互相凑泊，浑融无间，‘如水中盐，蜜中花，体匿性存，无痕有味，观相无相，立说无说’”②。化解了西方文化将哲学与诗分裂对立的矛盾，可为人类文化的发展作出自己独特的贡献。

萧萐父对哲学的诗化与诗的哲学化的这种理解与追求，实际上体现了他自己独特的学术风格与人生境界。他的“双L情结”与“历史情结”相涵互动，两者的意义价值又似有别。他拆解“历史情结”，将自己的人生追求与民族文化的复兴联结，凸显的是他学术人生的普遍价值；他追求哲学的诗化与诗的哲学化，以《傅山三百年祭》、《湘西草堂杂吟十首》等诗作展现自己的“双L情结”，将民族的文化传统与个人的学术追求联系起来，则体现了他学术生涯中的个性与自我。这种相涵互动，为人们留下了许多感悟，许多思考。

“踏过劫波风骨健，默指天心梅蕊。拼余热，泞耕不止。毕竟知交多处士，竹林下，煅灶犹堪睡。虎溪笑，谁能会?”萧萐父《七九自省》词的结句表达了他伫立世纪桥头，白首丹心，书田耕耘的学术夙

① 萧萐父《吹沙二集》，巴蜀书社1999年版，第512页。

② 萧萐父《吹沙二集》，巴蜀书社1999年版，第513页。

愿，也蕴含着他对后辈学人的期许。时间将证明：人们会不断理解他的“历史情结”与“双 L 情结”，认同他情理并重，会通兼容的学术追求；学生和后辈将深化他关于中国传统文化现代化与西方先进文化中国化的思考，使其心火之炬，绵延不息；历史也会永远铭记他们这一辈知识分子艰难的心路历程，感念他们对于民族学术文化建设的贡献。

（本文编辑：肖航）

哲学评论 本期特稿
第7辑
PHILOSOPHICAL INQUIRY
出版者：
武汉大学出版社
2009年

先秦思想中的行动观

□ 方克涛（Chris Fraser）

本文将概述先秦哲学中关于行动（action）及行动性（agency）的构想，并对比于西方常见行动观。笔者亦会简评本文观念将如何影响我们诠释先秦文本及联结先秦思想与当代伦理学及行动理论。

先秦与现代西方行动观，其根本立场差之甚远。今人若置之不顾，其诠释古人思想及使之对话当代哲学之努力，纵然合乎常情，亦可能贻误深远。笔者的理解是，先秦行动观不但本身多有深刻见地，且常能察一般西方思想所未能察。从而，挖掘先秦原典中的丰富思想资源，对当代的行动问题讨论将不无裨益。当然这并不意味先秦行动观本身是圆满的；毋宁说，它在某些方面准确把握了现实生活的行动性，并足以迫使我们重新考虑甚至调整西方传统中对行动性的一些常见假设。尤为可贵的是，相对于西方思想动辄把行动过度智性化（over-intellectualize）的倾向，先秦观念往往将其基础置于我们把握实践并发展行动习惯的能力之上。

此处我们所谈重要差别，具体所涉乃是先秦思想与以希腊理性主义及启蒙时期概念主义为代表的西方正统观念。这些西方观念把行动者个人的筹划、抉择、理性及自主性视为行动及行动性的核心。它们的基础是实践推理（practical reasoning）的一种模型，我们姑且称之为**论证模**

型（the argument model）。该模型奠定了行动的**信念-欲望**模型（belief-desire model），后者可以说是体现在行动上的论证模型。因深受这种高度个人主义行动观的影响，当代学者面对先秦观念，往往很难客观地还原其本来面目。在先秦思想中，个人主义的论理倾向其实甚为少见，其行动观所强调的首先是能力、习惯，以及对日常活动的熟练把握和行使技巧等。当然，这并不是说在先秦思想的图景里完全没有筹划、决策等元素，只不过它们并不扮演主要角色，不是行动性的要旨，而其真正要旨乃是对道的精炼而娴熟的展现。姑且，我们可以把先秦思想中的行动观的基础模型称作**展现**模型（performance model of action）。不过这只是粗略的描述，下文经过一番详细解释后，我们也许可以将其行动结构更准确地界定为**辨识-回应**模型（discrimination-and-response model）。

笔者须声明，本文大体上只是一个纲领式、统观式的铺陈，而不是严密的学究论证。本文旨在引发讨论，是以，即便一些观点有笼统或空泛之嫌，笔者亦不会花费笔墨逐一征引例证。特别而言，文中常提及"先秦思想传统"与"西方思想传统"，好像它们是各自成型的刻板传统。这的确是个陋习，公允且可靠的做法，应该是清楚意识到各传统中多元的观点和发展趋势，彰显其差异并顾及其殊途同归之处。其实，某些西方传统的著名思想家如尼采、杜威和维特根斯坦，及当代学者如塞尔（Searle）或布兰登（Brandom），与先秦哲学家在行动观上多有异曲同工之处，可惜本文无暇细论。不过，尽管笔触或未够精确详尽，笔者还是希望本文在某些方面能有抛砖引玉之功。

让我们还是先回到前文所做的粗略概括并作进一步阐释。西方传统中，大概自亚里士多德始，一般思想家论行动，都倾向于集中探讨在特定情境中决定如何行动的过程。在此倾向中，行动本身被概念化了，其基础则是筹划某个举动并为之找寻合理依据的思考结构。而此思考结构本身的基础又是理论推理的范式，包括三段论、假言推理等论证模式。上文提及的**信念—欲望**模型就是直接在这样的思考结构下造就的。该模

型可以追溯到亚里士多德的实践三段论及休谟对理性及动机的看法。它针对的是个别、孤立的行动。行动衍生于意向状态（intentional states），二者间具有因果关联，而这关联结构又可对应于实践论证中结论和前提的关系。某几项前提表达意向状态，而结论代表行动；前提与结论之间的理性推论关系解释该行动并为之提供合理依据。一般在前提之中，其中一项是认知性的（cognitive），表示行动者对所处情境的信念，另一项则与动机或意欲有关，表示行动者的欲望或其他意欲状态（conative state）。欲望推动行动，而信念引导或触发之。用戴维森（Donald Davidson）的话来说，该模型对行动的解释要义在于“行动的理性化”（rationalization of actions）；它显示了行动者所持的理据如何理性地指引行动并为行动提供依据。

依此模型，**行动性**则体现在掌握理据和依照理据进行活动的能力中，或者说，体现在我们构造实践推理并且根据其结论来行动的能力中。行动性的实现乃是行动者的理性能力的某种实现，即理性自觉地为行动寻找到依据，并自觉地控制行动。这种行动性的实现的典型例子是在脑海中演算一遍实践三段论然后依照结论办事。

诸如自由及尊严这样一些引起广泛重视的价值，和上文的模型有密切的关系。行动之所以是自由的，多多少少是因为它以行动者自主的实践理性为根据。如果有人只是自动地回应他遭遇的境况，并任由自己的先天或后天取向（dispositions）主宰自己行动，那么他会在某个意义上被视为比理性的人较少自由，毕竟理性的人能自觉地筹划和选择自己的行动。受到希伯来-基督教传统以及启蒙时代尤其是康德思想的影响，我们倾向于认为人之所以有尊严，乃在于我们能自主、理性地抉择我们的行动，而不是让偶然的心理、社会或环境因素所驱使。自由、尊严以及真实的行动能力的施展，见于我们每次采取行动时皆有能力从不同的方案中作选择，有时也见于我们一方面感知到错误选择的引诱，同时又有能力抵抗引诱。

无可否认，这个模型的确能大致上对应起某些情况下我们实际的行动模式。这些情况多数是我们面对困境或需要在陌生的情况作抉择。具体例子包括那些一次性的重大决策，比如读哪间大学，与谁人结婚，或者去何处度假等。平常生活中亦不乏范例，比如推算何时出发方能准时抵达何处。但是，如果从我们日常生活的全景去考虑行动性问题，**信念-欲望**模型的描述力就颇为杯水车薪了。事实上，我们生活中大部分所为都无需深思熟虑，我们大部分活动都是司空见惯、按部就班以至驾轻就熟。多数时候我们只直接对情境作出反应，根本不考虑其他可能的行动，亦不觉得有做选择的必要。这种直接的反应甚至可以包括某些所谓“高智力”活动，比如哲学演讲或课堂答问。

信念-欲望模型对行动的解释，无论范围或目的都有所囿。诚然，此模型指出了行动者的理由，并阐释行动如何合理地由行动者的心理状态或道德律令产生，使得行动有理可循。但其并不着力阐述我们行动的具体过程，比如心理上的触发机制、心理状态和身体动作的关系，以及我们执行指令或将意图化为行动的实践能力，等等。换言之，该模型对于日常惯性活动和熟练技能的解释力相当有限。我们固然可以用它解释一个职业网球运动员的认知及动机状态，说明他打球的行为是理性的，不过它难以说明他在比赛中其举手投足是如何达到行云流水游刃有余的。恐怕没有人会认为他每一次挥拍或比赛之前都会仔细估量自己动作的理由。除非临近退役，他自己在职业生涯中真正自觉地考虑到这些理由的次数大概亦不多。此外，在挥拍击球的时候，一个职业球手和业余球手信念和欲望方面几无差距，然而前者百发百中，后者左支右绌。这里涉及行动质量或者表现水平问题，在此模型里也没有办法得到解释。

进一步说，笔者甚至怀疑**信念-欲望**模型能否告诉我们为甚么球员要参与赛事。毕竟在很多时候，当问及“你为什么要做这个”，我们只需一言以蔽之：做我所做，因**道**而行。

西方哲学式的推理模型与行为构想的联结方式越是根深蒂固，我们在先秦的行动观中发现的不同立场就越是新意可嘉。先秦思想中对推理

的理解，与西方三段论推理或当代实践推理的范例均不甚相同。先秦的推理范例，建基于类型辨识（pattern recognition）及类比推论（analogy），而不是演绎推论以及逻辑蕴涵。在笔者看来，把推理的模型和行动的模型联结起来，这点倒是为先秦和西方思想共许；然而在联结方式上双方却有根本差异。略为夸张地说来，西方传统是把某种推理模型作为解释行动的基础，而先秦传统则反其道而行之，把对行动的设想作为推理模型的基础。

不妨先考察一下先秦思想脉络中的推理模型。今天被我们当作逻辑或推理的那类课题，在先秦典籍里，称作“辯”或“辯学”。“辯”，顾名思义，是指“分辨”，即就某个词项（term），分辨某物是“是”或“非”。①形式上，辯的目的并非要证明某断言的真假，而是判别某物是否和另一物同属一类，从而能被同一个词项指谓。所以，辯基本上是一种类比论证，这也是为甚么在辯之中常引用前例、类例、范例或“法”（榜样、标准、法则），并依此解释当下的议题与引例是否相似，处理方法应否相近。《墨辩·经上》所云“法，所若而然也”，其实就是展示了先秦思想中推理或论证的基本结构。即是说，有某个判断，假某个词项，说某个事物，我们若要确定该判断是“是”，需引用该词项所指谓事物类别之“法”(范例）来做根据。如果事物和该“法”相“若”（近似），那么该词项用以称述该物则是“然”（正确），而我们一开始的判断也就成立了。

要注意的是，形式上先秦哲人不会把上述的判断理解为命题(proposition)。判断是使用某词项（term）来称述某物体、事件或状态。虽然将某词项施用于某物这一言语行为（speech act）于实效上和断言某命题一样，但是先秦哲人未必朝命题方向上解释。他们会把这种判断

① “辯”字在英文中常解作“dialectics”或“disputation”，而与之相似的“辨”字则解作“distinguish”。但这两个字的声符是一样的，许多先秦文本中也把它们通假使用。

视作一种辨识活动，即辨别某事物是否属于某词项外延所涵盖。与西方的**论证**模型截然不同，**辩**并不是提出前提、然后推出结论的过程，其乃是识别某物与另一物同类，然后用某词项来称述它。这其中重点在于判断某词项的外延是否包括某物，而不是命题之间的逻辑关系。所以，"辩"固然也可以说牵涉推论，牵涉到类比，甚或偶尔演绎或归纳，总体而言它更关注语义关系，而非逻辑。①

能够可靠地辨别不同的事物并把它们分门别类，是一种实践技能。该技能着重的是对个体事物的认知，而非对论证中前提和结论之间逻辑关系的把握。②这种归类能力通常由"法"（模型或典范）所指导及支持，而习得这种能力也就是掌握相关的"法"。当碰见新事物或熟悉事物之新个例时，我们以"法"与之对照。如果该事物与相关的"法"相近或者同属一类，我们就用相同的方式来辨别和处理该事物。这种以典范作比较的做法也是透过仿效（emulation）已成型的模式来学习的，具体而言，是在不同的社会情境中，观察和仿效有识之士的做法。

要厘清先秦哲学中推理与行动的关系，首先注意此处的推理，即**辩**，本身乃是行动的前奏——分辨某物为"是"或"非"，不过是为了能对它行之以某个称谓，并以相应方式处理它。当然有时候行动未必需要实施出来，而只需得出某个随类应物的行为取向即可。其次要注意到，先秦文献论述一项规则或指令如何指导行动时，上述的辨识推理至为根本，而这刚好是先秦对"判断"的观念。例如，对墨家来说，我们用一项"法"（模型、范例或规则）来辨别是非，从而引导行动。倘若某行动为"是"，我们就应做，如果是"非"，则应避免。

---

① 关于先秦语义学，逻辑及相关数据的更详细讨论，可以参考笔者为 *Stanford Encyclopedia of Philosophy*（plato. stanford. edu）写的"Mohism"（墨家）、"Mohist Canons"（墨辩）以及"The School of Names"（名家）等条目。

② 当然，我们也可以说，掌握前提与结论之间的逻辑关系这种能力本身也是一种类型辨识。在这点上，先秦与西方对推理思考的看法是一致的。不过先秦的方法更为基本。

如前所述，**辩**的核心是辨识事物与词项的语义关系。而在社会教化中培养这种辨识能力，则成为行为指导的重要内容。这个问题为《论语》和《荀子》重视，其也导致中国独有的“正名”论（关于修订名项的理论）的出现。与西方传统不同，先秦哲人非常关心语言指导行为的功能。一方面来说，他们对命令、指引、规条、律法这类言语行为特别注意，而对陈述性的句子则兴趣较少。这可以解释为什么在公元前3世纪中，权威政治思想家均认为语言是很重要的政治工具——治国必先治言。另一方面来说，先秦哲人似乎认为，语言，特别是语言中的泛称（general terms），内在地就具有一种指导行为的功能。大约他们认为，“名”的背后通常有种种复杂的行为规范，这些规范或明或隐，平常是我们通过社会教化而学习的。在社会活动中我们使用某个名衔来称谓某人或某事物，我们也就同时唤起了某些规范，用以规定那人如何行动，或者我们如何对待该人事。①

笔者将这个看法称为语言的**名衔论**（job title theory）——名称或词项在功能上与职务名衔相似。如果在课室里我被称为“教授”，那么人们会认为我应该为教授所当为，恶教授所当恶。我该一本正经传道授业，不该敷衍了事，甚至举止不雅。同时，尊我为“教授”的人也该遵守某些规范来对待我。他们不应该扰乱课堂，尽管在我讲笑话时应付之一笑，也不要哄堂大笑或笑得过久。其他名衔自然也有相应的规范，例如“学生”、“教学干事”等，不胜枚举。甚至当我们说某物“污秽”，或者对小伙子小姑娘说要有“绅士”或“淑女”的体统，都可以牵涉到一些微妙而复杂的行为规范。

有了上面这些理论背景，我们更容易明白为甚么先秦哲人如此重视“正名”。如果我们在社会活动中要循规蹈矩、协调互动，我们就要懂得一致地辨别和称谓各事物。再举一例，在学术会议中，按照规矩我该

① 有关这种正名论的最明确阐述，见于《左传·桓公》：“……夫名以制义，义以出礼，礼以体政，政以正民，是以政成而民听。易则生乱。”

发表一份“报告”，那么我必须有能力分辨什么东西才算作一份“报告”。我应该发表一份学术论文，而不是去朗读大公报“报告”新闻。若我真有读报，那么其他与会者就会纠正我对“报告”的错误理解，教导我在这类场合中朗读报纸并不能算是发表“报告”。

在先秦哲人看来，作为行动者之处境，我们自小已无可避免地浸淫在各种不同的社会情景或社会角色之中，这些情景或角色又密切关系到一系列引导行动的规范和实践，而规范或实践的建立又有赖于习俗、礼仪、法律、生理需求甚至我们自己的意向即“志”。某些规范是自己订立，但其余大部分则由社会情境所赐，且我们不得不从。从儒墨两家的文献可知，这些规范是全面性的，涵盖了我们生活的大部分内容。我们生活中大多数活动都要按照相关规范，扮演适当角色。这些规范代表着活动的模式，许多我们早已娴熟，不需太多思考便能做出相应的行动。当我们成人时，社会规范已经渗透至我们整个生活，循规蹈矩已经是我们可靠的行为取向。借布兰登的一个说法，这些取向叫做**“可靠的分辨反应取向”**（reliable differential response dispositions，简称“RDRD”，下文从简称）。一般情况下，我们扮演自己的社会角色时已经自然而然，例外只会出现在棘手的情况下，比如当既有的规范似乎无法应用，或者多套规范彼此冲突，又或者我们不清楚到底要如何行动才算遵照规范。

日常生活中的此类例行活动背后所依据的模型其实和先秦的推理模型十分接近，甚至可以说是吻合。在活动时，我们辨识眼前的事物或情境，把它归到某一类，然后做出相应的回应。在论辩时，我们亦把某物归为某一类，归类后，我们的回应是使用某名项来称谓它，或者唤起以某名项称谓之的取向。论辩与行动不同之处在于回应的范围——论辩中的回应只是一个判断，行动中的回应是进行活动。我们一旦认为某名项能称谓某物，那么这个态度就会使我们唤起种种与该名项有关的规范或实践，从而左右我们对该事物作出的反应行动。因此，一旦我们辨别一物为“某某”——“教授”、“椅子”、“污秽”，等等——我们就会以适宜的行动来对待它。我们之所以采取某个行动，是因为在辨别该物为

"某某"之时已触发了我们的 RDRD，从而使我们以某种方式回应之。如上所述，RDRD 之基础在于教化我们的礼仪（"礼"）、欲望（"欲"）及意向("志")。值得注意的是，在先秦思想中，"志"的对象通常是一套学习规划或者一种行为模式，而不是个别行动。

前文论述过，西方传统对行动之分析常以推理的**论证**模型（argument model）为途径。一般对行动之解释的两个重要因素，即行为当中的**信念-欲望**模型以及行为背后的理据概念，其基础均在于此模型。由于先秦哲人解释思想和推理时是用**辨识**模型，而非**论证**模型，他们也就不会以**信念-欲望**方式来解释行动。他们的理论焦点不在于为行动提供理由，也不会把行动之根源视为某种论证中的前提。要评价一项行动，他们不会引用"合理性"（rationality）这样的理念，实践推理的观念也不会牵涉到前提和结论之间的推导关系。

前文亦有提及，先秦的行动观毋宁说是按照某种**展现**模型构思的。①更准确地，如果我们仔细审视先秦思想中的行动结构，我们可以把先秦的主流行动构思标记为**辨识-回应**模型。该模型假设所有行动者在自童年开蒙并具备行动的能力之时，就已经按照一套既有的 RDRD 来辨别事物或情境，为其归类，并懂得根据相关的规范对不同类的对象作出回应。该模型大概可以与中国哲学传统的"感应"理念相对应，尽管先秦时期"感应"一词尚未常用。

当先秦哲人考虑"行动"的问题时，他们的重点既不是演绎推理

---

① 很多学者已经用不同方式铺陈过相关的观点，包括孟旦（Donald Munro）、芬格莱特（Herbert Fingarette）、葛瑞汉（A. C. Graham）、陈汉生（Chad Hansen）、安乐哲（Roger Ames）和伊若泊（Robert Eno）。我认为，本文的贡献在于厘清一些诠释上的洞见。很多研究先秦思想的学者皆自觉或不自觉地有这些洞见。本文诠释中的许多细节已在我的博士论文 *Similarity and Standards: Language, Cognition, and Action in Chinese and Western Thought*（University of Hong Kong，1999）中首次论述过。另外，本文的诠释亦受到 Dan Robins 的博士论文影响：*The Debate over Human Nature in Warring States China*（University of Hong Kong，2001）。

或决策，也不是在某个论证结构下对个别行为的指导、解释或理据，不论它们背后的根据是行动者的信念、欲望还是某个道德律令。他们考虑的问题主要集中在能力、习惯、取向及技能的展现，尤其是如何能训练可靠出色的熟练技能，以从事顺畅、优雅的活动。①这种技能的基础并不是推理或计虑，而是 RDRD。而除了少数例外是先天具备的，RDRD 一般都是由训练，学习或培养习惯而形成的。技能的展现并非个别的孤立行动，而是一套长期持续的活动，或活动的形式、活动的整体方向。这在先秦通常以“道”或“行”来称谓。当然，先秦哲人有时也会讨论到个别的行动，不过他们的讨论议题和讨论要素，均与道相关。②这当然不足为怪，如果要拈出某个单一的理念来彰显先秦思想的独特性，非“道”莫属。

在**信念-欲望**模型中，某个行动所依据的理由起着重要的作用。而在**辨识-回应**模型中，与理由大致相若的一个概念，可以说是某种随类应物的心理态度。即是说，首先谓之某物以某名，而后付之以某行动。在先秦文本中，这种态度常表达在“以为”或“以……为……”的句式中。不过，需要指出的是，该态度本身与它所触发的活动都并非一次性的心理事件，而是由一个 RDRD 系统发出的一整套态度的一部分。在此背景下，与合理性以及普遍道德律相对应的基础规范概念是**道**。也

---

① 先秦行动观着重的取向可以和技能（skills）比较，但它们也有重要的分别。两者同为心理与生理上从事某种活动的可靠能力，但是技能是我们能选择展示与否的（我可以有一套精湛的脚踏车工夫，不过我长期没有运用罢了）。RDRD 则更为“自动”，一旦充分发展，它们就会自然而然地展示出来，除非在某些特殊情况被另一些 RDRD 掩盖或压制。在这方面来说，它们更像“习惯”而非“技能”。但它们应该比习惯更精致和可靠。或许我们可以说它们和德性（virtues）有某程度上的重叠。

② Arthur Danto 曾经提过一个相似的看法。他在谈论中国思想家的道德思想时说：“道德论述的单位并不是个别行动背后的原则，而是整个道德生活。”参考“Postscript: Philosophical Individualism in Chinese and Western Thought,” in Donald Munro, ed., *Individualism and Holism: Studies in Confucian and Taoist Values*. Ann Arbor: University of Michigan, 1985: 390。

就是说，一个合乎规范的行动是对事物的合乎**道**的回应。

在**辨识-回应**模型中，实践推理的典型例子是在我们对某事物识之不多的时候，考虑如何把它归类。我们所说的实践推理，在文献里往往称为“虑”和“权”。①先秦哲人解释“虑”和“权”时，把它们比作是感知和衡量一个事物的不同特质，从而决定它是“是”或“非”。所以实践推理在这里也是辨识推理的一种形式。通常说来，它是后天习得的技能，而并非某些西方思想家设想的那样是我们先天就具备的把握命题逻辑关系的能力。最重要的是，“虑”和“权”只会在不寻常的情况下出现，并且对它们的解释结构和先秦哲人用以解释感知（perception）的结构是一样的。作为实践推理，“虑”和“权”无非也是一种类型辨识过程，只不过相对自觉和徐缓些。既然推理与即时感知密切相关，我们就不难理解为什么先秦思想崇尚直接、自然而流畅的行动，而不将行动性与头脑中的实践论证过程关联起来。对一个技能精湛或能力杰出的行动者来说，实践推理已经消融在感知之中。行动的最高境界是神欲行而官知止，自然和实时地辨识眼前情境并相应而行，就如篮球球员看到对方的防守破绽而随时攻其不备，或者急症室医生看到伤情即成竹在胸着手治疗。

所以，因**道**而行并不意味着要对自己行动理由具有自觉意识。当然，如果被问及，技能精湛的行动者可以给出理据解释他所做的事，解释他行动中的分辨回应。但在大多数的情况下，行动者只是不假思索地回应他身处的环境，并且很少用到计虑和抉择。实际上，我们在自己生活中，又有多少次要聚精会神思虑一件事呢？我们在图书馆找到要看的书，一般不会费神考虑是要拿到柜台办理借阅手续，还是干净利落偷了它；我们在看见幼儿误冲马路，一般亦不会费神考虑是马上阻止他，还

---

① 这里略去了实践推理中除“虑”和“权”之外的第三个层面，即“谋”。“谋”似乎指的是运用想象，构思出一个或多个可能的行动进程方案，然后再决定要做什么。

是袖手旁观。即便是当我们真的要自觉地思虑或抉择之时，我们往往也只是决定一些例行事务要具体怎么做，而至于事务该不该例行，我们倒不会郑重考虑。这就好比说，我们可能会想想晚饭要吃什么，但在一般情况下不会考虑要不要吃晚饭。作为学术工作者，我们可能会想想要不要开设某个课程，或者出席某个会议，但我们不会严肃地考虑与课程和会议绝缘。做这些事乃是我们所因循的生活之道和教授之道的一部分。说起来，笔者甚至怀疑我们是否会花很多时间去考虑“吃什么东西”或者“开甚么课”，毕竟在大部分活动中我们是能直接“看出”要做什么的，尽管在真的动手前可能略有犹豫。有时我们确实需要集中精神才能“看出”下一步行动，这一点先秦的实践推理模型也有所顾及。其实不难想象，在某些社会或历史情境中，习惯和熟稔的范围可以延伸至几乎所有行动，使人的一言一行皆自然而迅速。有些先秦思想家比如荀子，就确实是这么认为的。

关于行动，谈了这么多，接下来，让我们把讨论的重点转到**行动性**上，看看它在先秦思想世界里又是如何与**辨识-回应**模型环环相扣的。

正如上文所述，西方传统中有关行动性的观念常常盘桓于推理或论证能力，尤其是以某种信念和欲望作前提的推理能力或者认知及应用某些道德律令的能力。这些都被看做是行动能力必备的要素。行动者首先是思考者，并且唯因其是思考者才成其为做事者。相反，在先秦思想中，行动者首先应该懂得的是实践。相比于实践，缜密的思考倒在其次。①所谓行动性，最基本的一点是行动者有做事的能力，特别是某些复杂的技能及取向，并且可以把它们充分施展出来。

从而，若要进一步把握先秦的行动和行动性观念，我们应该注意一

① 在《周髀算经》中，有一段荣方和陈子的对话，由对话中可以看出先秦的知识分子即使在撰写有关抽象和理论化的东西（例如数学）时，也是将之视作实践“道”的活动。

些需要技能的活动，例如说话、奏乐、骑射，以及具体需要复杂技艺的职业，例如工匠、侍从、医生或者业师。在这些例子中，我们通过模仿一些模范人物或事例来培养自己辨别及应对情境的基本能力。有了基本能力后，我们还得加以发展或改造，才能应付新的情境。当能力一步步纯熟时，我们的行动就有可能变得直接、自发和迅速，不需要反思或计算。但这些行动并非指呆板地对事物作出条件反射。大师或熟手不等于机械人。要使技能达至炉火纯青，他们必须能按照瞬息万变的情境灵活地调整自己的反应，或在有需要时调校自己的 RDRD。

上文已提过，在紧急情况下，实践推理在先秦的行动者观念中仍占有一定的角色。当一位熟手碰见不寻常困境时，他可以缓慢下来并考虑下一步行动。当他被问及为何他以某种方式来应对目前情境时，他能合理地给出解释。但是这种实践推理并不是行动性的关键，关键仍然在于培养一种能力，让我们能长期从事某种活动或扮演某个角色，以期能跟从一套道德理想、投身一份事业或者参与一项训练。而一旦这般投入，我们亦未必会再费神从头思考我们的选择。所以，对比起推理的能力来说，行动性中更重要的是决心、毅力、韧性，是监察和改正自己表现的魄力、面对崭新情况时看出端倪的洞察力、令自己冷静下来融入环境的控制力，等等。不论在哪一领域来说，这些都是很重要的要素，是成为杰出人物不可或缺的能力。在实际生活中，行动者进行活动时大多都属于对具体情境的不自觉、自发且出于才智的辨别和回应。在先秦文本中，庖丁解牛的故事可作为出类拔萃的行动者的例子。庖丁面对困难时能从容不迫，集中精神，让他的 RDRD 指导自己。《荀子》里提到的圣人也是出色的行动者，面对万变的情境仍能一如平常泰然处之。①

西方传统中的主流思想把行动性与个人的计虑和抉择能力联系在一

① 以下是在《荀子·儒效》中对“圣人”的典型描述：“修百王之法若辨白黑，应当世之变若数一二，行礼要节而安之，若生四枝，要时立功之巧，若诏四时。”

起，所以容易凸显个人主义意义上的自主性。成为行动者，即代表能在自己认同的理据上做决定，再据之行动。然而，先秦思想里强调的技能、礼仪或习惯等因素就不具有这种个人主义的特质。当然，这些活动也显示了某程度的自主性，但方式大异。技能或礼仪的活动不着重行动者个人的决策或抉择过程。运用某项技能，例如说话，我们必须跟从一些规矩，而这些规矩却不由我所决定。但是，这还是我们自己、自主地在运用这项技能，并且我们的表现是源自我们自己的 RDRD。我们可以发展自己的展现方式或风格，也可以依据自己其他的 RDRD 来决定是否要修改或停止目前的展现。每项活动固因其性质而对行动会有所约束，但即便如此，自主和创新的空间还是有的。试想演奏家演奏乐曲，在一定时间内她的动作都被乐谱编排好了，而她技能越精熟，就会越少要自觉思考下一步该怎么拉奏。然而即使她整个演奏过程都勿需自觉计虑，其演出当然仍然展现了行动性。我们也不能说她的演出缺乏自主或尊严。

对自觉决策意义上的自主性的体验，在精熟技能活动中委实占不了什么重要地位。上述那位演奏家可能根本不需要去想什么自觉决定，而只需体验到她的活动是直接、自动地被情境中的某些因素所触发。其实，要企及大师水准，演奏家的活动必须在某程度上真的是“自动的”，否则悠然顺畅从何而来？但纵使在表演中没有丝毫决策念头，这也仍然完全是她本人自主的活动，因为指导此活动的复杂 RDRD 系统已经是她性格（character）的一部分。笔者看来，恐怕只有某些残余的笛卡儿主义才会非要坚持行动者的自主性与自觉、“内部”的思考紧密联系，非要认为自动、实时的行动缺乏自主性。

当然，哲学家提到自主性时，他们更关心的往往是，身为道德行动者我们必须具备自主思考能力，用以批判及反省既有的习俗和规范是否真的符合道德标准。简言之，道德行动者必须能够自己决定是非对错。从这个角度来看，有人可能担心上文所述先秦的行动性观念缺乏或者排斥这种自决能力。实际上，笔者的确认为儒墨之道和基督及伊斯兰信条有些相似，在其培育中有走向宗教磨练之虞。这种情况在荀子谈道德教育时有明显透露。与《庄子·齐物论》中倡导开放自由的“明”的智慧不同，荀子认为要成就圣贤，就要跟随权威，并以圣王之礼仪文化塑造品行。不过，总的说来，笔者认为，前述的先秦行动性观念仍可以给独立的道德批判思考留有足够余地。毕竟，自己思考是非对错不一定意味着某人要从他实践的道中跳离出来，然后再高高在上以旁观者姿态去审视它。独立思考只是要求我们在实践道的时候能自我警醒，且在某些情境中我们某些 RDRD 能引导我们检查或修改其他 RDRD。① 我们可习得复杂的 RDRD，这本身就说明我们有能力对既有的做法加以修改。

假若真如我们前文所论，先秦对行动及行动性观念的核心部分是取向及能力，而非推理和理由，这点对先秦的伦理思想来说会有很大的影响，也会影响他们探讨道德动机及行动之道德价值(moral worth)的方式。在本文余下的部分，笔者就这些问题上稍作评论。这些评论与时下一些对孟、墨、荀诸家的诠释颇有不同，笔者亦期望能引起有益的讨论。

如果说前文笔者对先秦行动观的诠释尚算中肯，那么对先秦哲人来说，我们今天用“伦理学”来概括的那些课题，其主要任务就是培育人，包括自己和他人，比如弟子或臣民。培育人的目的乃是使人有能力善道而行。据此，我们不应认为先秦的伦理观能嵌合到西方常见的伦理学范畴，比如德性伦理学（virtue ethics）或原则伦理学（ethics of principles），等等。先秦的伦理观和德性伦理学在课题上当然有所重叠，二者都把性格、取向的修养或评价放入讨论的中心。然而先秦的伦理讨论同时也强调规范性的理念，而这些理念，比如“道”、“礼”、“法”等，其

---

① 塞勒斯（Wilfred Sellars）曾说过：“经验知识的合理性不是因为它有一个基础，而是因为它是一个具有自我修正能力的体系。这个体系可以对任何一项知识作出怀疑和检验，不过不能一下子审查所有知识。科学是经验知识的高度发展，但它合理性之处亦与一般经验知识相同。”我对这一点颇有共鸣，这儿引用以说明之。参考 *Empiricism and the Philosophy of Mind*. Cambridge: Harvard University Press, 1997: sect. 38。

角色更近于道德原则。①然而，既然它们的基础是类型辨识和类比，而不是命题推理，它们与西方常见的道德原则的形式结构又不一样。同时它们的作用类似于模范或典范，而不是普遍原则。另外，像君主、臣民、父子、兄弟这样的社会角色本身在先秦伦理思想中也占有重要地位，它们代表了行动者在履行社会人伦之**道**时要展现的身份。

对技能性展现的重视使得先秦哲人颇为关注行动的卓越程度。这其实亦可以算作行动的一个规范性问题，可惜常被划出一般伦理学讨论范围。先秦哲人不但关心一个行动者如何做出正当的行动，还关心他的技能是否可靠，是否灵活，是否已经达到炉火纯青的境界。②其实这点在评鉴性格或行为的道德价值时非常重要，因为既然先秦哲人是用**展现**模型而不是**论证**模型来理解行动，那么我们应该预计到，他们不会以行动者的理由或动机来做评价标准，而是要看行动者的表现是否熟练、顺畅或优美。这就有如我们评价运动健将、名厨或专业医生。假使我们注意的是表现的素质，那么一套娴熟的技能背后的理由就显得是次要甚至无关紧要的。总体来说我们关心的是那位卓越的行动者是否能持续、可靠并且顺畅地完成他的行动。我打篮球时偶尔也能灌篮，下厨时偶尔也能做出美味，但这类成功多数是侥幸的，因此无论我行动背后的意图是多么好，理由多么充分，我仍不够格成为职业球员或掌勺大厨。

那么，顶尖的球员或一级厨师和我一个业余票友的区别在哪里呢？在于他们总能稳定又可靠地展现一些技能，而我则不能。以此类推，若用**展现**模型来解释道德行动的话，行动之所以有道德价值，其核心就在于稳定可靠。好的性格拥有真正可靠、稳定、坚实的行善取向。且由这

---

① 陈汉生也曾有过类似的观点。见 Chad Hansen, "Duty and Virtue," in P. J. Ivanhoe, ed., *Chinese Language, Thought, and Culture: Nivison and His Critics*. Open Court, 1996: pp. 173～192。

② 这点或许能解释为甚么有些诠释者（例如 David Hall 和 Roger Ames）认为先秦思想有一种"审美性"（aesthetic）倾向。这种诠释有几分道理，因为先秦思想中，一个行为或表现的素质或姿态是很重要的。但我认为这素质或姿态严格来说仍应被称为"道德的"，而非"艺术的"。不过，其实也有可能是两者皆备。

种取向引发的行为才有很高的道德价值。所以，一旦拥有了可靠的RDRD，性格或行为的道德价值就能建立起来。相对来说，行动者背后的理由是什么，驱使他的欲望或情感的因素是什么之类的问题，就没那么重要了。许多学者可能会有异议，但笔者还是倾向认为，像行动者是否以正确的理由做了正确的事情这类话题，在儒墨的道德心理学和道德价值评鉴中其实只扮演着很次要的角色。①在评鉴行动或行动性时，只有当某个行动者看似无误的动作未必反映真正可靠的道德RDRD，我们才想到理由问题——偶然正确的行为没有甚么道德价值，原来是因为它们并不是由合宜的RDRD发出的。②

相关的，虽然有学者特别是荀子的一些诠释者会持反对意见③，笔者还是认为先秦哲人其实不会把节制和改造“欲望”或其他情感作为道德修养的核心。在这一点上，有些学者借墨家忽视道德修养中情感或其他心理因素的角色来批评墨家伦理，恐怕有文不对题之嫌。④ 情感控制不

---

① 可参看唐君毅《原心上：孟子之性情心与墨家之知识心》，《中国哲学原论导论篇》，台北学生书局1986年版，第90～119页，以及David Nivison, *The Ways of Confucianism*, Bryan W. Van Norden, ed. (La Salle: Open Court, 1996)。

② 墨家对知识的观念和对伦理的观念有并列之处。墨家的知识观念不要求认知者具有理由才可以有知识。在墨家，知识等于能正确辨别和称谓事物的可靠取向。如果某人的取向足够可靠的话，他就够格拥有知识。如果某人在某些场合中能正确辨识事物，但在另一些场合中却不能，他就不算有知识。明显地，墨家关注的不是个别、孤立的判断，而是一个人辨别事物的整体模式。

③ 参考Chad Hansen, *A Daoist Theory of Chinese Thought* (Oxford: Oxford University Press, 1992), pp. 314-315以及David Wong, "Xunzi on Moral Motivation," in T. C. Kline III and P. J. Ivanhoe, eds., *Virtue, Nature and Moral Agency in the Xunzi*. Indianapolis: Hackett, 2000: p. 139。

④ 参考Nivison, *The Ways of Confucianism*, p. 96以及Kwong-loi Shun, *Mencius and Early Chinese Thought* (Stanford: Stanford University Press, 1997), p. 35。另外也可以参考Shun, "Mo Tzu," Robert Audi, ed., *The Cambridge Dictionary of Philosophy*. Cambridge: Cambridge University Press, 1995: p. 515。

是先秦道德心理学所关心的根本问题,在这一点上即使孟子也不例外。①

受到**信念-欲望**模型影响的诠释方法自然会把欲望或情感放在较重要的位置②,但在先秦的伦理学或道德心理学中却不然。在**信念-欲望**模型中,欲望的理论角色是解释情境如何驱使我们行动。假设我们遇到某些情境,比如牲口被牵往祭祀,小孩爬向深井,或者妇女濒临溺死,我们随即应之以救助行动。**信念-欲望**模型对此会解释说,首先我们感知到某些事在发生,这使我们对该情境形成某些信念,然而信念本身不足以推动我们行动。我们的行动有赖于欲望或者相关的情感状态,是它们和信念结合起来推动我们。然而,在这些情境中,我们之所以认为行动者背后一定有个欲望,无非是因为我们预设了行动的结构是类似于**信念-欲望**模型中的那种论证结构。假如我们采纳的是**辨识-回应**模型,针对上述的情境我们可以解释说,我们有某种 RDRD 使得我们在这些情境中做出反应去救助濒危者。RDRD 并不等于欲望,因为它不算一个意向状态,它甚至没有欲望所需的满足条件(satisfaction conditions)。有人也许会坚持说,虽然 RDRD 不是一种欲望,但它是会使人在某种情境下产生相关欲望的取向,所以最后推动我们的还是欲望。但这种解释实际能使我们更明白了行动的性质吗?既然我们可以说某些取向自然会使我如此这般回应当下情境,还硬要把欲望引入解释中,就显得有些多此一举了。

---

① 如果我们仔细阅读《孟子》的话,我们应该清楚看到它主要关注的是人行善的能力以及如何在练习行善的活动中发挥或培养此能力。我的见解是,许多常被人引用的段落如 1A:7、2A:6、6A:6、6A:10、6A:15,等等,当中反复强调的其实是每人皆有为善之"能"、"才"或取向(即"性"或"心"等概念之意)。我们要做的不过是以"心"(指导行为的机能)运用及保持我们的这个能力,推动我们为善。加强我们向善的 RDRD 的修养过程并非以发展情感回应为主。相反,修养是透过锻炼气、勇、不动心等等进行的。(上述观点源于我与 Dan Robins 的对话。)

② 这段的论点和某些论证的具体细节源于 Dan Robins, *The Debate over Human Nature in Warring States China* (University of Hong Kong, 2001)。

在此，我们当然不是主张先秦的行动理论全然忽视了欲望。其实后文将谈到，欲望的理论角色虽然有限，但还是有被顾及。而上文的要点是我们应该用何种理论框架来理解先秦行动思想，特别是先秦思想中和道德价值及道德修养有关的观点。欲望及其他意向状态，因为被认为为行动提供了动机或动力，所以在**信念-欲望**模型中处于很关键的地位。我们习惯于把意向状态放在讨论的中心，去探讨行动者的意向状态如何和实践论证对应，如何驱使个人的行动，等等。休谟主义者以及某些动机内在论者（internalist）认为，如果行动者采取某个行动，那必定是因为他已经有某些既有的心理状态（例如欲望），同时该状态可以通过实践论证中代表动机的前提来把握。理性主义者和某些动机外在论者（externalist）则认为，只要行动者掌握了合理依据，他的行动不必由欲望或相关的心理状态驱使。但不管怎样，这两派学说都认为一个行为若是善的，则必定由道德上正确的意欲前提或认知前提所导出。

笔者倒认为，先秦哲人的立场处在上列派系之外，因为他们根本无意参与这类争论。① 对他们来说，推动行动的最基本单位既不是理由，也不是欲望，而是技能、习惯及取向。他们把修身向善看做是发展能力和习惯的事，不关培养或改造心理动机。他们认为人皆有学习及实践道的取向及能力，每个人都有可能成为**道**的可靠实践者。诚然，各家学说在如何善**道**而行这点上是有分歧的，但无论如何，心理动机并不是他们理论的重点②，真正的重点在于社会化、教育、训练，乃至磨练人格的素质例如决心、坚毅、勇气，等等。当他们论及个人时，其情况有点像谈论一个刚招入军校的新兵，在进校度过艰辛的一星期后思考他到底有

① 在先秦的模型，行动由辨别所推动，而大部分辨别大概结合了情感和认知两种成分，所以大多数情况下无法把它单一标签为情感或认知。James Griffin 曾表述过相似的立场，论证说认知的“辨识”和情感的“回应”是不可分割地联系在一起的。可以参考 *Value Judgement*（Oxford: Oxford University Press，1996）。

② 我对亚里士多德所知有限，但心理动机很有可能也不是他所关注的中心议题。

没有毕业的素质。其实在修业的道路上他已多少具备相关的取向。而如果我们把动机看做意欲与情感状态的话，他的取向就足以构成他所需要的心理动机。在漫漫修身路上，一个新兵另外所需要的，是上下而求索的勇气和决心。他需要培养他的定力，或者“不动心”、“浩然之气”，而不是他的欲望或情感。我们当然可以预计，在他的修身过程中，他的欲望或其他情感状态会有变化。比如他可能对其他人的福利更加敏感和关心。但这是训练过程的副产品，不是修身原本的用心所在，也不是我们用以引导行为或成善的方法。

推动我们砥砺自己的 RDRD 可以从多个来源产生。有些是天生的，例如满足食色、居住、睡眠等生理需要的取向。有些是在童年时习得的，多数由家庭或社群中的长辈教导。还有些 RDRD 是由我们模仿榜样或模范人物的天生倾向而来的，或者从狭义的道德教育以外的社会化途径而来，比如说在社会活动中被灌输以自尊自爱。欲望及情感在 RDRD 的形成上也有关系，因为我们毕竟有趋欲避恶的取向，不过这些取向可以由另外一些 RDRD 克服或控制。

在**辨识-回应**模型中，欲望的角色大概是作为行动者所面对的情境的一部分。①所谓情境既可以包括我们周遭的事物，比如赴死的惊牛或冒险的婴孩，也可以包括我们体内的状态，比如伏案作业良久，疲倦饥饿，对食物有了欲望。就有如面对其他情境一样，我应付这欲望的方式也必须和我身处的场合和进行的活动配合才行。一般情况下，应付欲望的方式就是去满足它。如果碰巧是用膳时间，我的应付方式就会是进食，但如果不是，我可能就宁可凝神工作，直到有饭可食。先秦文献常常把欲望和感官联系起来，而不是和引导或控制行为的“心”联系起来。很有可能先哲们认为欲望是随着身体运作而产生的状态，并且和外

① 此观点源于我与 Dan Robins 的对话。另外，我还认为此观点在《荀子》和《庄子》里都能找到有力的支持。例如，考虑到《荀子·正名》把“心”辨别功能和感官的辨别功能并列，但后者只辨别外在事物，心则可以辨别“说”，“理”，“喜”，“怒”，“哀”，“乐”，“爱”，“恶”，“欲”。

在环境一样，都需要我们用心去辨别和作出适当的回应。

既如此，那么按照先秦的行动理论来看，我们并不需要诉诸于欲望或情感来解释行动或为行动提供依据。同时，正如上文所述，我们没有理由认为先秦哲人在讨论道德价值或道德心理学时，会把培育欲望或其他情感状态当作成善的基本途径。当然，某些思想家可能会基于其他的理由，认为我们应该改造那些会产生欲望或其他情感状态的取向。正如某些道家的文本认为某类情感对理想生活是有害的，其他哲人也可能会认为拥有或去除某类的欲望或情感是某种规范性理想生活的一部分。①而作为一个副产品，道德修养或训练也可能带来欲望的改变。然而说到底欲望始终不是道德修养的用心之处，也不是推动行动的关键。

有人可能认为上述的诠释有个经典反例，即《论语·为政》谈到的“七十而从心所欲，不逾矩”②。孔子的终生道德修养使他“心”（可能并不包括他身体的欲望）的欲求和他的道德理想最终完全吻合。乍看之下可能有人会认为这段是说我们必须控制我们的欲望，是故欲望

① 或许我应该补充一下这些论点。在我勾画的理论背景下，我们可以展望，改造欲望有时和道德修养是有关的。例如，某思想家可以论证说，某些欲望或情感需要改造是因为它们会影响我们道德表现的可靠程度，所以改造它们会使我们成为更可靠的道德表现者。（宋钘及尹文可能持有这一论点或与其相关的论点。他们主张人们应明白，我们的“情欲”——“真正”的欲望——其实是很少的。）或者有思想家会认为某些情感的流露反映了某人对有关道德的事情非常关注和敏感，从而值得嘉许。又或者有思想家认为某些对事物的情感回应是有内在价值的，或者对人生来说十分重要，所以把这种回应括入理想生活的规范中。

② 在一篇比较孟子和荀子的行动观念异同的文章中，万白安（Bryan Van Norden）集中讨论另一个可能的反例：《孟子》6A：10提及到，如果我们欲求某物甚于其他一切，我们就会为了追求这物而无所不用其极。而某些人宁愿牺牲生命来成全仁义，可见他们欲求某种道德价值甚于生命。这段文字似乎把“欲求”看做十分重要的东西。不过，此段落并无明确提出有关欲望和行动之间关系的理论，也没有认为控制行动的关键在于改造欲望，甚至没有断定我们总是根据最强的相关欲望来行动。此段落的重点其实在于人的道德能力：所有人都有一种基本倾向，把仁义或尊严看得比其他东西都重要，但只有贤者保持了这倾向。另外，如果根据这段文字来断定《孟子》认为行动与欲望有紧密关连的话，这一断定在《孟子》其他篇章均无法找到明确论点支持。

和道德修养有密切关系。但是，孔子15岁开始“有志于学”时，文本并没有说这“学”的用心所在就是转化他的“所欲”。他在30岁时的人格可能在道德上已很成熟（“三十而立”），抑或是40岁（“四十而不惑”）。他一步步地在道德路上前进，他的修养带来了他欲望的转化，但他的欲望并不是他起初开始修养的动机，而且，在修养的过程中，欲望也不是焦点。他的动机来源是“志”，不是“欲”，而他面对的挑战不是要增强或改变他的动机，而是训练他人格的其他层面。

如果在先秦模型中，最基本推动我们行动的单位不是欲望，那到底是什么呢？我已提出答案是我们的 **RDRD**，但我们的 RDRD 并不会自己随意运作。我们能够有意图地发展新的 RDRD，可以在行动中放缓动作，看看 RDRD 推动我们的方向是否正确，也可以在下决定时权衡不同 RDRD 的轻重。这些事实都显示有某个东西在管理 RDRD 的运作。这个东西，是器官也好，是机能或程序也好，它管理了整个**辨识-回应**系统。对大部分先秦哲人来说，这东西是“心”。“心”是整个身体的主宰和统帅，甚或是行动的中枢。①本文无暇仔细讨论“心”的运作详情，但值得指出的是，如荀子所说，心本身也是依照**辨识-回应**模型运作的，它分辨事物是“可”还是“不可”，并据此引导行为。这种辨别的能力是从习道中训练出来的。②我们如何行动，最终决定于“心”能否可靠地限制某些 RDRD，加强另一些 RDRD，从而令我们寻求确实为“可”的事物并规避“不可”的事物。③

（本文编辑：朱会晖）

① 明显地，《庄子·齐物论》的作者可能不同意这一点。

② 《孟子》6A：7 认为我们皆有天生喜欢或喜悦“义理”之倾向，“理义之悦我心，犹刍豢之悦我口”。但这段文字，与《孟子》里的其他段落一样，并没有以任何形式蕴含着我们能不学，不师，不跟从圣人就可以发展自己的 RDRD、以至于与义理一致。

③ 本文英文版发表于2005年9月16、17日台湾政治大学“Chinese Philosophy in Analytical Perspectives”研讨会。笔者感谢赵伟伟先生翻译本文的初稿。

哲学评论 “2007年国际中国哲学大会”专题
第7辑
PHILOSOPHICAL INQUIRY
出版者：
武汉大学出版社
2009年

中西原始宇宙起源论比较研究

□ 邬昆如

绪　论

1. 哲学发展两千多年来，在开始时，无论中西，都对“世界怎么来的?”的课题有兴趣；亦都在预设“定位宇宙”之后，可以在宇宙中“安排人生”。人生的“安顿生命”，原是哲学思想家，在人生在世的课题上，设法找到个人能“安身立命”，群体能“安和乐利”的方案。

而“定位宇宙”和“安排人生”的方法，最通俗的，莫过于向外的“仰观天象”和“俯察地理”，以及向内的“回归内心”。

仰观俯察针对着“世界怎么来的?”问题，在思想的高峰开展着“宇宙起源论”（Cosmogony）的探讨。

2. 中国古圣先贤对宇宙起源论的理解，浓缩在最古老的两部经典之中：易经的阴阳二元学说，以及书经的水火土金木五行理论。

周易以“传”解“经”的方式，在阴阳二元的学理上，说出了“易有太极，是生两仪，两仪生四象，四象生八卦，八卦定吉凶”(《周易·系辞上》)。两仪的阴阳源自同一的太极。这宇宙起源论的开展，一直到人生的吉凶。因此，人生的幸与不幸，与宇宙的变化息息相关。

这也就是在“定位宇宙”之后，走向“安排人生”的思路历程。

同样，书经洪范篇原为中华民族在政治社会文化上的大经大法，但这本属人生的大经大法，却奠基在宇宙起源论的“五行”元素上。对五行的水火木金土的理解，从存有学（本体论）的“体”（Substance）、“性”（Attribute）、“相”（Mode）三者的相互关系上看，比西洋近代才开始的研究，要早两千年。

如果说阴阳二元学说，多在形而上的“原理”（αρχη，arche，principle）思想中发挥，则五行水火木金土的理论，则较能在形而下的“原素”（στοιχεια，stoicheia，elements）中落实。

“原理”以超时空的方式，定位在“至大无外”的境域中；“原素”则是在时空中，以“至小无内”的方便，游走于“至大无外”的境域。

3. 西洋先苏格拉底期的哲学思想家，在“太初”和“太素”二课题的铺陈上，与中国古代的易经和书经，在宇宙起源问题上，有异曲同工之妙。太初问题的核心人物阿那克西曼德（Αναξιμανδρος，Anaximander，ca. 610-546 B. C.）提供了“无限”（Α-πειρον，A-peiron，Infinite or In-definite），作为万事万物的存在底基；太素问题的极峰，由德谟克里特（Δεμοκριτος，Democritus，ca. 460-370 B. C.）作代表，德氏所提出的“原子”（Α-τομα，A-tom），则是小到不能再小，无法分割，没有部分的万事万物的构成元素。

这“至大”和“至小”的思想深度，也恰好与庄子书中惠施所提出的“至大无外”，以及“至小无内”，同样浓缩，同样高深。

世界从无到有，人类从无到有，都是起源论的课题；其思想的进路，有广度也有深度。透过今天现象学以及诠释学方法的辅助，带领吾人进入“宇宙起源”的堂奥。

一、阴阳五行在“至大无外”中的活动

（一）活动之一乃“无中生有”

1. 世界从无到有，人类从无到有，都是“起源论”的课题。其深度和广度，透过今天诠释学方法的辅助，带领吾人进入哲学思想的堂奥。从抽象的原理知原则，落实到具体的个别存在，是有其“开始”与“延续”的思想进程的。古书中的阴阳原理也好，五行水火木金土的元素也好，在“太初”的境域中，都靠着“活动”而成就天地万物。

宇宙起源论在中国哲学中的兴起与发展，聚焦在“生”概念。① 无论是先秦诸子哲学性的探讨，或是后来才兴起的神话体系，似乎都没有像希伯来的旧约圣经那样细腻的“上帝六天创造天地万物”的描绘。而是以单一的“生”概念，来统括整个宇宙的生成变化。就连最基本的阴阳二元，也是由太极所生。

易经中的阴阳，可以是“易有太极，是生两仪，两仪生四象，四象生八卦，八卦定吉凶”（《周易·系辞上》）的“两仪”，更可以是“立天之道，曰阴与阳；立地之道，曰柔与刚；立人之道，曰仁与义”（《周易·说卦传》）的天道。系辞中的阴阳由太极所生，同时也分受了太极的“生”的功能，能生出四象；再由四象生出八卦，完成“定位宇宙”的工程。继续来的，也就是“八卦定吉凶”；这是在“定位宇宙”之后，在宇宙中“安排人生”的工夫。系辞传中的“人”，其吉凶祸福，是与宇宙起源的过程息息相关的。

2. 易经中的阴阳究竟是否为物质元素，或是“前物质”元素，有待研究；而书经中的五行：水火木金土，至少在概念的意义上，或其与

① 参阅方东美：《原始儒家道家哲学》，台北黎明文化事业公司1985年版，第159页。

事物的对应关系上，是物质元素，似无疑义。

再来就是，一方面阴阳生出了宇宙万物，而阴阳自己又是由太极所生；如果太极等同于大一，则宇宙伊始的课题，就是宇宙在形成之前的原理和元素，在“至大无外”的境域中活动；另一方面则是五行水火木金土，构成了宇宙万物。哲学思想的“定位宇宙”，是把宇宙以及形成宇宙之前的原理和元素，都安排在“无限空间”之中。在这无限空间之中，有太极，有从太极“生”的活动系列，有从太极生出来的成果：阴和阳，以及后来阴阳生出来的天地万物。

但是，从太极经由“生”的活动过程，到天地万物，中间似乎掺杂了“组成”的成分；那就是说，“生”的活动乃“太极生两仪，两仪生四象，四象生八卦”，后来的八卦重叠成的六十四卦，文本中就没有“生”概念居中；这似乎在让“组成”有活动的空间。

果然，从另一角度看，依据多彩多姿的万物杂陈，书经洪范篇的五行水火木金土元素的组合，则是构成天地万物的具体存在的元素。

中国古代的宇宙起源论，“生”和“组成”都双双入列；虽然，“生”是主轴，可是，“组成”亦没有被遗忘，更没有被排斥。“生”乃生命现象的核心，“组成”则可以是机械式的运作。物质机械透过生命的熏陶，形成生生不息的宇宙。“物活观”（Hylo-zoism）的宇宙观，似乎是古圣先贤的共命慧。构成物质宇宙的元素，由于生命的临在而不断自我提升，终究成就整体宇宙为机体。机体的高峰就是人类的氛围，落实在人文世界。而“人”的生命呈现，毕竟不是中性的，而必须落实在或男或女的性别差异中。

男性和女性的差异形成，早在阴阳两仪的差别性中涵蕴着，故有“乾道成男，坤道成女”(《周易·系辞上》）的说法。人性的分男分女，仍然是原始阴阳的化身；人的定位，仍然以宇宙马首是瞻。人的具体存在模式，仍然是模仿宇宙的存在模式。

3. 对于“五行”的描绘，书经并没有刻意在“宇宙起源”问题上着力，反而在研究这五行为实体（Substance）的预设之外，加入双重的、作为元素的特性（Attributes）的描述：元素的水火木金土，五者皆以实体看待；而实体的初性（Primary qualities 或曰第一物性）分别是：水曰润下，火曰炎上，木曰曲直，金曰从革，土爰稼穑。再来是实体的次性（Secondary qualities 或曰第二物性），分别是：润下作咸，炎上作苦，曲直作酸，从革作辛，稼穑作甘。初性的润下、炎上、曲直、从革、稼穑等五种性质，乃物本身的性质呈现，是客观的描绘；次性的咸、苦、酸、辛、甘等五种性质，乃吾人对实体的感受，是主观的描绘。①

这种探讨的手法和描绘的顺序，就不是先定位宇宙，然后在宇宙中安排人生；而是反过来，以人性的主观意念，来审定宇宙的存在状况。这存在状况由当前吾人感官经验的甜酸苦辣，经物的初性上下曲直，追溯到元素的实体：水火木金土。以此，构成物质世界的元素就被了解。

从阴阳“生”的原理，配合“构成”世界的元素，实足以说明宇宙起源论的初步架构，以及宇宙发生的初步进程。

（二）“有”之前后的“生生不息”

1. “生生不息”的描绘，首先乃宇宙体系，而在宇宙体系中，首先还是探讨宇宙起源的问题。周易的“太极生两仪，两仪生四象，四象生八卦”，就是最原始的描绘。“生”乃宇宙的形成过程，其中每一阶段都是“生”。② 而“生”的最初根源，则是“太极”。“太极”显然是“有”的范畴，已经摆脱了“无”的束缚，已经开始了“从无到有”的活动过程。

---

① 方东美：《原始儒家道家哲学》，台北黎明文化事业公司 1985 年版，第 55～56 页。

② “太极”概念的诠释，有不少意见相左的陈述，吕绍纲主编的《周易辞典》（吉林大学出版社 1992 年版）认定“太极”是物质性实体，而周易关于宇宙本原的观点是唯物论的（第 14 页）。如果吾人聚焦在太极的行动“生”，以及在宇宙起源“生”的整体进程，也许以“生命体”来代替“物质性实体”，以“生机论”（Vitalism）来取代“唯物论”（Materialism），更为合适。

吾人在这里，也只能预设，“有”之前是“无”，所以才会说“从无到有”。如今，如果“太极”是“有”的范畴，那么就可以追问：“太极”之前是什么？宋代新儒家周敦颐，提出了“无极而太极”(《太极图说》)，以“无极”作为“太极”之前的状态；揭示了“从无到有”的活动过程。①周敦颐的说法，一般多认为其受老子道德经的影响。老子的“道生一，一生二，二生三，三生万物”(《道德经》第34章)，以及“天下万物生于有，有生于无”(《道德经》第40章)。老子有意揭示“从无到有”的宇宙起源论的思想进程，把“道生万物”中的“道”和“无”之间，划上等号。“无极而太极”以及“无即道”，都在肯定宇宙起源论的“有”，源自“无”。“无”乃原始中的原始，“无”才是宇宙的太初。

不过，从无到有的宇宙起源论，可就有两层不同的活动情况：一层是周易原始的“生”的系列：太极生两仪，两仪生四象，四象生八卦。另一层位于这“生”的系列的首尾两端：端首有周敦颐的“无极而太极”，端尾有周易原初的“八卦定吉凶”。要注意的就是这“生”、“而”、“定”三个动词。其中“生”概念占的分量，显然较多；“无极而太极”中的“而”，不太可能是“生”；“八卦定吉凶”中的“定”，也不会是“生”。再来是，“而”与“定”也显然意义不同。这样，宇宙起源论中的思想进路，就有了三种不同的动态历程：生、而、定。

老子在这方面，尽量用单一的“生”，来展示宇宙起源的进程，无论是“道生一，一生二，二生三，三生万物”，或是“天下万物生于有，有生于无”，无论是“向下之道”（由道到万物），或是“向上之道”（由万物到无），全部这些活动都是“生”。可以说，老子的宇宙起源论，完完全全是“生成说”；老子的宇宙，也就完完全全的“生生不

---

① “无极而太极”的“而”字，道教把它改成“生”字，而成为“无极生太极”，与从太极一直以“生”，到八卦的整个系列，有统一的见解。参阅《道教大辞典》，浙江古籍出版社1990年版，第435页“无极大道”条：“道家以道由无极生太极而成”。

息”的宇宙。

2. 不过，一旦宇宙中出现了人，“人”的生生不息，就成了探讨的核心。不但“八卦定吉凶”乃从宇宙的“生”的原理，转变成“规定”人生的吉凶祸福，而且在更早的机缘中，直接从阴阳两仪，界定了人的两性：“乾道成男，坤道成女”。阳变成了乾，阴变成了坤。同时更启示了天地人三才在宇宙中的定位与意义：“立天之道，曰阴与阳；立地之道，曰柔与刚；立人之道，曰仁与义”(《周易·说卦传》)。宇宙的阴阳柔刚，是定位宇宙的工作；人的仁义吉凶，则是安排人生的课题。

中国古代哲学思想，固然在时间顺序上先定位宇宙，然后在宇宙中安排人生；但是，由于中华文化的根本性格，聚焦于人文。最古老的三部经典：诗经、书经、易经，都集中探讨人性的情、意、知，亦都是大学人文学院的文、史、哲三系的内容。于是，吾人当可理解，易经在论及宇宙起源的进程时，并没有仔细地深入探讨宇宙的结构，以及物质世界的变化发展的原理原则，倒是迫不及待地，从对宇宙的探讨，转向为对人类的讨论。“八卦定吉凶”，以及“立人之道，曰仁与义”，就是明显的例证。

中国人文思想，特别取向于伦理道德；而仁与义两个德目，尤为醒目。通俗的“孔曰成仁，孟曰取义”，成为家喻户晓的实践典范。孟子在被问及人兽之辨时，曾答以“父子有亲，君臣有义，夫妇有别，长幼有序，朋友有信”(《孟子·滕文公上》)；这五伦中的三伦：父子、夫妇、长幼，都在家庭制度中兴起与发展，也在家庭生活中完成。以“家”的亲情为核心的伦理道德，虽不直接关系到宇宙起源论的课题，但却是与宇宙发展有非常密切的关系。

“人”的起源，紧随着宇宙的起源，人的本质取向于伦理道德，人性的完成，全在伦理道德的实践。人性的这些性格，潜存在宇宙起源中的元素中。

二、"无限"作为宇宙太初的背景

（一）原始"创造说"的提出

1. 西洋古代哲学思想，有关宇宙起源论的记载，地中海东岸希伯来的旧约圣经，其中的创世记有相当详尽的描述；地中海北岸的希腊，也给后世遗留了一些片段，让思想家将其组合成一幅宇宙起源图。

创世记是以"神造世界"，为希伯来民族的历史，揭开序幕。"创造说"（Theory of Creation）为希伯来民族的原始信仰，后来亦被基督宗教接受，并广为传播。创世记作者如数家珍一般，顺序记载着上帝在六天，创造了天地万物，最后在万物中依自己的肖像，创造了人类，造了一男一女。

创世记开宗明义："太初上帝创造天地。地是空虚混沌，渊面黑暗。"神造世界，世界在未创造之前，既空虚又混沌，加上渊面黑暗。空虚乃空无一物的空间，给万事万物存在的氛围；混沌乃杂乱无章的景象，好让造化神活动"从混沌到秩序"（From Chaos to Cosmos）；渊面黑暗，于是上帝在创世的第一天，就先造了"光"，驱除了黑暗。然后就连续不断地，在"空无一物"的空间，创造万物。

人们通过"创造"概念，在基督宗教神学和哲学两千多年的主导下，坚持了"从无创造"（Creatio ex nihilo）的诠释。

2. 创造说一方面强调"从无创造"，展现出上帝的大能；另一方面指出，万事万物存在之前的空间背景，乃"空无一物"，的确可以容纳上帝的所有造物。

"从无创造"的思想，在士林哲学不断地钻研下，终究定调在"该事物本身"，以及该事物的"构成元素"，两者皆无的状况下，上帝完成了祂的创造工程，拉丁文谓之"Creatio ex nihilo sui et subjecti"，nihilo sui 即该造物本身原是无，即尚未存在；nihilo subjecti 即造物的构成材料是无，即上帝在创造时，不用材料。

创造说挑战了“从无不能生有”的原则，在哲学讲理的观点上看，似乎难以自圆其说，但是，在以信仰为主的宗教与神学来看，则是会成为教义中的“当信之道”的。①

（二）“水”与“气”的原始意义

1. 古希腊哲学早在苏格拉底之前（Pre-Socratic Period），史家称之为“宇宙论时期”。此期哲学思想家，多对宇宙的生成变化，发表了个人的见解。一般说来，先苏期在宇宙起源论中，分由两条进路开展：前一条进路是有关“太初”（αρχη，arche，principle，beginning）的问题；后一条进路是有关“太素”（στοιχεια，stoicheia，elements）的问题。有关太初的问题，基本上由米勒学派（Milesians）的泰勒斯（Thales，ca. 624-546 B. C.）、阿那克西曼德（Anaximander，ca. 610-546 B. C.）、阿那克西米尼（Anaximenes，ca. 585-526 B. C.）师徒三代为代表，依序提出了“水”、“无限”、“气”为宇宙的太初。②

泰勒斯给吾人留下了三张断片，依序为：

“宇宙的太初是水。”（Arist. Met. A 3；983 b 20）

“地球漂浮在水上。”（Arist. Met. A 3；983 b 21）

“一切都充满神明。”（Arist. De Anima I，2；405 a 19）

“水”乃宇宙的太初，而且是充满神明的“水”，万事万物因而可

① 有关创造说，西洋中世纪教父哲学和士林哲学的著作，汗牛充栋，其中深度够，又能集大成的，圣多玛斯的著作可作代表，《神学大全》（Summa Theologica）以及《驳异大全》（Summa Contra Gentiles）皆有详尽的讨论：S. Th. I，1，2，4。

② 参阅邬昆如：《先苏格拉底期的“太初”问题探讨》，《台北大学哲学论评》（总第一期）1971年，第2～16页。

以由“水”的千变万化（神明的力量）而形成。

“地球漂浮在水上”的语句，与创世记第一章说的“上帝的灵行走在水上”，似有模拟的关系。希腊哲学中，由水变成的地球漂浮在水上，希伯来宗教信仰中，造物主上帝的灵行走在水上。“水”在两种不同文化中，虽有不同的描述，但其重要性似乎都有共识。

亚里士多德在诠释泰勒斯的“水”时，是站在生物学的高处，以“物活观”（Hylozoism）的观点，认为水乃生命所必需。泰勒斯是在物质中窥见生命，尤其是体悟出生命的必需条件。

阿那克西曼德所遗留的断片中，就有：

> 宇宙的太初是无限。（Simp. Phys. 6r, 24, 26）
>
> 无限没有死亡，没有终了。（Diels 12 B 3）

“无限”的希腊原文为 α-πειρον（a-peiron, infinite or indefinite），乃空间的超越或否定。希腊文 α 是否定词，πειρας则是限制或界限；απειρον 就是无限或无界限，有超越空间的意思。“没有死亡”和“没有终了”也就是超越时间。阿那克西曼德的“太初”，是突破空间，进入无限，突破时间，进入永恒。在无边无际和永恒的氛围中，万事万物就都有落脚的地方。

2. 阿那克西美尼认为：

> “宇宙的太初是气。”（Diels 13 B 2）
>
> “呼吸使吾人成为整体。”（Aet. Plac. I, 3; Dox 273）

就以概念的抽象度看来，阿那克西美尼就没有乃师阿那克西曼德高明，但在有关宇宙起源的具体性来看，泰勒斯的“水”和阿那克西美尼的“气”，总会比较易懂。当然，亚里士多德站在生物学的高处，来审视“水”和“气”，认定水乃生命所必需，而气则是呼吸，乃生命阶层中比较高的层次。生物要水，动物要呼吸，都是先苏格拉底期的哲学家的洞识。不过，亚里士多德还是把"第一位形上学家"的荣衔，给了阿那克西曼德。

（三）宇宙的太初是"数"

和阿那克西曼德的境界相若，避开用"质"概念，来描绘宇宙太初，而用"形式"来量化世界——这就是毕达哥拉斯（Pythagoras, 570-496 B. C.）。他认为"宇宙的太初是数"（Arist. Met. A, 5; 886 a 3），以及"数在和谐中构成宇宙"（Arist. Met. A, 5; 986 a 3），还有"肉体乃灵魂的坟墓"（Hipp. Phil. 2 Dox 555）。"数"的和谐特性，会影响到整个宇宙的和谐。

（四）"有"与"精神"的原始意义

1. 希腊前苏格拉底期的哲学，继米利都学派之后，并不直接处理宇宙起源的课题，而是在现有的具体世界中，问及其动静的状态。赫拉克利特（Herakleitos, ca. 540-480 B. C.）有名的"万物流转"（παντα ρει, panta rhei）揭示了千变万化的宇宙现象。伊利亚学派的巴门尼德（Parmenides, ca. 540-470 B. C.）提炼出了"思想与存有一致性"（Diels 28 B 3），以及"感官界乃假象"（Diels 28 B 6）的命题，启示了"有"哲学意义，同时在观念界和感官界之间，挖出了一条不可跨越的鸿沟。

赫氏的万物流转的背后，有"精神"（λογος, logos）在支持和主导。（这个λογος后来由同是厄弗所的城民若望，在写新约第四部福音时，作为开宗明义："太初有道"的"道"概念，意指上帝之子耶稣基督）巴氏的"有"也就是所有感官界的"无"的对立。精神和有，无疑是宇宙起源论的太初。

2. 赫氏的"万物流转"，其变化之快和变化的彻底，唯有"火"的性质，可以比拟；因而赫氏说出"宇宙的太初是火"（Diels 22 B

30）。事实上，赫氏的"火"，加上泰勒斯的"水"，以及阿那克西美尼的"气"，都是具体的实质概念，恰好可以提供给后来的机械论学者，作为描绘构成物质世界的元素。

赫氏的"火"与前面毕达哥拉斯的"数"，有相同的功能，那就是"和谐"。毕氏的"和谐"是形式的，是数的和谐；而赫氏的和谐则是实质的，它落实在各种矛盾、对立、冲突的景况中。"对立和谐"（παλινθροποϛ αρμονιη，palinthropos harmonie）理念的提出，使变化莫测的万物流转，能和谐地变化。从混沌到秩序（From chaos to cosmos）原就是宇宙起源的进程。

（五）"太素"问题的探讨

1. 先苏期在"太初"的课题上，着力很多；原因就是早期神话体系的影响。不过，问世界是怎么开始的，和问世界是由什么构成的，似乎都可以是宇宙起源论的课题。

继"太初"问题："世界是怎么开始的?"而来的，便是问及"世界是由什么构成的?"的"太素"问题。吾人上面用了不少篇幅，一方面探讨了中国古代哲学中的阴阳，作为"太初"，而把水火木金土五行，作为"太素"；另一方面又不厌其烦地评述了古希腊的"太初"，设法在杂乱无章的学说中，找出系统的头绪。现在就让吾人进入物质元素的世界，审视构成物质世界的细小微粒。①

首先，有安培多克勒（Empedocles，ca. 492-432 B.C.），收集了"太初"诸子所提出来的水、火、气三元素，再加上土，就成为水火气土四元素，而说出："宇宙的太素是水火气土四元素"以及"四元素相互间的疏密组合，构成万物"（Plut. Stom 10，Dox. 582）。

再来是德谟克里特（Democritus，ca. 460-370 B.C.），以为安氏的

---

① 参阅邬昆如：《先苏格拉底期的"太素"问题探讨》，《台北大学哲学论评》（总第九期），1986年，第1～16页。

四元素，不够细微，有误导致具体事物之嫌，而以极其精密的概念，提出"至小无内"的"原子"（α-τομα，a-toma，字义为"不可分"、"无部分"），作为宇宙的"太素"。他说："宇宙的太素是原子"以及"原子彼此之间因爱或恨，互相结合或互相分散"（Diels 68 B 156）。

回答"世界是由什么元素构成"的问题，就成了古希腊前苏格拉底时期的哲学思想家的责任。安培多克勒的水火气土四元素也好，德谟克利特的原子也好，都是环绕在物质的层次中，寻求答案。事实上，安氏和德氏，不但设法用纯物质的元素，来解答宇宙太素的问题，还赋予了那些元素，拥有超物质的力量和功能：那就是物质元素本身，天生来就有"组合"和"解散"的能力，用不着自身以外的力量的介入。这种"自满自足"（Self-sufficient）的物质元素，由于自身的"爱"与"恨"，就足以"组合"成事物和"拆散"一事物。"爱"乃合，"恨"乃分；宇宙间的万事万物，在安氏和德氏看来，其成与毁，其生与灭，都是物质本身的潜在能力的爱和恨。也就因此，事物与事物之间，只有量的多寡，而没有质的差别。换句话说，宇宙间的万事万物，都是同质的（ομοουσιος，homousios），一切的一切，都是物质。这是标准且极端的唯物论（Exaggerate Materialism）。

物质本身是否真的自满自足？纯物质本身是否拥有爱和恨的功能？构成物体的物质元素是否真的不需要外力的介入，就足以自动自发地完成各种活动？有人提出不同的见解。

2. 提出不同见解的，是阿那克萨哥拉（Anaxagoras，ca. 500-428 B. C.），阿氏首先对"同质"的问题，提出疑问："不是头发的，怎么变成头发？"以及"不是肉的，怎么变成肉？"（Diels 59 B 10）。的确，吾人并不吃头发，但却长出了头发；素食者并不吃肉，但仍然长肉。

安氏和德氏站在物体的层次看变化，而亚氏则以生命现象，问及新陈代谢的作用原由。事实上，亚氏不只是站在生命的高处，来审视物质元素的组合分散，而是站在更高的"精神"层次，来规定物质元素的分合变化。他说："精神才是物质元素离合的原因"（Diels 59 B 12，

13)，又说："精神才是事物形成的根基"（Theoph. Phys. 4，Dox. 479）。亚氏的"精神"（νους，nous，spirit）是悟性的主体，会晓得生物在新陈代谢的作用中，要如何分合，如何变化。

阿那克萨哥拉在处理世界的物质元素的分合变化时，突显了精神的介入；消极上是否定了物质的自满自足的功能，积极上是肯定并强调精神和物质的不可分。这种精神和物质的合一，以及精神临在物质的功能，不但修正了机械唯物的思想偏差，而且亦提醒毕达哥拉斯在灵肉二元的课题上，不必过于悲观，不必说出像"肉体乃灵魂的坟墓"一类的话。毕竟，精神与物质是合一的，灵魂与肉体也是合一的。

三、无限与无极，原子与无内

（一）无限与无极

1. 中西两方的原始宇宙起源论，有一个明显的特性，都在用"否定词"来揭示吾人在这件事情上的限制。中西双方的古圣先贤，似乎在说：吾人悟性无法悟透宇宙起源的根深课题，吾人无法用正面的语言文字，来描绘宇宙太初或宇宙太素的真相。

不过，哲学家也往往拥有知其不可为而为之的精神，硬是设法把原本难以表达的情事，用另类方式表达出来。其中最为常见的，就是遮诠法（Via negativa）：用否定词来揭示其正面的意义。我国的老子，有关"道"的知识，在《道德经》五千言中，用了超过五百词次，不同等级的否定词，来说明"道可道，非常道"的深义。① 西洋基督宗教的神学，也有"消极神学"（Theologia negativa）的开展，认定只能用否定词来描绘上帝。当然，否定词表面上有否定的意义，但骨子里仍然有着非

① 参阅邬昆如：《否定词在道德经中所扮演的角色》，"中央研究院"国际汉学会议论文，1980 年 8 月，第 15 ~ 17 页。

常强烈的积极意涵，就如消极神学最终抵达的，是“隐秘的上帝”(Deus absconditus)，字面消极，但却意境高深。

在宇宙起源论上，中西古代哲学家，用否定词来描绘宇宙的太初或宇宙的太素的，也大有人在。而事实上，这些用否定词来描绘宇宙起源论的哲学家，其思想的深度和广度，似乎都在其他思想家之上。

2. 原来，哲学家惯用自己锐敏的头脑，不断地向上攀爬，设法找到“至大无外”的东西，不到超越时空的“无限”和“永恒”的境界，不会停止。同时，也会不断地往下探底，深究构成物质世界的微粒，在没有找到“至小无内”之前，总不肯止息。

阿那克西曼德的“无限”或“无界限”，其字义就是要突破空间，走向无限；其所蕴含的意义“没有死亡，没有终了”，就是要突破时间，走向永恒。“无限”在其超越时空的永恒和无所限制的氛围中，准备迎接万事万物的来临。亚氏对宇宙太初的描绘，虽然是否定词，可也迫出了积极的意义。其意义也就是“至大无外”。

周敦颐的“无极而太极”，是在宇宙起源论的“生”系列行动：“太极生两仪，两仪生四象，四象生八卦”之前所加上的。在太极之前加上无极；在极之前加上无，有浓厚的否定意味。

“无极”与“无限”有深沉的模拟关系。

惠施的“至大无外，谓之大一”；无极与无限，堪当与之平起平坐。

3. 西洋基督宗教前身的希伯来旧约圣经，创世记如数家珍地描绘了上帝创造世界的各种细节，几乎让人觉得作者曾经受邀，在创造过程中观礼。这种地中海东岸的上帝选民的记述模式，揭示了知识对客观事实的重视。中华文化的记载模式，常会给读者一些想象的空间：儒道二家发展出共融的禅宗，对宇宙起源论的描绘，就非常简朴：“万里长空，一朝风月”。这种宇宙起源的描述，一来有无限空间作背景，的确可以容纳万事万物，而万事万物的来临，起始于风和月；二来给读者无限的想象空间。

创造说当然可以如创世记一般的细微叙述，但亦可以如禅宗一般的揭示。作为其效果的多彩多姿的世界，总是有了开始，并且要继续存在下去的。

原来，有关宇宙起源的描述，每一种文化都有每一种文字的运用模式；然而，问题的核心，仍然是在这些问题的背后："宇宙"有始的共识。宇宙有始，在西方哲学思想看来，无论是希伯来的宗教文化，或是希腊的哲学文化，都不但接受世界从无变有的事实，同时也创造出许许多多的不同理论体系。

4. 与创造说不同调的，是近世的"进化论"（Theory of Evolution）。挟其地质学和考古学的余威，认为当前的万事万物，都是物质世界由简而繁，由微而显进化而成。本来，进化论并非针对宇宙起源问题，而是解析宇宙变化问题。创造说的"从无创造"，进化论并没有提出对应的"从无进化"。进化论的"从有到有"的学说，事实上并无法取代创造说。

进化论有不少学者，如达尔文（Charles Darwin，1809-1882），拉马克（Chevalier Lamarck，1744-1829），赫胥黎（Thomas Huxley，1825-1895）。其中以达尔文的著作《物种起源》（On the Origin of Species by Means of Natural Selection，1859）最为有名。

新近也有不少学者提出"创化论"（Creative Evolutionism），一来冲淡创造说与进化论的冲突，二来拉近科学与宗教的距离。创化论基本上主张宇宙起源乃上帝创造，而宇宙变化则可以依进化论的"物竞天择"原则。

创化论的代表人物有德日进（Pierre Teilhard de Chardin，1881-1955），柏格森（Henri Bergson，1859-1941），怀特海（A. N. Whitehead，1864-1947）。其中柏格森的著作《创化论》（L'Evolution Creatrice，1907）最为杰出。

（二）原子与“无内”

1. 人类悟性往下探底的成果，也就会是“至小无内”的“原子”。原子的希腊文字义就是“不可分”、“没有部分”。物质世界的构成元素，必须是最小，小到没有部分，小到不可分，也就是庄子所记载的惠施之言“至小无内，谓之小一”。这是小到没有内部。

德谟克利特的“原子”，乃安培多克勒的水火气土四元素的简化与超越。德氏不满意安氏在宇宙太素的表达中，过于具体，以及杂多，故用抽象而单一的“原子”，一来展示宇宙演化过程的“由微而显”，以及“由简而繁”；二来要指出“从一到多”的变化原则。

相对应的，我国书经所提出的五行水火木金土，作为宇宙太素，原属具体且繁多的范畴，却不见有似德氏的“原子”学说，出来做抽象化和单一化的工作。也许，这就是哲学思想在起源之初，就没有走自然科学之路，思想重心一直取向人文所致。

2. 惠施的“至小无内”，当可比拟于原子；不过，庄子哲学的重心，是安排人文的艺术生命。本来，自然科学与艺术的对象，都同样是物质世界；但是，二者的主观心态却大异其趣：自然科学要的，是宰制世界，而艺术则欣赏世界。“至小无内”的展示，并不内涵知物和宰制物的野心，而多为对“至小”的欣赏与惊奇。

“至小无内”的概念，理论上可以把水火木金土五行单一化和抽象化，以完成西洋式的“从一到多”的宇宙起源进程。甚至也可以在宇宙起源论上，准备好在“至大无外”的无限空间中进驻。换句话说，这“至小无内”的微粒，是可以在无边无际的“道”之中活动，组合成万事万物，充满道的境域。

（三）精神与神明

1. 西洋希腊先苏期的赫拉克里图士的 λογος 也好，阿那克萨哥拉的 νους 也好，都意味着“精神”才是物质世界的原始动力。Λογος 乃在万物流转之中，本身不变，却推动所有变化的原因。Nους 则是所有物质元素之所以分合的推手。精神临在于物质世界，原就是古希腊哲学家的共命慧。在本体论（存有学）的观点上看，心物合一的学说，才是诠释古希腊哲学的正确路线。

2. 中国古代哲学思想，并没有精神与物质的二元对立，因而亦不必要用心物合一的学说来加以整合。但是，通俗的“举头三尺有神明”的信念，却是民间信仰的共识。在哲学思想的基础上，具体的论证可以在易传中找到。“古者包牺氏之王天下也：仰则观象于天，俯则观法于地……近取诸身，远取诸物，于是始作八卦，以通神明之德，以类万物之情”(《系辞下》)。伏羲画八卦，不只是要了解万物，而亦要通神明。神明与物质世界，是有某种程度的关系。

结　　论

以上吾人用了超过万字的篇幅，评述了中西双方古代宇宙起源论的种种，吾人所选择的立场乃人类悟性的功能，尤其是聚焦于其向上攀爬，以及往下探底的功力。向上攀爬的成果，在于进入到“至大无外”的无限和无极的境界；往下探底的成果，在于找到“至小无内”的原子，以及水火木金土五行和水火气土四元素。精神的至大无外境界，足以接纳万事万物来进驻；物质的至小无内的元素，是小到不能再小的单位，也的确可以作为构成物质世界的元素。

中西双方的古圣先贤，画成了一幅宇宙的图像，这图像不是静态的，而是动态的，富有生命的，其形成和续存都是生生不息的；甚至还有精神的临在，提升整体的物质世界，在精神的无边无际的氛围中活动。

有关宇宙论的课题，基本上可由三个步骤来进行：宇宙起源、宇宙结构、宇宙活动。吾人今天讨论了宇宙起源的问题，其间也夹杂了一些宇宙结构的问题；所剩下的宇宙活动问题，也许就要另辟专题来讨论，不然就是继续易经的“八卦定吉凶”和“立人之道，曰仁与义”的思想进路，从定位宇宙中安排人生，从自然世界过渡到人文世界。然后，从人文世界所开展的哲学，回过头去探讨宇宙的起源，发展了各式各样的学说，设法去定位宇宙，并在宇宙中安排人生；并从中窥探出上天有道，下地有序，人间有德；而在道德世界中，个人都能安身立命，群体都享有安和乐利。

最后，当个人的此世生命到达尽头，也确定回归到人生的源头和宇宙的源头时，来世的生命开展出来，真正完成人生的意义和价值。

（本文编辑：朱会晖）

论"直"与"理"

——尤庵、朱子与"横摄归纵"

□ 林安梧

一、问题的缘起

我之注意到大韩儒学是研究所阶段遇见了许多韩国同学，最早是南相镐兄，后来的郑世根兄，还有金白玹兄、林秀茂兄等人，还有当时来台讲学的金忠烈先生，从他们身上我都发现了浓厚的儒教特质。甚至要说，他们有些比起台湾学者有儒教气质。记得最清楚的一次是：1985年间，南相镐兄领我去见当时正在台湾大学客座讲学的金忠烈教授，当时他就住在舟山路的学人宿舍里，是平房，屋宇素雅而古朴，金先生的学生们有几位随侍在侧，大家品茗论道，真风雅也。记得那次谈的是王船山的哲学，涉及于身心问题，也涉及理欲、理气等问题；临行之际，金先生特别要他的弟子准备了文房四宝，他当场书"乾坤并建"四大字以为赠礼，并勉励我，百尺竿头，更进一步！

最近这几年台湾风行韩剧，多少也看了些，我曾看过《大长今》，还有完整地看过《神医许浚的故事》。总的来说，我觉得韩剧之所以大行，除了拍得不错外，最重要的在于中间所透露出来的那可贵而难得的"人"（仁）味，这或许就可以说是"儒教气质"。正因为这样的儒教气质，让人对于作为一个人的尊严人格有着深深的向往与崇敬，而这样的"人"（仁）味敲动的是人们内在最真诚的声音，它唤醒的是人们最真挚的感动。

去年因为参加江陵大学校所举办的“栗谷与道家国际学术研讨会”，而写了一篇“《醇言》、《道德经》与‘儒道同源互补’——以《醇言》前五章为核心展开的一些思考”，我直觉以为栗谷先生的《醇言》有着“儒道同源互补”的理解。① 这次响应尤庵学术研究所之邀，来参加这次盛会，读了尤庵先生的文集，更是由衷地感触，也无怪有学者说儒教起于中华，而大兴于韩国。

> 宋时烈，字英甫，号尤庵，生于明万历三十五年丁未。十二岁，父睡翁常责以圣贤事业，曰：“朱子后孔子，栗谷后朱子，学孔子当自栗谷始。”遂……受业于金沙溪，为栗谷再传。厥后教授后进，必曰“读书当以栗谷先生所定次第为主”。卒于明毅宗崇祯六十二年己巳，年八十三。崇祯十七年甲申明亡，此已在明亡后四十五年，为清康熙之二十八年。《尤庵语录》论复雠有曰“彼虏夺取中国之地，左衽中国之民，非雠而何！”后人承其志，故为年谱，仍以崇祯纪元。②

就钱宾四先生这段话来说，我们可以认为它拉出了一个新的“道统”，即由“孔子”、“朱子”至“栗谷”，进一步则是“尤庵”。这道统是承继着中华道统而成的。就尤庵看来，明后的儒者之统在大陆已灭亡，而这统绪就活生生地存活在韩国。或有学者认为这便是“正统性理学之‘尊华攘夷的小中华’意识”③。值得注意的是，他其实不只是小中华，而是大中华，而这大中华也不是“国家”（Nationality）的观

① 林安梧：《“道”“德”释义：儒道同源互补的义理阐述》，载《鹅湖》2003 年第 4 期。

② 钱穆：《宋尤庵学述》，《钱宾四先生全集》第 21 卷，台北联经出版公司 1998 年版，第 447 ~ 448 页。

③ 参见宋荣培：《当代韩国儒学发展之概况》一文，他在文中第二部分“尊华攘夷的‘小中华’意识和排他性的朱子学之发展”有更精彩的论述。

念，而是“天下”的意思。天下者，天下人之天下也；只要是王道之治的拥护者所成的统绪便成为“道统”，即此道统即为华夏。在尤庵那个年代，无疑的，华夏就在大韩，这是可以理解的。我个人以为将尤庵先生理解成“以中国为中心的文化保守主义或封闭主义，将强调‘节义’的性理学之名分论予以合理化”①，这样的说法是可议的，因为这种说法显然地是放在近代国家概念的氛围下来理解的。若能回到早先的天下概念来理解，这便大有不同。或者，我们进到21世纪的现代来看，这却也可能是未来东亚之成为一个新的天下，就像欧洲成为一个天下一样。我以为这可以是类似于“欧盟”的思想源头，这将是一新的大东亚时代的来临；这不是军权、也不是霸术，而是新的王道的东亚天下，我以为尤庵思想可以有着这样的胎动可能。

就儒学之统而言，尤庵之重孔子、朱子、栗谷一脉相承。我们可以说孔子是“仁学”，朱子进而张之为“理学”，“仁”强调的是“存在的道德真实感”，是生命声息的真实互动感通；而“理”强调的是“超越而普遍的形式性原理”；尤其经由栗谷、尤庵所诠释发展的朱子之理学，更是调适而上遂于道，有着比朱子更为普遍的系统，也有着比朱子更为剀切的实践工夫入路。中国的宋明理学一直纠缠在“心即理”以及“性即理”的论辩之中，而韩国儒学则以朱子的理学为核心，而入于其中，剀切而深入到心灵意识所涉诸复杂向度，像“四端七情”的讨论，便是极值得重视的，我以为尤庵于此有深刻的契入，而最后则归宗于他所强调的“直”与“理”。盖“直”可以养天地之正气，而“理”则包蕴乾坤宙宇，从“物物一太极”而通于“统体一太极”也。

二、尤庵理学的宗旨与归趣：“直”与“理”

一般说来，朝鲜前期的畿湖学派与岭南学派可以说是理学的双峰，

---

① 宋荣培：《当代韩国儒学发展之概况》。

而尤庵是作为畿湖学派的理论核心点，他承继着栗谷先生的思想，对于退溪先生有着深刻的反省。他不同意退溪的理气互发说，他认为理无造作，气则是运用作为。他认为人心与道心亦可通而为一，只是顺食色而发则成人心，循道理而发则为道心。即如四端七情亦都根源于性，只是有中节与不中节的区别而已，中节者为道心，不中节者则成人心。大体说来，畿湖学派更强调“理”的纯粹性、普遍性；而落在实践工夫来说，他们又极注意朱子的“敬贯动静”，特别在尤庵思想中，则以《孟子》的《浩然之气》章所说的“其为气也，至大至刚，以直养而无害”的“直”作为整个实践工夫的先验。

古今圣贤之自我定论常在晚年，尤其当生命面临大限时，所唤起的呼声，最具有根源性、整体性，以是之故，研求之学者亦多所重视，因此最能见其学问之宗旨与归趣也。

> 及病笃，强书训诫辞付子孙，曰：“朱子于阴阳义利白黑剖判之勇且严，如一剑两段，不敢少有依违因仍之意，此正《大学》诚意章事也。其壁立万仞而功被万世，反有过于思、孟者。然非读书穷理之至，何以与此！此大学之教所以必先于格物也。”又曰：“朱子之学，以穷理存养，践履扩充为主，而以敬为通贯始终之功。”至于临箦，而授门人真诀，则曰：“天地之所以生万物，圣人之所以应万事，直而已。”明日又请，曰：“道理只如此，但须刻苦坚固。孔子曰：‘人之生也直，罔之生也幸而免。’孟子所以养浩然之气者，亦惟此一字而已。是孔、孟、朱三圣同一揆也。然不能读书明理，则以不直为直者亦有之矣。吾师门之教，如此而已。”①

① 钱穆：《宋尤庵学述》，《钱宾四先生全集》第 21 卷，台北联经出版公司 1998 年版，第 448 页。此段文字，又请参见《宋子大全》卷一百三十六《赠李景和说》，又见《海上送权、尹二孙北归说》。

就这段话看来，尤庵是典型的“理学”学者，他盛赞朱子的“阴阳义利白黑剖判之勇且严，如一剑两段”，而这是来自于《大学》《诚意章》，这是“格物穷理”之教。这是经由“心知”对“物理”的切实把握而有的实践，但他又清楚地点出这是“以穷理存养，践履扩充为主”，而之所以能通贯始终的是“敬”。我以为尤庵颇能把握到朱子实践工夫的真切处，这不只是心知对物理那种“横面的认知系统”，而是一“横摄而归纵”的系统①，是如朱子所说“主敬涵养”与“格物致知”如“一车之双轮，如一鸟之双翼”，他们虽为两端，但却是辩证而通统为一的②。这辩证通统为一的法钥何在，依尤庵的切实之体会则在“持敬”，他说：

> 谓持敬之功，通乎致知力行则可，今直以致知力行为持敬之事则不可。③

这可见“持敬”才是大头脑，没有“持敬”，如何个“致知、力行”？有了持敬，这样的致知才是真知，这样的行才是真行，否则“知”可能是“执着之知”，可能是“染着之知”；“行”可能是“贪欲之行”，可能是“瞋痴之行”。

> 朱先生之意，以为论学问次第，则致知先而涵养后，然敬是贯始终、该本末底道理。大抵先生教人，随其病而药之，故所言有不同。而篁墩分先后，以专于涵养之说为定论，则误矣。盖涵养、致

---

① 参见林安梧：《关于朱子哲学当代诠释方法论的论辩：从“继别为宗”到“横摄归纵”》，“传统中国哲学论辩之当代诠释”国际学术研讨会论文，台湾大学哲学系主办，2007 年 10 月 26、27 日。

② 林安梧：《知识与道德之辩证性结构——对朱子学的一些探讨》，《现代儒学论衡》，台北业强出版社 1986 年版。

③ 《答李汝九书》，《宋子大全》卷九十。

知，自是齐头并进者。①

这更清楚地贬斥了“涵养”、“致知”分先后的弊病，且清楚而明白地指出，两者是齐头并进的，而“敬是贯始终，该本末”的。

退溪以为“格物者，人格之而至于其极也”。末年大悟其非，以为“物格者，只是物理到其极处也”。此正得本文之意。而又以为理非死物，故能自此至彼，则又失之远矣。物理如册子，人之穷理，如人之看册子。看此册子自始至末，虽在人看尽，而自册言之，则曰册尽，岂曰此册是活物也。②

又说：

物理本具吾心，仍待格之而后明。③

“格物”之“物”自有其“物理”，每物都有物理之极，但这是物理之极不是人去格之而格到极点，人之格物并不是向外之讨索，不是向外之探求也；而是回到生命之内在的“吾心”，这吾心就有着万理在，只是“待格之而后明”而已。

我们之所以一再引证这些话语，旨在阐明此中有一关键处：所谓的“格物致知”是怎回事，只是“横面的静涵静摄的认知系统”，还是有一归于“纵贯的道德创生”之可能，或者说“那纵贯的道德创生”本来就寓涵其中，不可分也。

① 《答郑仲淳》，《宋子大全》卷九十二。
② 《答李汝九别纸》，《宋子大全》卷九十一。
③ 《答李汝九别纸》，《宋子大全》卷九十。

> 退溪谓“随遇发见无不到者，此理至神之用也。”愚僭以为此说未安。既曰理，则无论体用，皆是无情意造作，岂有如人心之有知觉，而流转运用，自此到彼也。朱子所谓“各有以诣其极而无余”者，谓人穷此物之理而至于极处，如人行路，行之至而路穷云尔。此路岂是从人举足之地而随人行步、以至于止足乎！①

这里说“既曰理，则无论体用，皆是无情意造作”，他一方面凸显了“理”的崇高性、神圣性、绝对性，而指出这“理”是一“超越的形式性原理”，它是作为一切轨持之所依，是横摄而归纵的终点，同时是开启横摄之为可能的起点。但重要的是，“理”并不同于“心”，“人心之有知觉”，故能“流转运用”，但毕竟这不是“理”，这是“心”。“心”取其活动义，而“理”取其法则义；“心”在经验界中，有知觉运用，而“理”则为先验的，是一普遍而超越之理。

> 退溪之失，只在于以本为天理，以末为洒扫应对。子夏、程朱之意，则以本为诚意正心，以末为洒扫应对。而所以然之理，则无间于彼此也。退溪之失，肇自饶双峰，惜哉！②

粗看之下，退溪之说与子夏程朱并无不同，但经由尤庵的深层诠释，我们发现他们的确有所差异。尤庵更强调“天理”之为一“所以然”之理，这是“无间于彼此”的，是通于“本末动静”的，是通于“认知与实践”的。“天理”是作为横摄归纵的最高顶点，而这便隐含着一个永不休止的活动，这活动在理上是依持于此最高的绝对之理，但这活动本身就有一贯彻于其中的内容在，这便是“涵养用敬”、便是“格物致知”。

---

① 《答李君辅书》，《宋子大全》卷一百四十。

② 《杂著·论语子张篇子夏之门人小子章》，《宋子大全》第 134 卷。

过去有无限天地，将来有无限天地，皆是道中之一物。所谓道者，无边际，无终始。圣人既囿此道于方寸之中，故六合之外，思之即至。先天地，后天地，坐而致之。特圣人不言耳。①

道体无穷，而心涵此道，故心体亦无穷。故曰：道为太极，心为太极。②

显然地，尤庵并不将“道”与“理”连在一起说，“道”是就总体义、根源义说，而“理”则是就法则义、形式义说；因道而有理，此是道理。但“理”却不可以为“道”。进一步来说，“心”是就主体义、根源义说，“性”是就存有义、本性义说；“心”与“道”有其内在的同一性，皆为太极，太极者，绝对之根源也。就根源义说，心体与道体是通而为一的。进一步言之，则“性”即“理”也，此是说“本性之自有法则”也。“道”、“理”、“性”、“心”的关系则是“道”下有“理”，“心”中有“性”，如此为“道理”、“心性”也。“道”与“心”之通而为一，而“性”与“理”又通而为一。“道”是就宇宙造化之根源处说，“心”是就人之主体知觉处说，都偏在“活动义”上说，而“性”与“理”则偏在“存有义”上说。

问：“为学之方，可得闻乎？”先生曰：“朱子之言以为学问之道莫先于格致。格致之要，又在于读书。读书之要，又在干存心矣！”③

就这段所论合着前面所说，我们可以说要能“即存有、即活动”

① 《杂著·看书杂录》，《宋子大全》第131卷。

② 《杂著·看书杂录》，《宋子大全》第131卷。

③ 《语录》，《宋子大全》附录第14卷。

则须有“格物致知”、“涵养主敬”这如“一车之双轮、一鸟之双翼”的实践修养工夫。这可以说是一“横摄归纵”的实践工夫，这是朱子的本怀所在。

或者，我们可从朱子所说这段话来证成其理：

> 明德者，人之所得乎天，而虚灵不昧，以具众理而应万事者也。但为气禀所拘，人欲所蔽，则有时而昏；然其本体之明，则有未尝息者。故学者常因其所发而遂明之，以复其初也。①

三、以朱子《大学·格物补传》为对比的讨论与印证

如上所述，尤庵之学纯是朱子学，而朱子之学以《大学》为核心，这特别可以从他所做《格物补传》清楚看出。《格物补传》虽强调对于事物之理的穷究，看似一横摄的认知系统，但却将归于纵贯的创生系统；或者说此横摄的认知系统之为一道德认知系统，必隐含一纵贯的创生系统以为基底，否则为不可能。若直接裁为横摄的认知系统，那就会有所谓“歧出”之论。

以宋明理学来说，强调“性即理”的程朱学派，可说是一“道德的智识主义者”，是一道德的法则主义者，他们以理智与法则为首出，认为一切的活动须依持于此，而有一明智之判断，如此展开之活动才是一真切的道德活动。② 相对来说，强调“心即理”的陆王学派，则可以说是一“道德的意志主义者”，是一道德的动力主义者，他们以“意

① （宋）朱熹：《四书章句集注》，《大学章句》，台北鹅湖出版社2003年版，第3页。

② 关于宋明理学之分疏，多年来讲述已明，参见林安梧《明末清初关于“格物致知”的一些问题——以王船山人性史哲学为核心的宏观理解》，载《中国文哲研究集刊》，1999年第15期。

志"与"动力"为首出，并当下以此作为法则。也就是说，他们以此意志的动力，以此主体的能动性之当下活动即为法则；只此"怵惕恻隐之心"当下之活动即为道德实践的法则，即此四端之心的情感发动，即是仁义礼智四德之活动。

朱子的《格物补传》是这么说的——

> 所谓致知在格物者，言欲致吾之知，在即物而穷其理也，盖人心之灵，莫不有知，而天下之物，莫不有理。惟于理有未穷，故其知有不尽也。是以大学始教，必使学者即凡天下之物，莫不因其已知之理而亦穷之，以求至乎其极。至用力之久而一旦豁然贯通焉，则众物之表里精粗无不到，而吾心之全体大用无不明矣。此谓物格，此谓知之至也。

开首即说"所谓致知在格物者，言欲致吾之知，在即物而穷其理也"。显然地，朱子所重在"物"之"理"，然而这"理"可是伦常物事之理，而不是如阳明去格竹子的外物之理①。阳明当年格竹子而病，这绝非善学于朱子者，或者当时娄谅告之有误尔！不过，或以牟先生论下的朱子似亦不能免此弊病，这是令人扼腕的。这问题的关键点在于朱子所说"即物而穷其理"实难免有"逐于外"的倾向，但果真如此乎？是又不然。朱子面对万事万物，起先当然不是采取"一体观"的态度，而是采取"主客对立"、"以主摄客"的方式。

这样的"伦常物事之理"是可以内化，可以调适而上遂于道的；但这样的调适上遂之过程是须得正视的，不能只重在一宗教式的合一，也不能落在一美感情境式的合一，而须得正视外在客观事物之为一外在客观事物，从事物之理逐层调适而上遂于太极之理。人之生于世间，只能就其意识所及的对象物作为思考的起点，人心与物理就不能笼统视为一不可

① 曾昭旭：《朱子格物之再省察》，载《鹅湖》1985 年第 3 期。

分的整体,而应从"以主摄客"的角度来思考。他说:"盖人心之灵,莫不有知,而天下之物,莫不有理。唯于理有未穷,故其知有不尽也。"

须得留意的是，这样的"以主摄客"看似横摄的认知活动，但此认知可是道德事理之认知，此不同于自然科学之认知，因而虽横摄但却预取一全体之豁显。"格物"在"穷理"，而"穷理"在"致知"。"是以大学始教，必使学者即凡天下之物，莫不因其已知之理而益穷之，以求至乎其极。"这里说"因其已知之理"而"益穷之"，可见所重不在横摄的"心知"对"物理"，而是就此横摄的"心知"对"物理"，再"益穷之"，这是由知识系统的清楚，而往存在系统的回溯，因为唯有存在系统的回溯才能"以求至乎其极"。

这么一来，我们明白地知道并不是要以横摄的认知去穷尽天下之物，穷尽天下之理，而是就吾人所认知的往自家身心收摄，而上提至一存在的形上之源。因为当我们展开横摄的道德认知的时候，便隐含着一涵养主敬的活动，这便是回溯到存在的形上之源的动力。

顺此以往，我们就可以判断所谓"至于用力之久，而一旦豁然贯通焉，则众物之表里精粗无不到，而吾心之全体大用无不明矣！此谓物格，此谓知之至也"。之所以"用力之久"而"豁然贯通"为可能，是因为预取着"道德之理与存在之理的同一性"，是因为横摄的道德认知活动必隐含一存在的溯源活动，这样的"豁然贯通"，并不是亚里士多德式的"共相的升进"，而是"全体大用的彰显"①。

值得注意的是，朱子所说的"吾心之全体大用无不明"与"众物之表里精粗无不到"，是一体之两面，仍然在"心知 \ 物理"的思考格局来说，这是朱子道德智识主义的特色。换言之，"吾心之全体大用无不明"是落在"已发"上说的，不是在"未发"上涵养出来的境界。

"众物之表里精粗无不到"是在"吾心之全体大用无不明"下说

① 林安梧:《人文学方法论:诠释的存有学探源》，台北读册文化事业公司 2003 年版，第 137 ~ 139 页。

的；一样的，“吾心之全体大用无不明”是在“众物之表里精粗无不到”下说的。“全体大用”不是境界语，而是表里精粗无不到的实践。这里，我们发现朱子极力地摆脱带有美学情怀的心性修养之笼统，也摆脱了宗教式神秘主义之冥契，而极力地强调道德超越形式性原则之证立。

经由以上的疏释，我们可以说朱子之理学乃是一“横摄归纵”的系统，此是宋代理学之“集大成”，是一儒学重要的发展，这不是歧出，也不是“别子为宗”。将朱子与阳明对比，“横摄归纵”重在“横摄”，此是一道德认知系统，由此而上遂于存有之道的根源，并因之而展开实践；“纵贯横推”重在“横推”，此是一道德实践系统，这是经由本体根源动力的开启而落实；而两者之坐落点都在心体之作为主体上。朱子之重点在于“格事事物物之理”，阳明之重点在于“致良知于事事物物之上”。

阳明“格竹子”而病，此是错用了朱子的格物工夫，如此只有“横摄”而没有“归纵”，自不能豁然贯通。尔后，阳明龙场悟道已不是走一“横摄归纵”之路，而是在百死千难中，经由生死关而进入主体与道体的冥契状态。阳明之由百死千难中进入主体与道体的冥契状态，此已非话语系统的溯源，而是生命实存的证悟；于阳明而言，“良知”已不只是一圣贤教言而已，“良知”乃其生命之体，亦是造化之精灵。

朱子所说之“致知在格物”是说“致，推极也。知，犹识也。推极吾之知识，欲其所知无不尽也。格，至也。物，犹事也。穷至事物之理，欲其极处无不到也”。而阳明于《大学问》中则说：“致知云者，非若后儒所谓充广其知识之谓也，致吾心之良知焉耳。……故致知必在于格物。物者，事也，凡意之所发必有其事，意所在之事谓之物。格者，正也，正其不正以归于正之谓也。”这是个大转折。

朱子与阳明皆同意儒学之本怀，强调“道德与存在的一致性”，朱子之理学重在“理”上的一致性，而阳明心学则重在“心”上的一致性。前者强调道德之理与存在之理的一致性，这样的一致性是由道德的智识主义之途径做成的；后者强调道德之源与存在之源的一致性，并强调须由道德的实践途径方能将此一致性彰显出来。

阳明虽亦同于先儒之“一体观”，但阳明强调“一体之仁”，这是经由“仁”的感通实践，才通为一体的。“一体”不是宗教上的忘我神迷，不是美学上的境界合一；而是走向人间世，力行实践所达成。从朱子到阳明，这是由“道德的超越形式性原则”转向“道德的内在主体性原则”，而两者之坐落点都在“心体”之作为一“主体”上说。唯朱子之主体乃是一“以主摄客”、“横摄”义下的、道德认知义下的主体，而阳明之主体则是一“主客不二”、“纵贯”义下的、道德实践义下的主体。

朱子学之主体虽为“横摄”，但毕竟“归纵”；阳明学之主体虽为“纵贯”，但重在“横推”。前者之归纵，指向一根源之总体的确立；后者之横推，则重在个人主体的确立。前者重在客观法则性的确立，而后者重在道德主体动源的开发。由隋唐之“经学”转为宋代之“理学”，朱子“道德超越形式性原理”的证立是一重大转折；而由宋代之“理学”再转为明代之“心学”，阳明“道德内在主体性原理”的证立，这又是一大转折。

牟先生之判朱子为“继别为宗”，判朱子为“静涵静摄的横摄系统”，此皆因忽略了朱子强调“涵养用敬”与“格物致知”如车之双轮、如鸟之双翼所致。忽略此，自不会见出“横摄归纵”的可能。就“横摄归纵”的系统论之，它所重的是事物之理，是形上的太极之理，而不是一纵贯的创生动力。即说“吾心之全体大用”亦落在“表里精粗无不到”说，这是就道德实践的客观法则性上说，而不是落在心灵主体的道德实践动源上说。

依朱子言，格物在于穷理，而主敬则在于致知。致知之可能则又必须预先肯定穷理的可能。换言之，在存有的梯级上而言，所有的知识都只是性理的开展（物物一太极，全体一太极），而就认识的程序上而言，则是认识了物物之理，才能达于全体之理。但全体之理又不是物物之理的总合，因此光凭着认识物物之理是没有办法达到的。这样子一来，朱熹所谓的“至于用力之久，而一旦豁然贯通焉”不是就会落空了吗？实则不然，朱子又预取了一个主敬的工夫。这工夫是涵养于未发之中，而使得它能真正地去揭开那个存有之理。换言之，朱子表面上强调的是认识的程序及存有的梯级之如何相涵相摄的问题，但更深刻的是隐藏着一个极重要的动力，这便是由涵养，由主敬而来的动力，涵养主敬的工夫，使得朱子的认识论从主体对客体的执着认取，一变而为主体对主体自身认识的过程，而这过程便是性理之彰显过程。①

须知：“太极之理”不是一最高的共相，而是一物一物“表里精粗无不到”的“全体大用”，这是心灵经由道德认知的活动，逐渐转为存在的追溯，逐渐地进到一“存有学的照亮”。所谓“豁然贯通”，就是“存有学的照亮”，照得事物明白而清楚。这样的照亮不是美学式的境界，而是落在对象化的清楚，是对于任何事物的伦常之理表里精粗无不至的清楚。

“存有学的照亮”为的不是“默契道妙”，不是上遂于“性与天道”，而是“月印万川”的落实于伦常日用之间。这便看到那道德的超越形式性原则全体大用的落实于事事物物之中，在事事物物之中都可以发现那道德的超越形式性原则。

吾人既已厘清此“横摄归纵”的系统，知其重在对象物之认知，再转而上极于道体；此不同于“纵贯创生”之系统，重在由道体与主体的内在同一性，并因之纵而贯之、创生万事万物。朱子“横摄”为要，便将道体与主体合一之虚幻性瓦解开来，并真正视到物体之存在。正视物体之存在，便自会正视一客观法则性的存在，这正显示一儒学发

① 林安梧：《知识与道德之辩证性结构——对朱子学的一些探讨》，载《思与言：人文社会科学杂志》，1983 年。后收入林安梧：《现代儒学论衡》，台北业强出版社 1987 年版，第 146 ~ 167 页。

展的新转折；然虽为转折，仍归于纵也。但显然地，这与阳明学大相径庭，阳明强调的是道德实践主体的动力，而朱子强调的是超越的形式性原则。

若整体地来看宋明儒学的发展，我们可以发现盖阳明之学与象山之学虽引为同调，但却有所异。象山、明道近之，皆属一“道德美学式的实践”，可以说是一“纵贯圆融”的系统；朱子则为一“横摄归纵”的系统，阳明则再由此转为一“纵贯横推”的系统。此“纵贯横推”之系统实乃朱子“横摄归纵”的转折发展也。

四、从“四端七情”、“气发理乘”到“直道而行”

如上所论，朱子学实不适合理解成一“横摄的静涵静摄系统”，而是一“横摄归纵”的系统，这从韩国朝鲜朝的朱子学发展更是格外清楚。尽管退溪、栗谷各有所异，但却都是一极为地道的“横摄归纵”的朱学系统。继栗谷而发扬光大的则是尤庵，尤其在“四端七情”、“人心道心”等问题上，他都起了一重大的贡献。

> 四端七情，皆气发而理乘，退溪“理发而气随之”一句大误。理无情意运用造作，气能运用作为，而理亦赋焉。观于中庸首章章句可见矣。以太极说观之，则尤晓然。太极乘阴阳而流行，未闻阴阳乘太极而行也。①

退溪所主在“理发而气随之”②，尤庵则以为当作“气发而理乘

① 《杂著》，《宋子大全》第 130 卷。

② 关于四端七情的讨论，友人梁承武、杨祖汉于此论之详矣，请参看梁承武《李退溪与李栗谷的四端七情论之比较研究》，杨祖汉《从当代儒学观点看韩国儒学的重要论争》《第二章：李退溪与奇高峰“四端七情”之论辩》《第三章：四端七情与成德之教》，台湾大学出版中心 2005 年版。

之"，显然可见，这真是大相径庭，大有异同。退溪认为"理"不只是一"超越的形式性原理原则"，它不只是具有"存有义"，而且具有"活动义"；尤庵则认为"理无情意运用造作"，"理"只是"理"，只是一"超越的形式性原理原则"，"气能运用作为"，"气"才是"活动的根源"，只是"一活动那超越的形式性原理即寓涵其中"。尤庵之严分"理气"，这是"理论上逻辑的区分"，落在"现实上"来说，"理气"的关系是"气发而理乘之"，而不是"理发而气随之"。这里可以看到他对于"气"的重视，这重视隐含着理学的另一个胎动，他代表着"个体性"的逐渐豁醒。相对来说，严分理气则又独特地凸显了"理"的超越性、普遍性、崇高性与纯粹性。

> 愚于此，别有疑而不敢言。退溪、高峰、栗谷、牛溪，皆以四端为纯善，朱子以为四端亦有不善。未知四先生皆未见此说否？四端亦气发而理乘，发之时，其气清明，则理亦纯善。其气纷杂，则理亦为之所揜。①

这分明是对退溪、高峰、栗谷、牛溪四人的批评，从这批评可以看出尤庵已再三思量过他"气发而理乘"的理论。即如孟子所说的"恻隐、羞恶、辞让、是非"心所发之四端仍是"气发而理乘之"，当"其气清明"，则"理"亦纯善，而"其气纷杂"，那么"理"也会被揜忒了！

> 退溪所主，只是朱子所谓"四端理之发，七情气之发"。栗谷解之曰：四端纯善而不杂于气，故谓之理之发。七情或杂于不善，故谓之气之发。然七情中如舜之喜，文王之怒，岂非纯善乎？大抵七情皆出于性，其出于性也，皆气发而理乘之，孟子于七情中摭出

① 《杂著》，《宋子大全》第130卷。

纯善者谓之四端。安知朱子之说，或出于记者之误也。①

我们可以看到这已不是原先“性情”二分的格局，而是说“七情”皆出于性，仍是“气发而理乘之”，“四端”之为“四端”是从“七情”中摭出的“纯善”来说而已。如此说来，纯善固有纯善之理，而这样的纯善之理并不是天生本然的就可以呈现出来，而是要由“气发之”，人的“心”是“气之灵”，所以可以对此“气之所发”起一裁制作用，这样的作用则是依循于“理”的，是引那“理”乘于其上而使之恰当而适切合度！

四端七情皆出于性，而皆有中节不中节者，其中节者，皆是道心之公，其不中节者，皆人心之危也。②

性只是性，四端七情莫不是性也。如此之性，可以是义理之性，可以是气质之性，其能中节者，如其为道心之公，这便是义理之性，若不中节而顺气质之偏塞，则会堕到人心之危之中。“中节”、“不中节”就看其循乎理与否，如何循乎理，则在于“以直养而无害也”，在于能养此“浩然之气”，这样的气“至大至刚”，“塞于天地之间”，他是“配义与道，无是，馁也。是集义所生者，非义袭而取之也”。正因有这样的“浩然之气”，所以能够“诐辞知其所蔽，淫辞知其所陷，邪辞知其所离，遁辞知其所穷”。③

吾平生所为虽有不善，未尝不以告人，虽发于心，而未见于外者，苟有不善，未尝不以语人，故须体此心。此一直字，朱子实有

① 《杂著》，《宋子大全》第130卷。

② 《退溪四书质疑疑义》，《宋子大全》第133卷。

③ 《孟子·公孙丑上》。

所受。……愚之所闻者如此。①

这段话可以作为尤庵哲学最为深沉的呼唤，可以说是他一生最重要的写照，也是其学问的归趣，当然，这便是他最重要的实践工夫，他一生甚至以此殉道。一个人能坚持理想，虽死无憾，我想这便见证了他的学问，有关“怀尼之争”所引起的争议，其实不辩自明②。

> 先生已于严时亨、杜仁仲书明言，《大传》“继善”，是指未生之前，孟子“性善”，是指已生之后。又言有指其堕在气质中者而言，有指其本原至善者而言。盖以天道言之，则自继善而流行以至人物成性，为一说也。自人道言之，则自未发之性而发为情者，又一说也。天人虽异，而其理则一，非天道之外，别有人道也。③

这段话很能对前面所说的“直”之作为修养工夫做一更深入之阐发，正因为人之为人本是得天地阴阳五行之秀气者，其为自然之存在原与万物并无差些子，可贵者人之能参赞天地化育也。盖“一阴一阳之谓道，继之者善，成之者性”也。“继善”是就其造化根源的参赞处，此本原至善也，是纯粹的善，未落后天生成，纯是先天本然也。继之而成之，这便是已生之后，这便是在经验界中了！这样的“性”便是“习与性成”的性，是“未成可成，已成可革”的性了。所以说从天道来说，“自继善而流行以至人物成性”，而落在人道说，则是“自未发之性而发为情者”，天道人道是相应和为一的。“直”是由“已发之情”

① 《杂著》，《宋子大全》第 130 卷。

② “怀尼之争”指的是尹拯（明斋）由于对他的老师尤庵之未能如俗为其父尹先举之墓碣嘉善奖之，反引朴世采所做宣举行状，述而不作，伤憾之余，致生反目，进而滋生了相关学问性格之讨论。参见杨祖汉：《第七章：尹明斋的性理学及怀尼之争的工夫论涵义》，《从当代儒学观点看韩国儒学的重要论争》，台湾大学出版中心 2005 年版，第 361 页。

③ 《答朴景初》，《宋子大全》第 130 卷。

而上溯至“未发之性”，是由“已生之后”，上溯至“未生之前”这一大本大源的工夫。

五、结　　语

在朝鲜朝的理学论辩过程里，尤庵严守朱子学的矩范，又能深入其中义理，他可以说是将“理学”的“理”提到了极高的纯粹性、普遍性、超越性与神圣性。若回到“气发而理乘”的指诀上来说，我们可以说尤庵之学能臻乎如斯严毅刚大的境地①，实不外“直”与“理”二字尔！盖“直”之作为宇宙造化之源与实践的心源动力，而“理”则是超越的形式性原理与实践的创造性原理。“气”则是生命最原初的创造性的动源。尤庵是以“直”养此浩然之“气”，而以这样的生命气力，气发而“理”乘之，成就其人格风范的。就整个学问看来，这是一横摄而归纵的系统，并由此而开启一纵贯创生实践之向度。这似乎可以对比在中国从朱子学的“格物致知”过渡到阳明学“致知格物”的转向，这是一由“横摄归纵”转为“纵贯横推”的转向。

（本文曾于 2007 年 11 月 9-10 日韩国忠北大学“尤庵诞辰四百周年国际学术研讨会”会议上宣读，再经修改删修完成）

（本文编辑：刘湘平）

① 关于尤庵人格与学术论之者多矣，崔根德于《尤庵的经学思想》一文中，开头即说“假如把尤庵的经学思想比作一匹织锦，那么其经便是朱子学，其纬即是义理精神。朱子学承继了从孔孟到程朱的道统，义理精神则是从春秋大义延伸到儒士精神的道学之基础。”颇能见出其精神风范，参见崔根德：《韩国儒学思想研究》，学苑出版社 1998 年版，第 146 ~ 157 页。

再论“儒家型马克思主义”的可能性

——以《中庸》义理为核心的尝试

□ 李彦仪

一、问题的提出①

传统儒家思想与马克思主义，两种看来迥不相侔的哲学是否有融通拟构而为一的可能性，华人学者对这个问题的看法两极。反对两种哲学有融通的可能性者便认为两者形貌相似而实质却有所不同，李明辉在《儒学与现代意识》中便指出：“‘马克思主义儒家化’之说的最大盲点是不了解道德与政治在儒家思想中的关系，只凭表面上的形似，便将儒家思想和马克思主义牵连在一起。这三位大陆学者（案：指包遵信、甘阳与金观涛）均注意到：儒家在讨论道德与政治底关系时，莫不承认政治需要以道德为基础。他们便根据这种关系（当然也可以根据道德与其他领域底关系）论及儒家底‘伦理本位主义’、‘道德理想主义’或‘伦理中心主义’。但若以此作为儒家政治观底特色，恐怕失之宽泛，因为这种观点并非儒家所独有。这是一种理想主义的政治观，在西

① 本文用以探讨马克思《1844 年经济学哲学手稿》中的异化思想的版本是中共中央马克思恩格斯列宁斯大林著作编译局译：马克思《1844 年经济学哲学手稿》，人民出版社 2000 年版，以及 1982 年柏林 Dietz 出版之 MEGA 版本为参考文本。在资料的引注方面，以“页 X”表示中文本页码，另以“MEGA：X”表示德文本页码，凡以（页 X；MEGA：×）标示者皆出自德文版本。

方自柏拉图起便是政治思想底主流。”①

然就认为儒家与马克思主义思想实有可以接榫之处的一方来看，论述也或有不同。即如林安梧在《儒学革命论》中曾以《“儒家型马克思主义”的一个可能——革命的实践·社会的批判与道德的省察》为题，专章探讨了所谓的“儒家型马克思主义”。他透过对比省察青年马克思②在《1844年经济学哲学手稿》（或称《巴黎手稿》③，以下简称《手稿》）中的思想与关联着20世纪资本主义工业社会由之所衍生而出的批判理论，指出：无论是马克思主义的革命实践或者批判理论的社会批判，两者对于人性的价值根源之反省似乎都不够恰当，且两者也都不能根植于道德的省察，从而虽说两者都有人本主义的意涵，但是这样的

① 李明辉：《儒学与现代意识》，台北文津出版社1991年版，第53页。

② 国内早年研究马克思学说的学者郑学稼于所著《青年马克思》中提到，论者或有将马克思（Karl Marx，1818—1883）的思想发展分为青年马克思、壮年马克思以及晚年马克思三个阶段者，持此论点者，如卢卡奇（Geörg Lukács），认为所谓的青年马克思是人本主义者，此一时期之思想代表著作包括《1844年经济学哲学手稿》、《共产党宣言》以前的著作。壮年马克思则是由《共产党宣言》到1781年“巴黎公社”，即后来列宁及其所创立之第三国际所信奉的马克思主义。而晚年马克思即巴黎公社成立后到马克思逝世，也就是第二国际的领袖们所信奉的马克思主义（详见该书第10页）。然而对于这些分期彼此之间的发展如何看待，即究竟这些分期之间的思想发展是断裂的或是延续的，是后一期对前一期的彻底扬弃或是有机连贯，论者或所谓的马克思主义者却莫衷一是。其中争议亦非本文所能处理者，也非本文重点，故不于文中讨论。

③ Johan van der Hoeven认为马克思《手稿》中的“经济学”与“哲学”是一奇怪而有趣的连结，他认为这可能是因为，就前者来说，物质基础被强调为理论思维的真实基础，或者说，哲学思维是必须奠基于经济状态的活动之上的。然就后者来说，物质基础似乎只是哲学思维的一个对象，或者哲学思维提出某些理念并且引领着经济状态，同时作为它的哲学判准。详参其所著*Karl Marx: The Roots of His Thought*, pp. 66-67。于此征引Hoeven的解释，聊备一说。而这份手稿又是马克思滞留巴黎期间研读英法古典政治经济学的笔记心得整理，所以又称《巴黎手稿》。参见洪镰德《传统与反叛——青年马克思思想的探索》，台湾商务印书馆1986年版，第83页。

人本主义与儒家型的人文主义毕竟有别。又，革命的实践与社会的批判皆必须根植于道德的省察，这样的革命与批判才不会泛滥无所归趋。反过来说儒家传统所强调的道德省察亦必须接受马克思主义哲学的考验，才能免于一种内省式的道德自我锻炼，而真正勇敢地向丰富多姿的政治、社会、经济等实际层面开放。革命的实践、社会的批判以及道德的省察三者实可紧密地结合为一体，从而可能构想一种"儒家型马克思主义"。

李泽厚则是透过首先肯定马克思哲学中仍有活力的部分，包括：以确认人的实践与动物的自然生存的区别从而肯定科技—生产力是社会存在根本的唯物史观("吃饭哲学论"是其通俗的讲法)、强调每个独立个体之自由发展为人类历史走向之必然结果的个体发展论，以及内在自然的人化的心理建设论，指出在当今社会里马克思主义仍待充分发挥构造的要素，并认为：李泽厚由此更提出了"儒学四期说"，并认为若能融合两者而开拓新时期，则相较于其他诸如杜威实用主义的观点，对于已广泛受到马克思主义所影响的中国来说当更为有效。这既是一种后马克思主义哲学，也是一种经由"转化性创造"的内圣（传统儒家思想）外王（马克思主义）之道①。

就三者的论点来看，李明辉所批判论断者是儒家思想与早期共产党所奉行并推动的马克思主义，更确切地说即是共产主义，从而否定儒家思想与马克思主义之间的共通性。他并引用康德在《论永久和平》(*Zum ewigen Frieden*) 一书中的分判，认为儒家的政治观代表的是"道德的政治家"底原则，这个原则是指道德不但与政治有关，而且必须成为道德底基础；而中国马克思主义的政治观则代表"政治的道德家"底原则，这样的原则是认为政治不需要以道德为基础，但是为了政治上

① 李泽厚：《波斋新说》，台北允晨文化2000年版，第18~27页；李泽厚：《世纪新梦》，安徽文艺出版社1998年版，第121~148页、第168~200页。

的需要，也可以编造出一套道德①。至于林安梧先生与李泽厚则是分别重新检视青年马克思的《巴黎手稿》中所衍生的思想（批判理论对社会的批判）或者所隐含而有待掘发构作的部分（唯物史观、个体发展论、心理发展论），进而提出儒家的道德省察或内圣之学与马克思主义结合的可能性。换言之，这类的提法其实与李明辉转用康德哲学的概念而论儒家的政治观为一以道德为基础的“道德政治家”原则应是合辙的。是则，儒家型马克思主义或马克思主义的儒家化应有其可能性。所不同处或在于，李明辉是以当代儒家透过康德学说改造而成的既超越又内在的心性学为立论基础，李泽厚则是主张一种取资于康德绝对律令而来的人类学历史本体论作为其开展论述的出发点。

若将马克思于 1867 年写就的《资本论》② 视为是其思想发展的巅峰，那么，如果以《资本论》为准，回溯此前马克思思想的发展及其所关心的问题，可以发现，对马克思来说，政治、经济、社会、宗教等人类活动其实都是异化了或外化了的人的生命的物质的或感性的表现，然而人的外化何以一往不复甚且可能戕害人性自身，人的异化及如何复归人性等问题，实为马克思着力探讨的面向之一，而论者认为，这份关怀可以在马克思早年的《手稿》里看见端倪。

如阿图塞（L. Althusser，1918—1990 A. D.）于《捍卫马克思》一书所收录的《卡尔·马克思的经济学—哲学手稿》一文中便指出，我们可以在《资本论》中发现《手稿》里所讨论的私有财产、资本、分

① 李明辉：《儒学与现代意识》，台北文津出版社 1991 年版，第 53 ~ 56 页。

② 马克思的《资本论》虽于 1867 年写就并出版，然终其一生，却不断地修订改写并重新出版该书，甚至彼时为了法译本的流传，亲自以法文重译并修改了《资本论》。详参洪镰德《马克思》“第十三章《资本论》的出版”，台北东大 2003 年版。

工、异化劳动、人道主义等概念①。而细心的读者甚至可以发现《手稿》与《资本论》之间在段落上的相似之处②。而 20 世纪作为德国法兰克福学派（Frankfurt School）的代表人物之一的佛洛姆（E. Fromm，1900—1980 A. D.）也指出，是俄国共产党员将青年马克思与老年马克思的观点，特别是人的观点，给矛盾对立起来的，俄共之所以这样做的原因在于，他们的思想与政治社会制度是与马克思的人文主义矛盾的。佛洛姆本人却认为，根本不需要这样区分，因为马克思《手稿》中所

① 参见 Althusser, Louis, For Marx. Translated by Ben Brewster. London & New York：Verso, 1990, p. 158。

② 例如在《1844 年经济学哲学手稿》中，曾提及：“对私有财产的扬弃，是人的一切感觉和特性的彻底解放；但这种扬弃之所以是这种解放，正是因为这些感觉和特性无论在主体上还是在客体上都成为人的。眼睛变成了人的眼睛，正像眼睛的对象变成了社会的、人的、由人并为了人创造出来的对象一样……只有当对象对人来说成为人的对象或者说成为对象性的人的时候，人才不致在自己的对象中丧失自身……”（中共中央马克思恩格斯列宁斯大林著作编译局译：《1844 年经济学哲学手稿》，人民出版社 2000 年版，第 85 ~ 86 页）。而在《资本论》第一卷第一章第四节中谈到商品拜物教时，也运用了类似的比喻：“可见，商品形式的奥秘不过在于：商品形式在人们面前把人们本身劳动的社会性质反映成劳动产品本身的物的性质，反映成这些物的天然的社会属性，从而把生产者同总劳动的社会关系反映成存在于生产者之外的物与物之间的社会关系。经由这种转换，劳动产品成了商品、成了可感觉而又超感觉的物或社会的物。正如一物在视神经中留下的光的印象，不是表现为视神经本身的主观兴奋，而是表现为眼睛外面的物的客观形……”详见中共中央马克思恩格斯列宁斯大林著作编译局译《资本论》第一卷，人民出版社 2004 年版，第 89 页。

表达的人观，与后来《资本论》所表达者无根本上的差异①。

尽管马克思《手稿》写就的年代距今已一百余年，《手稿》被发现的时代也是距今半世纪以上的20世纪30年代②，而且资本主义路线与工业社会或多或少也有了修正或改善（如福利国家的提出，各类社会救济制度设立或相关方案的提出），但是，若能仔细玩味《手稿》中的论点，特别是著名的异化与异化劳动、异化人性及其复归之可能，仍可藉以反思我们自身的处境以及可能存在的困境。

若顺着上述的思考，那么，就"儒家型马克思主义"或"马克思主义儒家化"的可能性而言，也许可以追问的是：既然青年马克思《手

① 佛洛姆指出："事实上，在《经济学与哲学手稿》中关于人的基本观念，与老年马克思在《资本论》所呈现的观念，并没有经历一个根本的转变；马克思没有如前述那些发言者所宣称般抛弃了他早期的观点"。详参 Fromm, Erich, Marx's Concept of Man., New York : F. Ungar, 1966, pp. 69-70，细部的讨论则在于该书 Chapter 7: The Continuity of Marx's thought。Petrović Gajo, Marx's Concept of Man, in Interpretations of Marx, edited with an introduction by Tom Bottomore. New York, NY: Basil Blackwell, 1988. p. 141 更直言马克思在《1844年经济学哲学手稿》中关于人作为人（man as man）的讨论，甚至不须逐段征引其中文字，也早已广为人知。然而，巴雷特（Francis Bartlett）与修德尔（James Shodell）两人在1963年联名发表于《科学与社会》（Science and Society）期刊上的《佛洛姆、马克思与异化》（"Fromm, Marx and Alienation"）一文中认为，佛洛姆之所以会如此读解马克思，与他对马克思著作中诸多段落的处理有关，而这样的处理反而扭曲了马克思的思想，比如虽然青年马克思与成熟时期的马克思的思想发展之间确有其连续性，然而实有本质上的差异，而其中的关键点之一在于马克思对劳动阶级的关怀，并且马克思对资本主义的主要批评在于它未能解决日益强大的社会生产力所导致的问题，而非对于个人人格性的扭曲。然而有趣的是，两者在文末也指出，正是对马克思的多元意见有益于马克思主义的学生们更密集地（或仔细地）研读手稿。Bartlett Francis &. Shodell James, Fromm, Marx and Alienation, in Science and Society, New York, 1963. pp. 321-326.

② 郑学稼：《青年马克思》，台北时报文化1992年版，第448页。

稿》中的主要关怀是人的外化何以一往不复甚且可能戕害人性自身，人的异化及如何复归人性等问题，那么，在何种程度上马克思提出了自己的解决之道，这样的解决之道是否有效？或者，其效力为何？又，儒家传统思想资源将以什么样的方式，或者在何种程度上可以真正复活马克思主义，从而反馈于儒家，使儒家也得有进一步发展的可能，并使两种看来迥不相侔的思想，甚至被认为是偏枯僵化的思想形态能够融合，在华人思想世界乃至世界哲学中开启新的可能。

本文拟先集中探讨马克思《手稿》中的“异化”思想。首先将梳理马克思对国民经济学思想的继承与批判，特别是马克思关于国民经济学之私有财产说的反省；进而探讨马克思如何以国民经济学的论点为基础，指出异化劳动及其根源的厘清实为解开私有财产之谜的锁钥；次而探讨马克思着力关怀的命题：“人之异化及其复归的可能”，而这样的命题实际上又是以指陈“私有财产的扬弃及异化劳动复归的可能”为基准的；而后，集中论述儒家型马克思主义的可能性，特别是就马克思的“异化”思想及儒家传统思想资源的绾合融通之可能性作一尝试性探讨。

二、马克思《手稿》中主要关怀：人的异化及其复归的可能

（一）对国民经济学私有财产说的批判

马克思的异化思想乃是以对英、法国民经济学的批判作为检讨与发展的起点。马克思于《手稿》的“序言”中指出：“对国民经济学的批判，以及整个实证的批判，全靠费尔巴哈的发现给他打下真正的基础。从费尔巴哈（L. Feuerbach）起才开始了实证的人道主义和自然主义的批判”（页 4；MEGA：317）。而综览《手稿》可知，费尔巴哈的确深深

地影响了此一时期的马克思看待世界的视角①，而这样的视角又在《手稿》中，又特别聚焦在对彼时资本主义的发展所导致的社会现象，以及当时出版之诸多相关著作的反省之上。

马克思对彼时资本主义之省察乃奠基于在他之前的国民经济学(或者政治经济学)——如扎伊尔(Say)、李嘉图(Ricardo)、亚当·斯密(A. Smith)、舒尔茨(Schulz)等——的著作之上，对于这些国民经济学家的著作，马克思既有所承继亦有所超克。有所承继者在于他接受了国民经济学家对于彼时经济事实的观察；有所超克者则在于他指出国民经济学家只是“从私有财产的事实出发，却没有说明这个事实”(页 50；MEGA：234)，把“应当加以推论的东西……假定为事实、事件”(页 51；MEGA：235)。

进一步说，马克思接受了国民经济学家关于“资本、地租和劳动的分离对于工人来说是致命的”(页 7；MEGA：190)的观察，并且清楚地指出，在这样的分离过程中，工人透过劳动所能获得的工资“就是工人在劳动期间的生活费用，再加上使工人能够养家糊口并使工人种族不致死绝的费用。按照斯密的意见，通常的工资就是同‘普通人’(d [er] simple humanit é)，即牲畜般的存在状态(viehischen Existenz)

① 如马克思提到：“在宗教中，人的幻想、人的头脑和人的心灵的自主活动对个人发生作用不取决于他个人，就是说，是作为某种异己的活动、神灵的或魔鬼的活动发生作用，同样，工人的活动也不是他的自主活动。他的活动属于别人，这种活动是他自身的丧失。”(中共中央马克思恩格斯列宁斯大林著作编译局译：《1844 年经济学哲学手稿》，人民出版社 2000 年版，第 54 ~ 55 页；MEGA：238 ~ 239)，其中关于宗教的论述便明显是费尔巴哈在《基督教的本质》中《概论宗教的本质》的讨论。如费尔巴哈提到：“宗教——至少是基督教——，就是人对自身的关系，或者，说得更确切一点，就是人对自己的本质的关系，不过他是把自己的本质当作一个另外的本质来对待的。数神的本质不是别的，正就是属人的本质，或者，说得更好一些，正就是人的本质，而这个本质，突破了个体的、现实的、属肉体的人的局限，被对象化为一个另外的，不同于它的、独自的本质，并作为这样的本质而受到仰望和敬拜。因而，属神的本质之一切规定，都是属人的本质之规定。”详见该书第 44 页。

相适应的最低工资”（页 7；MEGA：190）。而即便在最佳的社会发展阶段里，即处于财富正在增长阶段的社会状态，尽管此时对于工人的需求超过了工人的供给，然而 A. 工资的提高引起工人过度劳动。缩短了工人的生命，却对整个工人阶级有利。因为工人阶级始终不得不牺牲自己的一部分以免同归于尽（页 9；MEGA：195-196）。B. 此时国家的资本和收入正在增加。但是（α）这需要大量的劳动，而资本是劳动的累积，也就是说工人的劳动产品越来越多地从他手中被拿走，成为别人的财产与工人相对立，工人的生存数据和活动数据越来越多地积聚在资本家手中。（β）“资本的积累扩大分工，而分工则增加工人的人数，反过来，工人人数的增加扩大分工，而分工又增加资本的积累。一方面随着分工的扩大，另一方面随着资本的积累，工人日益完全依赖于劳动，依赖于一定的、极其片面的、机器般的劳动。这样，随着工人在精神上被贬低为机器，随着人变成抽象的活动和胃，工人也越来越依赖于市场价格的一切波动，依赖于资本的使用和富人的兴致”（页 10；MEGA：196～197）（γ）只有最富有的人才能靠货币利息生活。工人由于人数增加，彼此之间的竞争变得越来越激烈、反常和带有强制性……即使在对工人最有利的社会状态中，工人的结局也必然是劳动过度和早死，沦为机器，沦为资本的奴隶（资本的积累危害着工人），发生新的竞争以及一部分工人饿死或行乞（页 10～11；MEGA：198-199）。工资的提高在工人身上激起资本家那样的发财欲望，但是，工人只有牺牲自己的精神和肉体才能满足这种欲望。工资的提高以资本的积累为前提并且导致资本的积累，从而使劳动产品越来越作为异己的东西与工人相对立。同样，分工使工人越来越片面化和越来越有依赖性；分工不仅导致人的竞争，而且导致机器的竞争。因为工人被贬低为机器，所以机器就能作为竞争者与他相对抗（页 11；MEGA：200-201）。

而通过上述的梳理，可以看见马克思所侧重的几个问题，包括国民经济学所探讨的对象是工人，并且这样的工人是因为“分工”而使得他们越来越片面化。用马克思自己的话来说，便是：“国民经济学不考察不劳动时的工人，不把工人作为人来考察，却把这种考察交给刑事司法、医生、宗教、统计表、政治和乞丐管理人去做”（页 14；MEGA：208），或者是：“国民经济学不知道有失业的工人，即处于这种劳动关系之外的劳动人。小偷、骗子、乞丐、失业的、快饿死的、贫穷的和犯罪的劳动人，都是些在国民经济学看来并不存在，而只在其他人眼中，在医生、法官、掘墓者、乞丐管理人等等的眼中才存在的人物。在国民经济学看来，工人的需要不过是维持工人在劳动期间的（Bedürfniβ ihn während der Arbeit）生活的需要，而且只限于保持工人后代（Arbeitergeschlecht）不致死绝的程度。因此，工资就与其他任何生产工具的保养（Unterhaltung）和维修（in Standerhaltung），与资本连同利息的再生产所需要的一般资本的消费（Consumtion des Capitals），与为了保持车轮运转而加的润滑油，具有完全相同的意义。”（页 65 ~ 66；MEGA：248-249）

正是这些国民经济学未曾加以考察的人的其他向度，才使得人在现在经济体系之下为了工作为了维生而好像成了单向度的、片面化的人，也的确是因为资本主义发达之后连带产生的分工制度使得人越来越不像人，“它造就了工人，却贬低了人”（页 19；MEGA：225）①，人“被贬低为机器”，“变成抽象的活动和胃”。就马克思的理解，“正像人的本质规定和活动是多种多样的一样，人的现实也是多种多样的”（页 85；MEGA：268），然而何以人的劳动结果竟会使得人不成其为人？何以工人劳动的产品竟然成为与他相对立甚至反过来成为对自己甚有威胁的东西？国民经济学家却未加以探讨，“它把私有财产在现实中所经历的物质（materiellen）过程，放进一般的、抽象的公式，然后把这些公式当作规律（Gesetze）。它不理解（begreift）这些规律，就是说，它没有指明这些规律是怎样从私有财产的本质中产生出来的”（页 50；MEGA：

① 此原为马克思摘录自欧·比雷：《论英法工人阶级的贫困》（Buret“de la misère”）一书第 52、53 页的文字，详参《手稿》中译本书后所附注释。

234）。于是马克思将国民经济学停滞不前的地方，或视为是理所当然之处当作分析的起点，进一步探讨劳动结果与工人相对立，甚至危害工人的原因。

马克思说："我们且从当前的经济事实出发"（页 51；MEGA：235），而此所谓"当前的经济事实"是指"工人及其产品的异化"（页 59；MEGA：242），或者说，这一事实的概念便是"异化的、外化的（entfremdete，entässerte）劳动"（页 59；MEGA：242）。

迥异于国民经济学家认为私有财产的存在乃是一经济事实，并且看似为外化劳动的原因与根据（页 61；MEGA：244）的观点，马克思指出，私有财产的存在其实是外化劳动的结果（页 61；MEGA：244），吾人之所以能拈出这点，实在是因为"私有财产只有发展到最后的、最高的阶段，它的这个秘密才重新暴露出来，就是说，私有财产一方面是外化劳动的产物（Produkt），另一方面又是劳动借以外化的手段（Mittel），是这一外化的实现（Realisation dieser Entäusserung）"（页 61；MEGA：244），而"国民经济学由于不考察工人（劳动）同产品的直接关系而掩盖劳动本质的异化"（页 54；MEGA：237）。马克思进一步指出："劳动对它的产品的直接关系，是工人对他的生产的对象的关系"（页 54；MEGA：238），因此，"当我们问劳动的本质关系是什么的时候，我们问的是工人对生产的关系"（页 54；MEGA：238）。奠基于此一观察，马克思开展了他著名的异化劳动与异化劳动的几种形式，并由此而指出了人的异化及其复归的可能。

（二）异化劳动乃私有财产的谜样起源

1. 人同自己的劳动产品相异化

如前所述，马克思基本上接受了国民经济学家的观察：异化的、外化的劳动是一经济事实，但是马克思认为这一事实却不是如国民经济学家所认为的是私有财产的结果。马克思认为国民经济学家恰好颠倒了两者的因果关系，私有财产反而应该是异化或外化劳动的结果。于是马克思首要的工作便是重新厘清劳动和产品两者之间的关系，而此关系也就是工人与他的生产的对象之间的关系。

对马克思来说，“劳动所生产的对象，即劳动的产品，作为一种异己的存在物（fremdes Wesen），作为不依赖于（unabhängige）生产者的力量（Macht），同劳动相对立。劳动的产品是固定在某个对象中的、物化的劳动，这就是劳动的对象化（Vergegenständlichung）。劳动的现实化就是劳动的对象化。在国民经济学假定的状况中，劳动的这种现实化表现为工人的非现实化（Entwirklichung）。对象化表现为对象的丧失（Verlust des Gegenstandes）和被对象奴役（Knechtschaft unter dem Gegenstand），占有表现为异化（Entfremdung）、外化（Entäusserung）”（页 52；MEGA：236）。

换言之，马克思认为，“工人对自己的劳动的产品（Product seiner Arbeit）的关系就是对一个异己的（fremden）对象的关系。……工人在他的产品中的外化（Entäusserung），不仅意味着他的劳动成为对象，成为外部的（äussern）存在，而且意味着他的劳动作为一种与他相异的东西不依赖于他而在他之外（ausser ihm）存在，并成为同他对立的独立力量；意味着他给予对象的生命是作为敌对的和相异的东西同他相对立。”（页 52～53；MEGA：236）或者说，劳动的外化首先表现在“对工人来说是外在的东西（äusserlich），也就是说，不属于他的本质”，其次表现在“只要肉体的强制或其他强制一停止，人们会像逃避瘟疫那样逃避劳动”，最后表现在“对工人来说……这种劳动不是他自己的，而是别人的；劳动不属于他；他在劳动中也不属于他自己，而是属于别人”（页 54～55；MEGA：238）。

至于“异化”，“表现为我的生活资料属于别人，我所希望的东西是我不能得到的、别人的占有物；也表现为每个事物本身都是不同于它本身的另一个东西，我的活动是另一个东西，而最后——这也适用于资本家——则表现为一种非人的（unmenschliche）力量统治一切”（页

130；MEGA：426）。而必须注意的是，基本上，马克思在《手稿》中并没有刻意去区分异化与外化的差别，而且很多时候是混用的。所以，这里所称的异化劳动或外化劳动，应该可以视为是同一件事①。

然而，何以劳动及其产品会在此一外化的过程中反过来成为工人与其生产对象之间的对立呢？马克思指出，这样异化或外化的结果其实可以溯源自生产过程的异化。

2. 人同自己的生命活动相异化

对于工人的生产过程的考察，马克思注意到了自然界（Natur）、感性的外部世界（sinnliche Aussenwelt），因为，“没有自然界、没有感性的外部世界，工人什么也不能创造。它是工人的劳动得以实现、工人的劳动在其中活动、工人的劳动从中生产出和借以生产出自己的产品的材料”（页53；MEGA：236-237）。自然界一方面使得工人的劳动成为可能，另一方面也提供了工人维持本身肉体生存的生活数据，然而诡异的是，“工人越是通过自己的劳动占有（aneignet）外部世界、感性自然界，他就越是在两个方面失去生活资料：第一，感性的外部世界越来越不成为属于他的劳动的对象，不成为他的劳动的生活资料；第二，感性的外部世界越来越不给他提供直接意义的生活数据，即维持工人的肉体生存的手段”（页53；MEGA：237）。因此，工人反而成了其工作与生存数据两方面的奴隶。生活数据一方面作为工人劳动的资料，却在其劳动之后不属于工人，而成了与他对立的商品，在另一方面又作为维持生计的数据，却可能因为其劳动的结果而越来越不能提供他直接意义的维持肉体生存的手段。工人因为劳动而得以维持生计，工人透过维持生计

① 马克思在手稿中往往并列使用两个德文术语“Entfremdung”（异化）和“Entäusserung”（外化）来表示异化这一概念。但他有时赋予“Entäusserung”另一种意义，例如：用于表示交换活动，从一种状态向另一种状态转化、获得，就是说，用于表示那些并不意味着敌对性和异己性的关系的经济现象和社会现象。见中译本页200之注释36。

手段又使得劳动得以可能，他却在两相促成下加速了自身及其生产活动的异化。用马克思的话来说，“他只有作为工人才能维持自己作为肉体的主体，并且只有作为肉体的主体才‘能’（kann）是工人”（页 53；MEGA：237），这是一奴隶状态的顶点。

3. 人同自己的类本质相异化及人同人相异化

尽管马克思指出了劳动异化或异化劳动不仅表现在作为其结果的财产或商品上，异化还表现在生产行为（Akt der Produktion）中，表现在生产活动（producirenden Thätigkeit）中，不仅如此，马克思认为，异化劳动更可能导致人与自己的类本质的异化，从而发生人与人之间的相异化。

首先，他提到了人是一种“类存在物”（Gattungswesen）（页 56；MEGA：239），而其实这种观点是继承费尔巴哈而来的，费尔巴哈如是说：

> 究竟什么是人跟动物的本质区别呢？对这个问题的最简单，最一般、最通俗的回答是：意识。只是，这里所说的意识是在严格意义上的；因为，如果是就自我感或感性的识别能力这意义而言，就根据一定的显著标志而做出的对外界事物的知觉甚或判断这意义而言，那么，这样的意识，很难说动物就不具备。只有将自己的类，自己的本质当作对象的那种生物，才具有最严格意义上的意识。动物固然将自己的个体当作对象，因此它有自我感，但是，它不能将自己的类当作对象，因此它没有那种由知识而得名的意识。①

承继着费尔巴哈的论点，马克思对人之作为“类存在物”如此解释：

① 荣震华译：《基督教的本质》，商务印书馆 1997 年版，第 29 页。而可以看见的是，马克思在《手稿》中的人论几乎是胎脱于费尔巴哈的观点而有所发挥。

> 人是类存在物，不仅因为人在实践上和理论上都把类——他自身的类以及其他物的类——当作自己的对象；而且因为——这只是同一种事物的另一种说法——人把自身当作现有的、有生命的类来对待，因为人把自身当作**普遍的**（*universellen*）因而也是自由的存在物来对待。（页 56；MEGA：239）

此外，马克思继承着费尔巴哈的论点而说道：

> 动物和自己的生命活动是直接同一的。动物不把自己同自己的生命活动区别开来。它就是**自己的生命活动**（Es ist *sie* “seiner Lebensthätigkeit”）。人则使自己的生命活动本身变成自己意志的和自己意识的对象（Gegenstand seines Wollens und seines Bewuβtseins）。他具有有意识的生命活动。……有意识的生命活动把人同动物的生命活动直接区别开来。正是由于这一点，人才是类存在物，就是说，他自己的生活对他来说是对象。（页 57；MEGA：240）

但是，马克思对费尔巴哈的论点有所超克之处在于他注意到了人的意识活动乃是异化劳动得以发生的关键。马克思敏锐地指出：

> 异化劳动把这种关系颠倒过来，以致人正因为是有意识的存在物，才把自己的生命活动，自己的**本质**（*Wesen*）变成仅仅维持自己**生存**（*Existenz*）的手段。（页 57；MEGA：240-241）
>
> 因此人具有的关于自己的类的意识，由于异化而改变，以致类生活对他来说竟成了手段。（页 58；MEGA：241）

马克思从而总结道：这样一来，异化劳动导致：

> **人的类本质**（*Gattungswewen des Menschen*）——无论是自然界，还是人的精神的类能力——变成对人来说是**异己的**（*fremden*）本质，变成维持他的**个人生存的手段**（*Mittel seiner individuellen Existenz*）。异化劳动使人自己的身体，同样使在他之外的自然界，使他的精神本质，他的人的本质同人相异化。（页58；MEGA：241-242）

最后的结果则是：

> 人同自己的劳动产品、自己的生命活动、自己的类本质相异化的直接结果就是**人同人相异化**（*Entfremdung d"es" Menschen von d"em" Menschen*）。当人同自身相对立的时候，他也同**他**（*andre*）人相对立。凡是适用于人对自己的劳动、对自己的劳动产品和对自身的关系的东西，也都适用于人对他人、对他人的劳动和劳动对象的关系。（页59；MEGA：242）

因为，在异化劳动的情形下，"每个人都按照他自己作为工人所具有的那种尺度和关系来观察他人"（页59；MEGA：242）。从而他人也就可能成为自己满足自己生存需要的手段。他人不是一个整全的人，而仅仅是一个满足自己片面需求的工具，仅以其工具性或实用性来看待他人，于是人与人之间便互相异化了。

至此，马克思推导出了其著名的异化劳动的四个形式，即人同自己的劳动产品、同自己的生命活动、同自己的类本质以及人同人的相异化。马克思进一步追问，如果劳动产品、工人自己的活动不属于工人自身，那么它们究竟属于谁呢？马克思提出了答案：

> 如果劳动产品不属于工人，并作为一种异己的力量同工人相对

立，那么这只能是由于产品属于**工人之外的他人**（*andren Menschen ausser dem Arbeiter*）。如果工人的活动对他本身来说是一种痛苦，那么这种活动就必然给他人带来**享受**（Genuβ）和生活乐趣。不是神也不是自然界，只有人自身才能成为统治人的异己力量。（页 60；MEGA：243）

（三）私有财产的扬弃及异化劳动复归的可能

既然私有财产是外化劳动的产物和结果，那么让私有财产重新回复到外化劳动，也就是说，对于私有财产的扬弃应该是解开外化劳动的可能锁钥。于是，马克思这么说：

我们已经承认**劳动的异化**、劳动的**外化**这个事实，并对这一事实进行了分析。现在要问，人怎么使他的**劳动外化**、异化？这种异化又怎么以人的发展的本质为根据？我们把**私有财产的起源**（*Ursprung des Privateigenthmus*）问题**变为**（*verwandelt*）**外化劳动**对人类发展进程的关系问题，就已经为解决这一任务得到了许多东西。因为人们谈到**私有财产**时，认为他们所谈的是人之外的东西。而人们谈到劳动时，则认为是直接谈到人本身。问题的这种新的提法本身就已包含问题的解决。（页 63；MEGA：245-246）

为何马克思会认为问题的新提法其实已经包含着问题的解决之道呢？答案在于前头曾经引述的文字：“私有财产只有发展到最后的、最高的阶段，它的这个秘密才重新暴露出来，就是说，私有财产一方面是外化劳动的产物（Produkt），另一方面又是劳动借以外化的手段（Mittel），是这一外化的实现（Realisation dieser Entäusserung）。”（页 61；MEGA：244）换言之，私有财产的表象掩盖了人与人之间最原始的互动与可能情感，人与人之间在私有财产的表象之下仅仅成了一种单向度的存在，即经济需求性的存在，在此制度下人成了工人，片面化、机械化，以工具理性或实用性来对待彼此的工人。而一旦发现了私有制的本质，改变了问题的提法，劳动的异化及其复归的可能性也昭然若揭，进一步说，人的异化及其复归的可能性亦然①。

既然异化或外化乃是人的劳动、劳动产品或生活数据属于他人，事物表现为不同于它自身的另一种东西，而新的提法又已指出问题的解决之道在于重新检视人本身，换言之，即是使外化或异化劳动回到本身属于劳动者或工人的本然状态，对此，这样的过程马克思称之为“扬弃”，而“这是在异化之内表现出来的关于通过扬弃对象性本质的异化来占有对象性本质的见解；这是异化的见解，它主张人的现实的对象化，主张人通过消灭对象世界的异化的规定、通过在对象世界的异化存在中扬弃对象世界而现实地占有自己的对象性本质”（页112；MEGA：301）。

马克思进而指出，其实“自我异化的扬弃（Die Aufhebung der Selbstentfremdung）同自我异化（Selbstentfremdung）走的是一条道路。”（页80；MEGA：263）而物质的、直接感性的私有财产是人的自我异化的结果，那么对于自我异化的扬弃也就是对于私有财产的扬弃，扬弃了人的自我异化，也就使人能重新占有自己的本质，回到人性自身，即因如此，则一切作为人之外化或异化结果的宗教、家庭、社会、国家才能回复其本然面貌。

进一步说，私有财产的积极扬弃的结果，是“为了人并且通过人对人的本质和人的生命、对象性的人和人的作品（Werke）的感性的占

① 此段论述有取于H. Marcuse, *Reason and Revolution: Hegel and the Rise of Social Theory 2nd. Edition.* London and Henley: Routledge &Kegan Paul, 1986. 一书中Part II, 4. Marx: Alienated Labor的观点，而稍加阐述之。而马克思于《手稿》中也提到：“……人只不过是工人，对作为工人的人，他的人的特性只有在这些特性对**异己的**（*fremde*）资本来说是存在的时候才存在。但是因为资本和工人彼此是异己的，从而处于漠不关心的、外部的和偶然的相互关系中，所以这种异己性也必定**现实地**（*wirklich*）表现出来……”（页65；MEGA：248）

有，不应当仅仅被理解为直接的、片面的享受，不应当被仅仅理解为占有、拥有。人以一种全面的方式，就是说，作为一个总体的人，占有自己的全面的本质。”（页 85；MEGA：268）“是人的一切感觉和特性的彻底解放（Emancipation）；但这种扬弃之所以是这种解放，正是因为这些感觉和特性无论在主体上还是在客体上都成为人的（menschlich）”（页 85～86；MEGA：269）。

换言之，私有财产扬弃之后的人，不再只是一个如机械般的、片面的、抽象挂空的、工具性的存在，而是一个有机的、整全的、具体实存的、目的性或对象性的存在。人与人之间以“人”或“人性的”相待，人回复到其作为自然的、感性的人，人的自然与感性，乃至作为劳动之所以可能的自然与感性，不再被异化外化而被视为达成个人目的、遂行个人私欲的手段、工具，在此情况下人道主义也就是一种自然主义，自然主义也是人道主义，用马克思自己的话来说，便是：“作为完成了的自然主义 = 人道主义（Naturalismus = Humanismus），而作为完成了人道主义 = 自然主义（Humanismus = Naturalismus），它是人和自然界之间、人和人之间的矛盾的真正解决，是存在和本质、对象化和自我确证、自由和必然、个体和类之间的斗争的真正解决。”（页 81；MEGA：263）而这是马克思所谓的“共产主义”①。然必须注意的是，马克思也指出，他这里所说的共产主义，“是作为否定的否定的肯定，因此，它是人的解放和复原的一个现实的、对下一段历史发展来说是必然的环节。共产主义是最近将来的必然的形式和有效的原则。但是，共产主义本身并不是人的发展的目标，并不是人的社会的形式”（页 92～93；MEGA：274-275）。

① 之所以这么说，是因为马克思于《手稿》中批判了另外两种形式的共产主义，并同时提出了他自己的观点。然于此不拟详述。请参考《手稿》中译本第 78～81 页，或 MEGA 版 S. 263。

三、从《中庸》义理型态再论“儒家型马克思主义”的可能性

就前文的探索而言，可以看出，马克思在《手稿》中对于异化如何发生的分析推导是清楚的，但是，对于如何异化之人复归于人性本质或人性自身的探讨却似乎仅仅指出了方向与可行之途，人由异化状态复归于人性的次第或步骤则可说是付之阙如。也就是说，尽管私有财产扬弃之后的人，不再只是一个如机械般的、片面的、抽象挂空的、工具性的存在，而是一个有机的、整全的、具体实存的、目的性或对象性的存在。而且人与人之间以“人”或“人性的”相待，人回复到其作为自然的、感性的人，人的自然与感性，乃至作为劳动之所以可能的自然与感性，不再被异化外化而被视为达成个人目的、遂行个人私欲的手段、工具，从而达到一个所谓的人道主义状态，且马克思并认为这也就是一种自然主义，自然主义也是人道主义，甚至可以说是一个原本青年马克思意义下的共产主义的理想国度的完成，是一个“历史乌托邦”① 的完成。但是，如何具体落实却成了一个仍待探究的问题，再且，复归于常的人性又是一种怎么样的人性呢？若顺前文思路，转而引入儒家内圣思想，则这些问题也许就有了可能的答案。

其实，若对比思索儒家思想中的某些论述，可以发现蕴含其中的某些义理应可与马克思《手稿》中的思想互相发明，甚且，若进一步探究，则儒家思想中的某些资源或也能够补充马克思《手稿》中未完成的论述，特别是人性如何复归于常的命题。

《中庸》云：“天命之谓性，率性之谓道，修道之谓教”（首章），人性是天道发用流行而下贯、凝注时所赋予的，而“诚者，天之道也”（第二十章），换言之，此一由天道发用流行下贯之人性本是至诚，而

---

① 此借用林安梧先生语，见林安梧：《儒学革命论：后新儒家哲学的问题向度》，台北学生书局 1998 年版，第 134 页。

若能遵循此由上天所赋予之至诚之性便是"道"，这样的道是不可须臾离者，是落在人伦日用之中者（首章："道也者，不可须臾离也"）。然而，由于一般人难免于情识流转，从而其至诚之本性无法呈现，这时候便需要透过后天的教化使得其性复归于常，回复其本来之至诚，这样的教化过程又是须得在日常生活的应对进退中才能完成的。唯有回复到至诚之人，才能全幅开展人性本然面目，从而也才能开展推拓他人乃至事事物物之本性，或者说如其本然对待他人与万事万物（第二十二章："唯天下之至诚，为能尽其性；能尽其性，则能尽人之性；能尽人之性，则能尽物之性……"），这也是《中庸》里头所谓的"诚者，物之终始"（二十五章）。若无法根据至诚之体，而是受到私欲私情的杂染而无法如其本然地对待与自身相对的万有，这就成了《中庸》所谓的"不诚无物"（二十五章）；"不诚无物"并不是说因至诚之性受到私欲的遮蔽而使得万物消逝，而是说万物因为人之至诚之性受到私欲杂染而仅能展现其对人性所欲的些许面向，从而使得万物不能如其本然面目显露。若进一步衍释这种思想，那么，人与人之间的互动往来也可能发生类似的状况，人际互动因为某些利欲熏心从而使得人与人之间的相处可能仅仅限于少数的面向，人不成其为人，人与人之间的往来互动甚而成了单向度的人与单向度的人的往来①。

若回顾前所论及马克思《手稿》的论述，那么，马克思对于因为经济发展所导致的异化问题的检讨其实与《中庸》所蕴含的思考有异曲同工之处。马克思指出在异化劳动的情形里，"每个人都按照他自己

① 关于这段论述，实得益于牟宗三先生的启发。就牟先生之诠解王阳明之"意之所在为物"而说，牟先生以为此"物"本可有两指，一是存在物或个体物，此是自然物理意义下之物，此是就此物为"现象"而说；一是"行为物"，或即称之为"事"，乃吾人虚灵明觉之本心所对者，此是就此物为"物自身"而说。如牟先生所言，吾人之道德本心若"一念蔽塞，则天地蔽，贤人隐。一念灵明，则天地变化草木蕃"，也就是《中庸》所谓的"不诚无物"、"诚者，物之终始"。请详参牟宗三《从陆象山到刘蕺山》第三章第一节后半以及该节附录，台北学生书局2000年版。在此仅撮其要旨，而不一一注明页数。

作为工人所具有的那种尺度和关系来观察他人”（页59；MEGA：242）。从而他人也就可能成为自己满足自己生存需要的手段。他人不是一个整全的人，而仅仅是一个满足自己片面需求的工具，仅以其工具性或实用性来看待他人，于是人与人之间便互相异化了。同时，马克思也推导出了其著名的异化劳动的四个形式，即人同自己的劳动产品、同自己的生命活动、同自己的类本质以及人同人的相异化。人与人之间在私有财产的表象之下仅仅成了一种单向度的存在，即经济需求性的存在，在此制度下人成了工人，片面化、机械化，以工具理性或实用性来对待彼此的工人。如上所述，对于单向度偏枯发展与异化的问题，马克思仅仅提出了对私有财产的扬弃以作为解决之道，但他在书中仅指出了方向，却未讨论具体的实施步骤。若以古典汉语言之，便是少了修养工夫论的实践层面。既然《中庸》在类似问题的思考上与马克思《手稿》中的省察有合辙之处，那么，若依《中庸》义理，这样的困境该如何解决呢？

面对单向度的发展，《中庸》以“致曲”作为转化的可能。所谓“致曲”，当可理解为就其至诚之性所展现之偏枯或单一的面向来转化之，使其能够复归于至诚之性，若能如此，那么应能日起有功，终至回到至诚之性所能展现的境界（第二十三章：“曲能有诚，诚则形，形则著，著则明，明则动，动则变，变则化，唯天下至诚为能化。”），届时，同样能够“赞天地之化育”，天地万物各得其所，各能如其本然地生长发展。（首章：“天地位焉，万物育焉。”）然而，就此而说，仍稍嫌抽象，实则《中庸》本身有提出具体的方法。

首先，《中庸》明确地揭示了方法的要旨：“诚之者，人之道也”（第二十章），是“择善而固执之者也”（第二十章）。而天地位、万物育的境地是“致中和”的理想结果，“中”是“天下之大本”，“和”是“天下之达道”，“和”是吾人之喜怒哀乐等情感皆能至诚且合于中道而发显于人伦之上（首章：“发而皆中节谓之和”）。又，所谓的“天下之达道”的具体内容乃是“君臣也，父子也，夫妇也，昆弟也，朋友之交也，五者天下之达道也”（第二十章）。换言之，若能妥善处理这些人际关系，使君君、臣臣、父父、子子，则可以说是达致“天下之达道”，然而究竟该怎么做呢？《中庸》指出：“天下之达道五，所以行之者三……知仁勇三者，天下之达德也，所以行之者一也。”（第二十章）。又何谓知、仁、勇？“好学近乎知，力行近乎仁，知耻近乎勇。”（第二十章）而若能知道这三种途径，则“知所以修身；知所以修身，则知所以治人；知所以治人，则知所以治天下国家矣”（第二十章）！最终成就了天下之达道，经由不断努力而在此世间达到了至诚人性的理想王国。

由此观之，则马克思《手稿》中不完满者应可由《中庸》的义理思想来补足。马克思着重了经济面向的批判反省，欲使资本主义发达下所导致的人的异化得到复归的可能，并详细推导出异化的过程，且认为“自我异化的扬弃同自我异化走的是一条道路。”（页80；MEGA：263），终而归本于以扬弃私有财产作为复归人性的方向，完成了自然主义便是人道主义，在理想状态下可以成就一作为“历史乌托邦式”的共产主义。然而不完足之处或在于，复归之途似乎少了明确具体的操作手段，而即便得以复归人性之本然，且此人性之本然又是一种“自然主义=人道主义”式的人性，试问，这里的人性究竟所指为何？若按照马克思在《手稿》中的论述看来，此当不会是与动物相同的自然性，是则，这样的自然性当另有所指，或者也可以另有所指。

若再关联着《中庸》“天命之为性”一句来看，那么，或许可以为马克思的自然作一“转化性的创造”① 的理解，即此一自然乃是一至诚无息、于穆不已的天命流行，则此意义下的“人道主义 = 自然主义”式的人性也就关联于至诚而说人性，而马克思原本所提到的人性

① 关于这个词语，本文是采用李泽厚的提法，即相对于林毓生教授的“创造性转化”而言，不是要以某个标准而将某甲转化到某个既定形式上去，反而是创造一种新的形式。“创造”的过程中会比“转化”有更多的尝试错误，需要更多的修补改正，但李泽厚认为这种代价是值得的。详参李泽厚：《世纪新梦》，安徽文艺出版社1998年版，第178～179页。

复归之途当能藉《中庸》里所隐含或提及的实践工夫论来完成。此外，马克思的《手稿》中对异化问题的检讨似乎忽略了人之所以为人，人与人之间之构成社会国家，其最基本的生存结构仍是“亲亲”关系所开展的血缘纽带结构，只是也许受到长期文化结构的积淀而使得不同的地域不同时代的人们有着不同程度的重视，但总的来说，这样的“亲亲”结构应仍是任一社会型态中相当基要而核心的部分。就《中庸》义理来看，“为政在人，取人以身，修身以道，修道以仁。仁者人也，亲亲为大”（第二十章），其最基本的仁性或者至诚之性的养成首先是在具体的与亲人的互动中践履的。换言之，基本上其所确立的政治社会理想乃是以上述所谓的“道德的政治家”为原则，也就是道德乃是政治甚且是各种人类社会建制的基础，而这样的道德是从与亲人的互动中养成，这或许是马克思在关注人在经济发展所导致的异化与复归问题时所忽略或未能加以开展者。则顺此进一步说，马克思原本所关注的经济面向的问题或也能收摄到此至诚之性之中而有所稳立，这或也就是林安梧先生所指出的，即革命的实践与社会的批判皆必须根植于道德的省察，这样的革命与批判才不会泛滥无所归趋。

但就另一方面看来，并不是说只要注意到道德的省察便可以解决革命与批判的问题。或者说，道德的省察虽说应可稳立马克思主义的革命与批判使之不致泛滥，但是这样的省察在更多的时候毋宁是要提点我们，在资本主义发达之下的各种人类建制的运作中，就工具性与实用性而言，人与人之间的相处不可避免地只有单面向的交流往来，但是，我们不当只注意到人与人之间这些片面、机械化或单向度的部分，同时还得注意到他人同时还有其之所以为人的整体部分，康德早就提醒我们：“如此行动，即无论在你的人格还是其他每个人底人格中的‘人’，你始终同时当作目的，决不只当作工具来使用！”① 就此而论，马克思的人道主义与儒家的人文主义应有共通之处。更进一步说，也唯有同时注

① 李明辉译:《道德底形上学之基础》,台北联经出版社1990年版,第53页。

意到马克思《手稿》中所着重的对现实世界的实践动力，儒家的道德省察才不会自我封陷在"人性的乌托邦的拟构"乃至于道德、良知等光景的把捉之中，并且唯有落入实践才能真正体察所涵养之道德心性是否经得起现实经验的考验，孔老夫子所谓："知及之，仁不能守之；虽得之，必失之。知及之，仁能守之。不庄以涖之，则民不敬。知及之，仁能守之，庄以涖之。动之不以礼，未善也。"(《论语·卫灵公》)大概就是这个意思吧！而就儒家思想与马克思主义两者合辙之处而说，"儒家型马克思主义"应该是可以确立并且进一步发展的。

四、结　语

本文依循先前华人学界对于"儒家型马克思主义"与"马克思主义儒家化"的问题的论辩，尝试对比着儒家思想中具有形上思想的《中庸》，重新探讨"儒家型马克思主义"的可能性。精确地说，本文基本上是依循着林安梧先生于《儒学革命论》一书中的论述，却更为重于对马克思《巴黎手稿》的异化观及其所主张的人道主义之推证路数的爬网，并就《中庸》"诚"的哲学提出一"转化性的创造"的理解，从而肯立儒家型马克思主义的可能性。若此融通拟构可行，则儒家原有的实践向度将因绾合了《巴黎手稿》中的"践履性"(praxis)①而对现实世界更具影响力，而《巴黎手稿》中的"践履性"亦将因为儒家的至诚之性而更有一稳立明确的实践定向。而关于两者互补相成之更细致或整全的论述，则待进一步检讨与思索。

（本文编辑：肖航）

---

① 这里的译法主要参考林安梧《儒学革命论：后新儒家哲学的问题向度》，台北学生书局 1998 年版，第 123 页之脚注 10。

失之交臂?

——牟宗三与海德格尔的哲学遭遇（论纲）

□ 伍晓明

牟宗三与西方哲学的决定性遭遇当然是他与康德哲学的遭遇。正是由于此一重大的思想遭遇，牟宗三始有其宏大的“道德的形上学(moral metaphysics)”之论。“通过”康德哲学，或经由此一西方思想而返，牟宗三试图重新“发明”整个中国思想传统，主要是儒家思想传统，而其最终的思想指向则是肯定，在宋明儒学思想中，康德所欲成就而未能成就者，即道德的形上学，其实已经被成就了。根据牟宗三，宋明儒学思想乃性理之学，心性之学，内圣之学，成德之教。此皆可以概括宋明儒学本质之名，而其皆可以现代语言称之为“道德哲学”。牟宗三认为，此道德哲学即已“涵一‘道德的形上学’”。如此，“则宋、明儒者依据先秦儒家‘成德之教’之弘规所弘扬之‘心性之学’实超过康德而比康德为圆熟”①。

“道德的形上学”这一表述是一个义之两可的表述：此既可是有关于道德这一现象的形而上学，亦可是一本质上即为道德的形而上学。牟宗三明确强调，他所欲言者是后者而非前者，亦即，不是对于道德的哲学研究，以期发现和确定道德的根据和原则（牟宗三称此为“道德底形上学”），而是“由道德的进路来接近形上学，或形上学之由道德的进路而证成者”②。

① 牟宗三:《心体与性体》第一册，上海古籍出版社2000年版，第7页、第9页。

② 牟宗三:《心体与性体》第一册，上海古籍出版社2000年版，第9页。

所以，道德的形上学不在道德，而在形上学。但何为形上学？牟宗三所理解的形上学意味着对于“一切存在之本体”或“根据”的探究。此本体“必须是绝对的普遍者……不但只是吾人道德实践之本体（根据）；且亦须是宇宙生化之本体，一切存在之本体（根据）”①。而所谓道德的形上学即是通过道德来达到此“一切存在之本体”或“宇宙之本源”②。

关于此一本体，牟宗三有不同的说法。在《心体与性体》中，牟宗三是这样来解释此一本体的：“就‘其’统天地万物而为其体言，曰形而上的实体（道体 metaphysical reality），此则是能起宇宙生化之‘创造实体’；就其具于个体之中而为其体言，则曰‘性体’，此则是能起道德创造之‘创造实体’，而由人能自觉地作道德实践以证实之。”③

就此本体作为能起宇宙生化之创造实体而言，问题最终是，此实体如何“生化”或创造一切？而既然此创造实体与人之所谓“性体”实乃一而不二，于是问题实际上就成为，人作为这样的本体何以能创造或产生万物？然而，如果此创造是西方的上帝创造万物意义上的创造，则此非为中国传统所能认可与所能接受者。中国传统所讲的天生万物之生并非上帝造物意义上的创造。创造论与整个中国传统相左，因此并非是一心欲重新发明中国传统的牟宗三真想肯定者。于是，在牟宗三这里，问题实际上就成为，万物如何就其本身肯被认为万物。在《心体与性体》中，当牟宗三谈到人在道德实践中所澈至之本体时，此本体被等同于本心或性体④，牟宗三强调此本体或本心性体“必须是绝对的普遍者”，但此绝对的普遍者作为本心则“是所谓‘体物而不可遗’之无外者，顿时即须普而为‘妙万物而为言’者”⑤。只有这样，此作为本体

① 牟宗三：《心体与性体》第一册，上海古籍出版社2000年版，第9页。
② 牟宗三：《心体与性体》第一册，上海古籍出版社2000年版，第140页。
③ 牟宗三：《心体与性体》第一册，上海古籍出版社2000年版，第35页。
④ 牟宗三：《心体与性体》第一册，上海古籍出版社2000年版，第7页。
⑤ 牟宗三：《心体与性体》第一册，上海古籍出版社2000年版，第7页。

的本心或性体才不仅是道德实践的本体或根据，而且也是一切存在的本体或根据。于是，这里的问题其实不是何以竟有有而非一无所有（此乃西方形而上学的经典问题），而是有之何以为有。既然中国传统中从来不谈上帝意义上的创造，而既然牟宗三显然也无意于此，于是，根据中国传统，问题就成为如何**肯定**万物之有，即如何“体物而不遗”，或如何让万物作为“在其自己”者而朗现。于此我们才能理解，为何写完《心体与性体》——“通过”康德哲学而重论宋明儒学之作——之后，牟宗三开始更直接更明确地谈论康德哲学，并且以康德所言之“智的直觉”为关键。因为智的直觉与所谓物自体或物自身相对应。在康德这里，物自身这一概念要求智的直觉。但康德认为人是不可能有此直觉的。人只能通过其感性直观而接触现象，并通过先验或超越范畴而获得知识。如果接受这一点，则如中国这样的自来即无上帝的文化即再无立身之地。因为，如此一来，则我们既不能理解物自何而来，亦不能肯定物之为物（我们只看到现象，而不知物本身为何），或肯定有之为有。故牟宗三说，如果康德是对的，即人作为有限的存在不可能有智的直觉，则中国哲学即不可能，而“道德的形上学”能否充分建立起来的关键即在“‘智的直觉’之有无”①。牟宗三认为，整个中国传统，即儒释道三教，都肯定智的直觉。肯定人有智的直觉（讲其论证过程）即是通过肯定人能依绝对命令进行道德实践而肯定人实即上帝：“当吾人由无条件的定然命令说本心，仁体，性体，或自由意志时，这无条件的定然命令便证成发此命令者之为绝对而无限。如是，或者有上帝，则本心仁体或性体或自由意志必与之为同一，或者只此本心，仁体，性体，或自由意志即上帝：总之，只有一实体，并无两实体。康德于自由意志外，还肯认一绝对存在曰上帝，而两者又不能为同一，便是不透之

---

① 牟宗三：《智的直觉与中国哲学》序，台湾商务印书馆1971年版，第5页。

论。”① 于是，在没有上帝的文化中，人必须是上帝。但既然中国传统没有创造论或造物主之说，所以此“上帝”的任务不是创造万物，而是以其智的直觉“实现”万物。此种实现的逻辑是很独特的：我所实现者并非由我而有，却又不可能不因我而有。此逻辑的形象之一即是照。物因照而**明**，但此却并非意味着物因照而**有**。作为实现万物者，智的直觉之照必遍照万物，故牟宗三有时称之为“圆照”，有时称之为“虚明照鉴”，此虚明照鉴或智的直觉即使万物作为“在其自己”者而朗现之，“智的直觉不过是本心仁体底诚明自照照他（自觉觉他）之活动”，“智的直觉所直觉地认知者亦只是此‘在其自己’之意义，即只就其为一‘自在物’（e-ject）——就其自己所润生所实现之物之在其自己——而直觉地认知之，除此以外，它再无所知”。②

所以，对于牟宗三来说，所谓智的直觉的问题其实是物如何**显现**自身的问题，或如何使物如其所是而显现的问题，而不是物由何而来或如何被创造的问题。康德认为人没有智的直觉，所以物只能作为现象而显现。而所谓物自身并非另外一物，亦非隐藏在现象背后之物，而只是物之另一面相，是智的直觉不需要通过感性直觉的形式与知性概念的范畴即可知者。牟宗三与康德的争论的实质是，前者相信物可以作为如其所是之物而显现于我们。而既然此种显现即——照牟宗三的理解——康德所谓之物自身的显现，而对物自身之知是属于康德认为人所不可能具有的智的直觉的，所以牟宗三必须肯定人有智的直觉。此智的直觉只知物之为物，除此之外则无所知。

牟宗三所说的此种知而无所知，很可以与海德格尔所说的“存在论意义上的知（ontological knowledge）”相比较。此知依海德格尔说也是知而无所知的（存在论意义上的知之所知为“无”）。而具体深入的

---

① 牟宗三：《心体与性体》第一册，上海古籍出版社 2000 年版，第 363 页。

② 牟宗三：《心体与性体》第一册，上海古籍出版社 2000 年版，第 372 ~ 374 页。

分析将应能表明，二者其实极为相近。然而，此并非暗合。事实上，牟宗三专题讨论智的直觉问题的《智的直觉与中国哲学》一书，其直接起因即是他对海德格尔的《康德与形而上学问题》（及其《形而上学导论》）的阅读。牟宗三在其书中全文翻译了此书的第 16 章，随之又节译了第 4 与第 5 两章，最后又全文翻译了其第 25 章。海德格尔此书的主旨是欲阐明，康德的《纯粹理性批评》乃是欲为形而上学奠基，并因此而将形而上学问题作为基础存在论而置于我们面前。①所谓基础存在论，即“对于人的有限本质的存在论分析”，乃是海德格尔自己在《存在与时间》中提出，又在其后的思想中放弃的说法。关于他的《康德与形而上学问题》，海德格尔后来承认它是对于康德的过度解释，因为《存在与时间》出版后，人们大都误解海德格尔在其中提出的存在问题，而海德格尔在准备他的“康德的《纯粹理性批判》”课时发现，康德此书可以成为他自己的存在思想的某种庇护所，因为他觉得自己可在康德那里为他自己提出的存在问题找到一个支持者。而海德格尔的存在问题，就我们目前所欲讨论者而言，也可以被概括为如何使存在物（seiendens/beings）显现这样一个问题。在牟宗三所译其《康德与形而上学问题》第 16 章中，海德格尔说：“一个有限的、进行认识的被造物只有这样才能使自身与一个既非是其自身，亦非为其所创造的存在物发生关系，亦即，此一已在手边之存在物出于其自身即可被碰到。然而，为了能够如其之所是地碰到此一存在物，则它必须事先就已经被‘承认’为一存在物了，亦即，就其存在之构成而言（的承认）。但这就意味着，存在论的知识，在此始终总是前存在论的这一存在论知识，乃是一个像存在物这样的东西之能够对于一有限的被造物而立的条件。有限的被造物需要这一基本的能力，即能转而朝向……从而让（某物）相对而立（einer entgegenstehenlassenden Zuwendung-zu）。在此一源始的

① Martin Heidegger *Kant and the Problem of Metaphysics*, Bloomington. Indiana University Press, 1997：1.

转而朝向之中，有限的被造物首先让自己有了一个自由活动空间(Spielraum)，其中某物能'对应'于它。事先即执持自己于此种自由活动空间之内，并源初地形成这一自由活动空间，此非他，而恰恰即是超越，即那标记自身于与存在物的一切有限交道之上的超越。"①

这里，让我们只谈一点。为了能够与一不是被自己创造的存在物发生无论什么关系，遭遇此存在物的人，作为有限的被造物，必须已经知道此乃一物了，亦即，已知何为物，已知物一般为何，已经有物这一概念，否则人就会遭遇成千上万之物而不遇一物。以海德格尔的语言说，即是，我之所以能与作为存在物之存在物而相遇，是因为我事先已经知其为存在物，亦即，已经理解其存在了。而此"理解"存在物之存在即是海德格尔所说的"让……存在"。存在物必须经此一"让"方能存在，但此"让"却并不在基督教上帝创造万物的意义上创造存在。必然能够理解存在（之意义）的"Dasein"，或所谓"此在"，或人，只是以自己之让——以自己对于存在的意义的必然理解——而让存在物作为如其所是者而存在，亦即，作为自身而存在。对一物之任何知均已蕴涵着，知其为物。对任何存在（物）之任何知均已蕴涵着，已经知其存在，已经理解其存在。可以说，那**在其存在中**被理解的物即物本身或物自身。没有此一理解或（前）存在论意义上的前理解，认识具体的特定的知识都不可能。

但这不也正是牟宗三关心的问题吗：物必须被如其所是地朗现为物，是以必须肯定人有康德没有许给人的智的直觉，是以人必须被肯定为有限而无限，必须被肯定为与上帝为一？牟宗三以为这是根据整个中国传统而推进或突破了康德。然而，详尽的分析当能表明，牟宗三的论述在此尚面对需要克服的困难。牟宗三此处若能参照海德格尔的关于存在的思想而发展其论述，或与海德格尔思想进行一场更全面的遭遇，他

① 牟宗三：《智的直觉与中国哲学》，台湾"商务印书馆"1971 年版，第 50 页。

的有些困难似乎是可以克服的，甚至是可以避免的。然而，牟宗三似乎并没有在海德格尔那里发现某种思想的共鸣。他引海德格尔只是为了表明海德格尔那一套不行。他在序中即明言："我不以为他的路是正确的。所以我觉得有重做'形上学引论'（案：此指海德格尔的《形而上学导论》）之必要。我此书即可视作此部工作之再做。"①在作为全书结论的第22章，牟宗三称海德格尔的想法为"特别"②。他承认海氏思想的"新奇"，但认为他的"基本存有论"是"别扭想法"："他的别扭想法不澈不透而只成一套虚浮无根缴绕词语的戏论，简单地说，他的继承于虎〔胡〕塞尔的'现象学的方法'对基本存有论而说是错误的。"③ 他认为海德格尔的"思路只是中国普通所常说的一句话，即'诚于中形于外'，或'有诸中者必形于外'"④，并将此进一步归结为"我们北方一句俗语：'你是好样的，你站出来！'你不敢站出来，你不是一个实有，你不是一个真实的人，你就不是好样的。"⑤ 这当然是对海德格尔思想的某种漫画化。在牟宗三眼中，海德格尔的这一被漫画化了的思路的问题即在于"不肯认一个超越的实体（无限性的心体，性体或诚体）以为人之所以为真实的人，所以有'实有'性之超越的根据，所以我们可断定说这是无本之论。"⑥ 牟宗三之所以如此，是因为他未能真正深入海德格尔的存在思想。他说："海氏书中几乎每句都有

---

① 牟宗三：《智的直觉与中国哲学》，台湾"商务印书馆"1971年版，第4页。

② 牟宗三：《智的直觉与中国哲学》，台湾"商务印书馆"1971年版，第348页。

③ 牟宗三：《智的直觉与中国哲学》，台湾"商务印书馆"1971年版，第348页。

④ 牟宗三：《智的直觉与中国哲学》，台湾"商务印书馆"1971年版，第359页。

⑤ 牟宗三：《智的直觉与中国哲学》，台湾"商务印书馆"1971年版，第360页。

⑥ 牟宗三：《智的直觉与中国哲学》，台湾"商务印书馆"1971年版，第360页。

'实有'，但从未指出什么东西是实有。"① 显然，像海德格尔的大多数读者一样，牟宗三最初是期待海德格尔要告诉我们"存在是什么"（或是是什么）的。在本章的最后一段，亦即全书之结尾，牟宗三承认："我初极不了解其实有论之实义与确义究何在。……其'实有与时间'一书的确难读，无谓的纠缠缴绕令人生厌。固时有妙论，亦大都是戏论。……我亦不欲尾随其后，疲于奔命，固亦实无兴趣读完他这部书。但我仔细读了他的讲康德的书。我自信以上的论断为不谬。"② 牟宗三很自信，但在我们看来，牟宗三似乎是过海德格尔之门而不入，不入则是他似乎不能在海德格尔那里发现更有意思的东西，所以他要从海德格尔对康德的解读回到康德，并继续"本康德的思路从他所谓'超绝形上学'上建立基本存有论"③。但他的关于智的直觉的说法以及其所提出的"无执的存有论"，似实能与海德格尔思想进行更好的对话，并通过此一对话而使其论述更为严密。

当然，这一观点需要详细的论证，而此论证这里是无法展开的。

（本文编辑：肖航）

① 牟宗三：《智的直觉与中国哲学》，台湾"商务印书馆"1971年版，第356~357页。

② 牟宗三：《智的直觉与中国哲学》，台湾"商务印书馆"1971年版，第367页。

③ 牟宗三：《智的直觉与中国哲学》，台湾"商务印书馆"1971年版，第365页。

哲学评论 “武汉大学—台湾辅仁大学博士论坛”专题
第7辑
PHILOSOPHICAL INQUIRY
出版者：
武汉大学出版社
2009年

阮元与李翱的性命论

□ 崔发展

清代的汉学家普遍认为，宋学之空疏源于佛老，而批驳佛老以及杂于佛老者也随之成了他们的一个必然选择。其中，以汉学为宗主的阮元，更是将李翱作为援佛入儒的罪魁而严加指责，而其目的则恰如傅斯年所言：“足以表显清代所谓汉学家反宋明理学之立场者也。”①

其实，阮元与李翱有着共同的话语平台，例如：二人都排佛老；都注重围绕思孟学派的经典来解读其心性论；都认为解释经典有“心通”与“事解”两种方法。但由于他们对思孟心性论的定位不同，以致其分歧也很明显。于是，在解读儒家的性命观时，二人采用不同的方法论、在不同的方向上建构起了各自的性命论：李翱以性为善而主张善性可复；阮元则认为人性中善与情欲兼而有之，所以性不可复而只可节。在汉宋之争的视域下，李翱、阮元的不同解读，引发出一些有关经典解释的值得反思的问题。

一、阮元对汉宋之争的溯源

乾嘉时期，汉学家认为宋学的最大弊病莫过于空疏，而这一弊端实

① 傅斯年：《性命古训辨证·引语》，广西师范大学出版社2006年版。

又源于宋学援引佛老入儒的通病。于是，在汉学家这里，是否与佛老相羼杂，成了判别某种儒学形态是否接续了儒家道统的标准。

以儒学为正统、以佛老为异端，乃是有唐以来之儒者通行的判教法。而出入佛老、援二氏入儒，的确也是宋明儒者的"通病"，这一点早在朱陆之争中就已被点破。不过，汉学家并不是简单重述这一做法，而是通过追溯宋学误入歧途的源头，力图为儒学正本清源。其中，阮元的溯源工作颇为显著。

阮元认为，儒佛相附的脉络大致如下：

> 且此儒、佛相附亦不始于阳明……此乃晋、宋间谈老、庄者，无可再谈之时，亦雷次宗一流人，讲礼厌繁之后，乃走老聃厌弃周礼，而归于玄妙之故辙。
>
> ……雷次宗、周续之、宗炳与贾慧远本皆通儒才士。……故由儒而玄、由玄而释，其枢纽总在道安、慧远之间。由释而禅，其枢纽又在达摩、慧能之间。(《揅经室一集》卷九《孟子论仁论》)

雷次宗等人本是通儒才士，但却由儒而入老庄、入玄，进而入释、入禅。不过，如果由此就将雷次宗等视为援佛入儒的罪魁，阮元必不赞同。为什么呢？阮元说：

> 浮屠之书，语言文字非译不明，北朝渊博高明之学士，宋、齐聪颖特达之文人，以己之说传会其意，以致后之学者绎之弥悦、改而必从，非释之乱儒，乃儒之乱释。(《揅经室一集》卷十一《国朝汉学师承记序》)

浮屠的语言文字与中土不同，这就给当时的学人，如因厌弃周礼而归宗佛学的雷次宗等人，借译佛经而传会己意提供了机会。在阮元看来，这种行为只是"儒之乱释"（援儒入释），却不是"释之乱儒"（援释入儒）的远源。

何人才是援释入儒的远源？阮元将矛头明确指向了李翱。将宋学的远源溯及韩愈、李翱，虽已是当今思想界的共识，但阮元对韩愈的批评并不多见，这主要是因为阮元眼中的韩愈“不似李习之之悖于诸经”①，而悖于诸经与否，仍然以是否羼杂了佛老为标准。

其实，早在阮元之前，朱子对韩愈、李翱也有类似的评价。如朱子对韩愈的做法虽也有不满，但在其指责李翱的灭情论陷入释学时，却特意加了一句“不知当时曾把与韩退之看否”②的话。言下之意乃是，如果李翱当时拿给韩愈看了，应不至于有此谬论吧？但问题是，既然韩、李同为宋学的远源，朱子、阮元何以区别对待？这是因为，韩愈排佛比较坚决，明确反对“举夷狄之法而加之先王之教之上”③，而李翱排佛虽也有类似于韩愈的理由，如他也指出兴建佛教寺观使得“惟土木铜铁周于四海，残害生人”④，但其“佛法害人，甚于杨、墨，论心术虽不异于中土，考较迹实有蠹于生灵”⑤ 的论断，虽进一步申明了他排佛的缘由，却也透露出他对佛法之心术的看法。更重要的是，李翱说佛法“论心术虽不异于中土”，一方面固然说明了他对佛教之心术的态度，另一方面却也表明了他对儒家心性论的定位。或许正是由于李翱有此见解，他才会援佛法以求自证，以期实现排佛的目标。

但是，与朱子一样，阮元也认为，李翱之论不仅不能排佛，反而是率儒学而入佛老之举。阮元痛责说：

六朝人不讳言释，不阴释而阳儒，阴释而阳儒，唐李翱为始。

---

① 阮元：《揅经室一集》卷十《性命古训附威仪说》，中华书局1993年版。

② 黎靖德：《朱子语类》，中华书局1986年版，第1381页。

③ 韩愈：《原道》，《昌黎先生集》卷一一，中华书局1936年版。

④ 李翱：《与本使杨尚书请停修寺观钱状》，《李文公集 欧阳行周文集》卷十，商务印书馆1930年版。

⑤ 李翱：《再请停率修寺观钱状》，《李文公集 欧阳行周文集》卷十，商务印书馆1930年版。

（《揅经室一集》卷十《威仪说》）

在阮元看来，雷次宗等六朝人不过是阳释阴儒、以儒乱释，对儒学影响不大；而李翱则是阴释阳儒，因为他虽主张由复礼以接续儒家道统，但却由于采用佛老心法而遁入以释乱儒的歧途。阮元之所以大肆批驳李翱，正是因为李翱明修儒道却暗渡释老，其学使得后人虽欲学孔孟而实遁入空门，其害颇大。

如果考虑到韩愈、李翱各自对宋学的实际影响，阮元此见可谓不虚。魏晋后的儒学，在理论的精致化、方法的可操作性上，都无以与佛老抗衡，这也是儒学日衰而佛老日昌的一个重要原因。对此，程子曾有言：“佛氏其言近理，又非杨、墨之比，此所以害尤甚。”① 而朱子则进一步解释说：“杨墨为我、兼爱，做出来也淡而不能惑人。只为释氏最能惑人。”② 可见，程朱与李翱持有大致相同的见解。如他们虽都认为佛法之害甚于杨、墨，但也都承认佛法并非一无是处。其实，李翱所说的佛法心术“无异于中土”之处，也正是程朱所说的佛学之“近理”处。如朱子在批评时人只知做形下功夫时说，释老等人“只知得那上面一截事，却没下面一截事。…… 那上面一截，却是个根本底”。③ 这里的“上面一截”，所指的就是心术。佛学因其心术而近儒家之理，而佛学之所以“最能惑人”，也正在于它的心术（心性论）。

不过，儒门之所以淡泊，乃是因为儒学既有佛老之外患，又有其难以收拾人心的内忧。诚如朱子所言，孟子之后儒道不得其传，“只为后世学者不去心上理会”④，以致“吾道之所寄不越乎言语文字之间”⑤。在朱子看来，儒与佛老之争就在于心性论，但“后来儒者于此全无相

① 程颢，程颐：《二程集》，中华书局 1971 年版，第 138 页。
② 黎靖德：《朱子语类》，中华书局 1986 年版，第 587 页。
③ 黎靖德：《朱子语类》，中华书局 1986 年版，第 210 页。
④ 黎靖德：《朱子语类》，中华书局 1986 年版，第 203 页。
⑤ 朱熹：《四书章句集注》，中华书局 1983 年版，第 15 页。

著，如何教他两个不做大!”① 可见，因为孟子之后的俗儒不再注重心性建构，佛老二氏才会做大。由此，如果要重塑儒学之声望，势必要为儒学排除内忧外患，而首要的工作就是要对儒学的心性论进行完善。

对于这一点，应该说韩愈、李翱都有所见，并且也都付诸了行动。不过，李翱比韩愈显然更有方法论上的自觉（见下文）。就此而言，李翱比韩愈对宋儒更有启发的意义，而李翱实际上也更多地主导了宋学的取向。②

也正是鉴于李翱对宋儒的实际影响力，阮元对李翱的批评才更有针对性，也更有探讨的必要。由于阮元对李翱的批评主要在性命观上，下文就以性命为中心，对上述问题做进一步的探讨。

二、性命的方法论：“心通”与“事解”

韩愈提出性三品说，不过，此举遭到了当时人的质疑：

> （按：某人问）曰：今之言性者异于此，何也？
>
> （按：韩愈答）曰：今之言者，杂佛老而言也。杂佛老而言也者，奚言而不异？(《昌黎先生集》卷一一《原性》)

对话中的“今之言性者”不应指佛老之徒，因为只有“非佛老者”才谈得上是“杂”佛老。既然“非佛老者”谈性都是杂佛老而言，可见佛老当时的话语霸权。而韩愈力排佛老、倡言道统，正是希望能够为儒家重新夺回话语权。

但是，在争夺话语权之先，首先就要明白佛老因何而能称霸的问

① 黎靖德：《朱子语类》，中华书局1986年版，第974页。

② 参见杨立华：《论宋学禁欲取向的根源及其在思想史上的结果》，《中国哲学史》2000年第2期，第44～55页。

题。韩愈以三品之性应对佛性（仙性），以儒家道统回应佛老之道，由此来看，应该说他对这个问题是有自觉的。但是，韩愈最终却把希望诉诸于“人其人，火其书，庐其居”①的强制手段，由此而言，对于仅仅依靠倡言性道来为儒学张目的行为，韩愈缺乏信心。这是因为韩愈对佛老话语权的来源虽有自觉，但他并没有对症下药。佛老的优势，就在于其心性论所给出的本体论承诺，亦即一切众生平等地具有佛（仙）性，从而保证了众生通达佛（仙）界的可能。而韩愈挑战佛老，首要的一点就是不能断了终生都渴望得到普渡的念头。其实，韩愈之前的儒家未尝没有类似的心性论承诺，如孟子的“人皆可以为尧舜”、荀子的“涂之人可以为禹”等，但诚如朱子所见，由于此中真意并没有被后儒在心性论的方向上加以阐发，再加上佛老的大肆流行，以致此类论说最终在魏晋之后逐渐丧失了话语优势。所以，韩愈若想挣脱佛老的话语霸权，重塑儒家心性论的威严就很有必要。遗憾的是，韩愈的性三品说却将人性截为三节，并断绝了下品人达致圣域的可能，从而根本性地影响到了其理论的圆融。试问，众生中何人是上品，何人又是中品、下品？朱子有言：“如三品之说，便分将来，何止三品？虽千百可也。”② 无论如何，韩愈所给出的依据每个人身上仁义礼智信（“其所以为性者”）的含量来判定的标准，并不具有可操作性。由此，韩愈只得把可操作性寄托于行政命令上了。

众生杂佛老而言性、甘以佛老为师，这些都是其对佛老心服的表现。而能够看到佛老的成功源于其心性论，且欲服人心者应从心上下功夫，李翱对此比韩愈领会得更为透析。李翱认为，儒家并非没有心性论的资源，但现实的情况却是“性命之书虽存，学者莫能明，是故皆列入于庄、列、老、释。不知者谓夫子之徒不足以穷性命之道，信之者皆

① 韩愈：《原道》，《昌黎先生集》卷一一，中华书局1936年版。
② 黎靖德：《朱子语类》，中华书局1986年版，第65页。

是也”①。李翱认为，正是由于儒家的性命之说不得其传，后人才以为儒家不善于穷性命之道，而佛老之说也才有了收拾人心的可乘之机。但是，排佛者们（包括韩愈）却不能深究其中奥妙，“惑之者溺于其教，而排之者不知其心”②，以致排佛总是难见成效。由此，李翱才选择了与韩愈不同的排佛方略，此即：重新阐释儒家的性命之书，发明其中的性命之道，从而在形上的心性进路上与佛老直面对抗，乃至实现真正的排佛。

与此相应，李翱不再像韩愈那样直接以孔孟相接来谈道统，而是有意突出了子思在道统传承上的重要性。李翱说：

> 子思，仲尼之孙，得其祖之道，述《中庸》四十七篇，以传于孟轲。……秦灭书，《中庸》之不焚者一篇存焉。于是此道废缺，其教授者唯节行、文章、章句、威仪、击剑之术相师焉。性命之源，则吾弗能知其所传矣。（《复性书》上）

子思的重要性因《中庸》而显，而《中庸》之所以得到表彰，就是因为李翱视其为儒道的性命之源。李翱认为，《中庸》因遭秦火而仅有一篇尚存，加之后世儒者又只是以节行、章句、威仪等相授受，却不注重发明其中的性命之说，这才使得儒道不传。为此，通过借鉴佛老心术，李翱对《中庸》的性命之说作了创造性的发挥。不过，李翱关于儒家性命论的建构也遭到了时人的质疑：

> （按：某人）问曰：昔之注解《中庸》者，与生之言皆不同，何也？
>
> （按：李翱）曰：彼以事解者也，我以心通者也。（《复性

① 李翱：《复性书》上，《李文公集》卷二，商务印书馆 1930 年版。

② 李翱：《去佛斋》，《李文公集》卷四，商务印书馆 1930 年版。

书》中)

“昔之注解《中庸》者”，就是以事解《中庸》者，其实也就是李翱所说的指那些唯以“节行、文章、章句、威仪、击剑之术”教授《中庸》的汉儒。由此可见，李翱对汉学家注释经典的方法已经有了明确的反动意识。与汉学家不同，李翱说自己解《中庸》注重“心通”，而这种方法一方面表明了他进一步建构儒家心性论的形上路向，另一方面也将他自己摆在了由汉学向宋学转变的重要位置上，并由此成为汉宋之争的一个焦点。

在《威仪说》中，阮元指出：

> 商周人言性命多在事，在事故实，而易于率循；晋唐人言性命多在心，在心故虚，而易于传会，习之此书是也。(《揅经室一集》卷十《威仪说》)

阮元认为，李翱以心通解经的做法使得儒学堕入了空疏。而阮元所推崇的“威仪”，却不过是为李翱所不齿的一种以事解经的方法。但二人的这些分歧，反而说明他们其实有着共同的话语平台。如阮元实际上默认了李翱的以下做法：将心通与事解做二分处理，并将它们视为两种不同的治经方法；在此基础上，认为《复性书》是以心通经，而以威仪、节行、文章等谈论性命问题属于以事解经。二人分歧的根本在于，心通与事解作为两种治经方法，何者才能真正接续儒家的性命之源？

其实，阮元并不反对通经、通儒的提法，不惟如此，阮元还十分欣赏通儒之学，而其标准则是：“笃信好古，实事求是，汇通前圣微言大义，而涉其藩篱。”① 可见，阮元所认可的“通”有两个前设：一是笃

① 阮元：《传经图记》，载《国粹学报》第一年第三号，光绪三十一年(1905)三月二十日。

信好古，其实就是尊汉学，因为汉学与佛老无染；二是实事求是，亦即要承认“实事”对于“是”的优先性。所以，阮元欣赏的“通”并不是李翱的心通。而为了杜绝相关误解，阮元进一步将孔子的“一以贯之”解释为：“贯者，行之于实事，非通悟也。”① 可见，阮元的“通”乃是就事而言的贯通，而不是就心而言的通悟。

在阮元看来，既然“圣贤之道，无非实践”②，那么，治经、通经就应以是否有利于在生活中践履此道为准绳，而这必然会使得以事解经成为不二之选择，因为圣贤之道“在事故实，而易于率循”。反之，若是像李翱那样以虚义解经，那么，圣贤之道“在心故虚，而易于传会”，传会者以心传心，所依赖的乃是其独特领会，由此，每个人自然可以断以己意，其弊在于将使得人们“自循于虚而争是非于不可究诘之境”③，而是非一旦没了标准，人们又何以践履此道？这显然有悖于通经明道以致用的治学宗旨。

阮元之所以重威仪（也就是礼），也正是基于礼实而理虚的考虑。④ 不惟如此，阮元还对儒家的一些核心观念，如：心、仁、性命、一贯、格物、中庸等，都做了经验性的阐发，以倡明一种下达的、外向性的实践之道，并反对像李翱那样以虚义解经，从而将儒道误读为一种上达的、内向性的心性论说。

三、性命的理论建构：“复性”与“节性”

为了重塑儒家的身份认同，韩愈、李翱不同程度地意识到在心性论上回应佛老的必要性。韩愈以原道、性三品应对佛老，而李翱则取法佛

① 阮元：《揅经室一集》卷十《孟子论仁论》，中华书局 1993 年版。

② 阮元：《揅经室一集》卷二《大学格物说》，中华书局 1993 年版。

③ 阮元：《揅经室三集》卷五《惜阴日记序》，中华书局 1993 年版。

④ 阮元并不反对理，但是强调“理必出于礼”，“理必附乎礼以行”。参见《揅经室续集》卷三《书东莞陈氏学蔀通辩论后》，中华书局 1993 年版。

老，依托于性与情的对立模式，提出了息情复性的性命观。

在《复性书》中，李翱开篇即言：

> 人之所以为圣人者，性也；人之所以惑其性者，情也。（《复性书》上）

佛老以空无为性而言成佛（仙），而李翱认为，天所赋予人的性乃善性，人在本性上就有成圣的可能。就儒家而言，以性善为众生成圣提供本体论上的承诺并无新意，但将恶的源头（阻碍众生成圣之因）溯至情的解释，不能不说是李翱的发挥。李翱认为，人性虽善，但由于人们溺于七情而不能发明此性，以致难以成为圣人。由此，李翱直以人情为恶、为邪妄，从而将恶源引向人自身，并借佛语而断言“邪妄无因”①。邪妄之情既然无所因，那么，恶的源头势必只能追溯至人情，而不必也不能再像前儒那样去追究外物的影响。由此，众生若想成圣，只需在心上做息情复性的功夫就行了。在鼓励时人学以至圣的《学可进》中，李翱说：“百骸之中有心焉，与圣人无异也。嚣然不复其性，惑矣。”②

在汲取儒家资源时，李翱主要是折中《中庸》的“诚”与《孟子》的“性善”，并且都做了引申发挥。《中庸》、《孟子》虽都有本体论承诺（人性由天命而来），但在认识论与功夫论上都有不足。《中庸》只是正面阐述功夫论，但却没有提到恶的问题；《孟子》虽提到了恶的问题，却只是将恶归结为耳目蔽于外物的结果。此外，孟子的“求放心”与李翱的复性说，虽都倡明此善性为人所固有，并因此而都强调一个返回步伐，但二人又有不同。孟子认为，天所赋予人的并不是全然之善性，求放心不仅需要先立乎其善端，还需要对此善端进行扩充以促

① 李翱：《复性书》（中），《李文公集》卷二，商务印书馆1930年版。

② 李翱：《学可进》，《李文公集》卷五，商务印书馆1930年版。

其成熟，也就是说，成就人的善性不仅需要一个返回步伐，还需要一个重新走出来的功夫，这就表明孟子并没有放弃在事上磨练的实践功夫。但李翱认为，天所命于人的乃是现成的全善之性，所以复性只是一个重返本性的心路历程而已，并不需要在外物上做功夫，这一点与其对妄情无因的思路是一贯的。

李翱认为，人的全然善性可经由息灭恶情而光复。如何息情呢？李翱说：

> 弗虑弗思，情则不生；情既不生，乃为正思。……此斋戒其心者也，犹未离于静焉。……方静之时，知心无思虑，是斋戒也；知本无有思，动静皆离，寂然不动者，是至诚也。(《复性书》中)

斋戒其心固然可以使心静（心无思虑），但却不能完全息情，因为动静相伴而生，而心之动静都会生情。为此，李翱认为还应有个至诚的功夫，以实现从刻意修静到离却动静的转换。但至诚不仅指息情的功夫，也指复性后的状态，只是这个状态并不是众生都能达成的。遵循《中庸》对诚者、诚之者的区分，李翱认为，诚者为天道，且为圣人所率循，“是故诚者，圣人性之也。寂然不动，广大清明，照乎天地”①，这当然不是说圣人以诚为性，而是指圣人所处的不动心的状态；诚之者为人道，具体而言就是众生诚心见性的修身过程。可见，不论是诚者（圣人）还是诚之者（众生），李翱都强调诚的至上性。

但问题是，《中庸》虽讲诚，但却有“不明乎善，不诚乎身矣”的诚必由善而诚的点睛之笔；孟子虽讲养心寡欲，但却也强调心之官则思、先立乎其大者（善端）的必要性；而若如李翱所说，离却动静或思虑才算是诚心，那么，众生如何才是择善而行？众生的择善能力因何而来？这种择取不需要通过实际的善行表现出来吗？李翱虽然也提到了

① 李翱：《复性书》（上），《李文公集》卷二，商务印书馆1930年版。

众生循礼而动的复性之路，但这条路却与斋戒、至诚颇不相容，诚如阮元所言：“礼仪三百，威仪三千，非可以静观寂守者也。”① 此外，既然李翱说圣人只是“至诚而已”②，那么，圣人自是超脱于性情之上的。由此，对于希望通达圣域的众生而言，性善的本体论承诺不仅会显得可有可无，甚至有必要刻意去做超脱性情的功夫。如在《论语笔解》中，李翱甚至认为：“寂然不动，则情性两忘矣。”在寂然不动中，圣人所拥有的只是一片至诚的不动心而已。这种以至诚消解性情的倾向，表明《中庸》原有的善与诚的勾连在李翱这里发生了断裂。更严重的是，儒与释老的区分也随之被消解掉了，因为佛老也讲诚心向佛(道)，而儒与释老的区分正是在性上却不在诚上。对此，朱子批评说：“李翱复性则是，云‘灭情以复性’，则非。情如何可灭！此乃释氏之说，陷于其中不自知。”③

阮元对李翱的诟病之处，也正在于李翱消解了儒、释之异。为此，阮元在其以性命为主题的篇章中，如《性命古训》，《复性辨》、《塔性说》等，都对李翱进行了批驳，并运用文字训诂等手段，在尽力剥离佛老影响的过程中，逐步还原先儒的性命之道，提出自己注重事解的节性观。

阮元的一个基本判断是，古代性命之训虽多，但其所指却大体相同。由此，阮元以《尚书·召诰》的“节性”与《孟子·尽心》的“口之于味”为核心，旁引了儒家经典中的共四十条有关“性命”的论述，将性与命互训，而其结论乃是：性字从心从生，从心则包仁义礼智等在内，从生则包味嗅声色等在内。由此，性字从心，则性善之说可以成立；但性字从生，则性也应该包含情欲。在阮元看来，既然情欲为性所固有，自是不可穷纵，而李翱由于受到佛教绝欲以明性的影响，才会

① 阮元：《揅经室一集》卷十《威仪说》，中华书局1993年版。

② 李翱：《复性书》中，《李文公集》卷二，商务印书馆1930年版。

③ 黎靖德：《朱子语类》，中华书局1986年版，第1381页。

有性善情恶、息情复性的论断。

可见，节性与复性的不同，首先不是节与复的不同，而是根源于阮元、李翱对性的理解上的差异。李翱以性为善，所以性可复而不可节；阮元则认为，性中善与情欲兼而有之，所以性只能节而不能复。如何节呢？阮元认为应该是以礼节性，而礼义即威仪。威仪、节行等虽被李翱视为末流，而阮元则认为，“威仪者，人之体貌，后人所藐视为在外最粗浅之事，然此二字古人最重之”①。为此，阮元在《性命古训》之后特意附上《威仪说》，具体展开对李翱复性说的批驳。

阮元认为，李翱的复性说及复性方法乃是杂于佛老的结果，为此，在《性命古训》与《复性辨》中，阮元分别追溯了佛老为李翱所借鉴的那部分资源，此即佛教的明心见性说与庄子的缮性说。由此，对于李翱在《复性书》中所表彰的儒家经典，以及李翱以佛老心法阐释这部分儒家经典的做法，阮元也逐一做了回应：

> 《尚书》、《毛诗》，无言不实，惟《周易》间有虚高者，然彼因言神明、阴阳、卜筮之事，是以圣人《系辞》不得不就《易》道以言之。《中庸》一篇，为子思微言，故言亦或及于幽明高达之处，然无言不由实事而起，与老、释迥殊。乐于虚者，见《易》、《中庸》之内“寂然不动”、“诚则明”等语喜之，遂引之以为证……此不可诬改圣经，以饰释典者也。(《研经室一集》卷十《威仪说》)

阮元认为，李翱对《周易》、《中庸》等的解读乃是误读，是“诬改圣经以饰释典者”。既然李翱对其借以立论的这些材料都有误读，那么，其复性说及其复性方法自是不能成立。由此，阮元通过文字训诂等手段回归经典、重读经典，从而将李翱所拔高的圣人之道还原为切实庸

① 阮元：《揅经室一集》卷十《威仪说》，中华书局1993年版。

近的实践之道。

小　结

由于李翱、阮元对思孟之心性的定位不同，这也直接导致他们采用不同的方法、在不同的方向上“接着”思孟讲。李翱以“心通”解经，对思孟心性论做形上化的加工；阮元则以“事解”注经，对思孟心性论进行形下化的还原。

但问题是，对于同样的儒家经典或观念，二人何以有不同的解读？在批评吕与叔借鉴佛法而修儒道时，朱子曾说：“圣人寻常不曾有这般说话。近来人被佛家说一般大话，他便做这般底话去敌他。”① 其实，与佛老针锋相对地抗衡，以致与佛老有染，是唐宋诸儒的惯例。而阮元之所以批驳李翱，主要就是因为“唐李习之复性之说杂于二氏，不可不辨”②，更准确地说，阮元是在追溯宋学堕入空虚的原因。不过，虽然汉学指责宋学空疏，但宋学并非没有明经致用的导向。其实，汉宋双方都以致用为宗旨，二者所争的不过是个途径问题，亦即采用何种方法才能真正接续儒家的性命之源。这就需要回答汉宋之争与经典解释之间的关系。

由于原始经典即便在其作者那里都有一定的弹性，明经由此必然饱含一定的解释张力，但又因为此张力并不能被量化为某种现成的标准，以致明经势必引发解释的合法性问题，而对这一问题的回答又不得不重回经典。于是，从历史的维度看，解读经典的过程只是在某种具有张力的圈子中循环。比如乾嘉汉学之所以能够兴盛，一个重要原因就是由于理学与心学争执不下，以致必须诉诸经典本身以求确证的结果。而若是依照李翱以“心通”与“事解”的分殊，从郑玄到李翱、阮元的治经

① 黎靖德：《朱子语类》，中华书局1986年版，第955页。

② 阮元：《揅经室一集》卷十《威仪说》，中华书局1993年版。

方法上的转换，可以被描述为一个“事解”→“心通”→“事解”的过程。由汉而宋，由宋而汉，经典解释的历史呈现为一个循环性的进程。

然而，解读经典虽然允许有张力，但这个张力并非完全没有限度的，如我们绝对不能将孔子的仁解读为恶。因为对于解读者而言，经典本身总会提供一个大致的参照系或解释度，从而将解读者的行为限定在某个虽然不能量化、但却是约定俗成的范围之内，而一旦超出这个度，解读者的行为就会遭到质疑。如阮元就认为，“孔子之道，当于实者、近者、庸者论之”①，而李翱由于杂于二氏而陷入玄空，以致超出了解释度所允许的范围（“李习之之悖于诸经”）。不过，即便阮元持守实事求是的汉学精神，但在批驳李翱时，他遵循的也不完全是严格的训诂路数，对经典的解读也不乏曲为己说之处。② 这种情况的出现，说明并没有一个现成的道统摆在那里，真正的道统只存在于当下化的理解中，而理解也总是当下化的、随时而发的。这个解释学上的事实，在汉宋之争中就表现在汉宋双方所持守之界限的模糊性。如汉学并非完全不讲义理，而宋学也不是完全无视考据，只是各有偏重罢了。重要的是，假如我们承认这一点，那么，就经典解释的方向而言，汉学家认为解读经典只能遵循文字→训诂→义理的取向，亦即由文字、训诂决定义理，而宋学家则持相反的观点，但两家其实都有偏颇，因为在理解经典的过程中，单向性的解释从来都不会实际地发生。

此外，解释度的约定俗成并不必然完全是由经典本身给出的。如在汉宋之争中，解释度的问题就不是靠单纯的回归经典来解决的，更有以致用为目标的总体学术倾向上的调整。乾嘉时的汉宋之争，从来不是截然二分的两个阵营间的非此即彼的选择，期间始终都有汉宋兼采的一

① 阮元：《揅经室一集》卷八《论语论仁论》，中华书局1993年版。

② 傅斯年的《性命古训辨证》，侯外庐的《中国思想通史》对此问题都有探讨，但二人的某些结论值得商榷。

面。这种现象的存在，正是因为汉宋双方都看到了单纯地依靠汉或宋的治学方法所带来的空疏之弊，而空疏恰恰是相对于致用而言。为此，汉宋双方内部都出现了反思自身不足，进而以致用为宗旨来调和汉宋的倾向。正是在汉宋双方的共同推动下，乾嘉后期的学术风向才逐渐发生变化，汉宋之争也随之曲终人散。不过，汉宋之争所提交的一些问题却并没有过时。

（本文编辑：刘湘平）

马克思"纯粹经验的方法"和生活世界问题①

□ 戴 劲

笔者曾在《德国哲学》(2007年卷)发表"知性论与感性论——从'康德问题'看马克思的哲学革命"一文(以下简称I文),文末提到马克思的一句名言:"感觉在它的实践中直接成为了理论家。"该文借用马克思在《1844年经济学哲学手稿》(以下简称《手稿》)中的用语称这种方法为"感性直观"(sinnliche Anschauung);而在《德意志意识形态》(以下简称《形态》)中它又叫做"纯粹经验的方法",原文如下:

> 我们开始要谈的前提不是任意提出的,不是教条,而是一些只有在想象中才能撇开的现实前提。这是一些现实的个人,是他们的活动和他们的物质生活条件,包括他们已有的活动创造出来的物质生活条件。因此,这些前提可以用纯粹经验的方法来确认。②

需要指出的是,感觉直接成为理论家的一个必要条件是"在它的实践中",而这要通过历史辩证法加以理解。借此马克思回答的是:感性是如何成为普遍必然的?下文拟结合对"纯粹经验的方法"的分析论证

① 本文在修改过程中参阅了陈荣灼教授的"胡塞尔对'生活世界'之现象学分析"(Chan Wing-Cheuk: Husserl's Phenomenology of The Life-world),载《东海学报》第三十一卷,1990年6月,台湾东海大学出版社。并且在私下讨论中,他曾建议我将"课题"改为"对题",可囿于语言习惯还是沿用了该词。

② 马克思,恩格斯:《德意志意识形态》,人民出版社2003年版,第10~11页。

他对这一问题的解答。

一

马克思的历史辩证法是从黑格尔那里继承的。它在《手稿》中被称为《精神现象学》的最后成果，即“作为推动原则和创造原则的否定性的辩证法”，它的伟大之处就在于黑格尔“抓住了劳动的本质”。下面试以《精神现象学》“导论”中的内容为例考察马克思是如何从中提升出历史辩证法的。

在黑格尔看来，意识具有两个环节：一是自在的存在（真理），即“关于对象的意识”；二是为一个意识的存在（知识），即“关于它自己的意识”。这里，他有一段精深的论述：

> 意识现在有了两种对象，一种对象是第一个自在，另一种是这个自在的为意识的存在。后者初看起来好像……不是一种关于对象的表象，而是一种关于意识对前一种对象的知识的表象。但是……前一种对象在运动中改变了自己；它不复是自在，它已被意识到它是一种只为意识的自在；而这样一来，这个自在的为意识的存在就是真实的东西，但这又等于说，这个自在的为意识的存在就是本质，或者说，就是意识的对象。这个新的对象包含着对第一种对象的否定；新对象乃是关于第一种对象的经验。”①

笔者以为，上述从自在之物到为我之物（为意识之物）说的正是主词不断增加谓词，谓词又转换成新主词（黑格尔称之为“替意识产生出新的真实对象”）的过程。比如，开始在我们觉得粉笔全是白色的时，“白色的”就被视为粉笔的本质，就是粉笔这个意识中自在的对象（主

① 黑格尔：《精神现象学》（上卷），商务印书馆1979年版，第60～61页。

词）；后来，人们逐渐在使用中发觉"用来在黑板上写字的"（原来的谓词）才能作为粉笔真正的主词，而粉笔并非全是白色的。由是观之，意识正是依靠这种"自我综合"趋向科学的；这在黑格尔那里被表述为"意识本身的转化"（*Umkehrung* des *Bewusstsein* selbst，见中译本上卷第 61 页），根据海德格尔在《黑格尔的经验概念》中所指出的，《精神现象学》一书最初的副标题是"意识的经验的科学"（黑格尔在"导论"中亦有这一提法，见中译本上卷第 62 页），而这种转化便是意识"经验"（Erfahrung）的基本特性①。"综合"或者"转化"的想法被马克思接受下来，所不同的是，黑格尔借此描绘的是意识的自我认识，而马克思表达的是人类史。

这个"转化"的过程即黑格尔所谓"意识自己考查它自己"的过程，亦即意识本身的一个环节与另一个环节的比较，就是他的"辩证法"。所以，黑格尔一再强调，"意识自身给它自己提供尺度"②，真理在其自身。那为何说作为衡量尺度的真理环节是意识自己提供的呢？黑格尔讲，因为意识必然要显现自身为真理，"意识本身就是它自己的概念"③。那么，又是什么力量推动自然意识向绝对知识进展的呢？黑格尔称这种意识自我前进的动力为"从理性方面来的暴力"（Gewalt von der Vernunft）。它不是外来的，而是自愿的，这便是意识的欲望、超越界限（亦即自身）的欲望。海德格尔讲，贯穿于知识形态完整序列的发展进程被认为是由自己给出自身的，意识在其概念中找到了它自身；这条道路的必然性就在"绝对"的意愿中，而这意愿正是"经验"实行"转化"的动力④。照张世英先生所说，在意识中，自我与实体之

① Martin Heidegger: *Hegel's Concept of Experience*. English translation by Harper & Row, Publisers, Inc: p. 7, 126.

② 黑格尔：《精神现象学》（上卷），商务印书馆 1979 年版，第 59 页。

③ 黑格尔：《精神现象学》（上卷），商务印书馆 1979 年版，第 57 页。

④ Martin Heidegger: *Hegel's Concept of Experience*, p. 133. 又见海德格尔《黑格尔的经验概念》，《林中路》，孙周兴译，上海译文出版社 2004 年版，第 168、171 页。

间必然有"不一致性"，即作为意识"灵魂"的否定的因素，正是它推动着实体自身向主体的方向活动。① 这就是黑格尔著名论题"实体即主体"、"绝对即精神"所要表达的。从上面的"综合"② 与此处的"意愿"都可看出黑格尔并未真正超出康德所开创德国哲学革命的基本思路。而如笔者在I文中已提到的，在马克思看来，"欲望的对象"来自于主体之外（黑格尔则认为"目标"在意识之内，见中译本上卷第56页），只有感到自己有缺陷，是受动的、受制约的和受限制的，才是有激情、热情的。作为前进动力的就是历史辩证法，是实践。

下面回到开头那段引文，讨论纯粹经验的方法是如何来确认这些前提的。先看一段与之相关的论述：

> 这种考察方法不是没有前提的。它从现实的前提出发，它一刻也不离开这种前提。它的前提是人，但不是处在某种虚幻的离群索居和固定不变状态中的人，而是处在现实的、可以通过经验观察到的、在一定条件下进行的发展过程中的人。③

这里所讲"通过经验观察到的"人决不是费尔巴哈所直观（没有普遍必然性）的人，"他把人只看作是'感性对象'，而不是'感性活动'，因为他在这里也仍然停留在理论的领域内，没有从人们现有的社会联系，从那些使人们成为现在这种样子的周围生活条件来观察人们"④。就此，马克思在《关于费尔巴哈的提纲》（以下简称《提纲》）里已经

① 张世英：《现象学口号"面向事情本身"的源头——黑格尔的〈精神现象学〉——胡塞尔与黑格尔的一点对照》，《江海学刊》2007年第2期。

② 综合是概念的功能，它在此意指一种统摄、容纳的活动。而"概念"德文的动词 begreifen 就有"包含"、"抓取"的意思。

③ 马克思，恩格斯：《德意志意识形态》（节选本），人民出版社2003年版，第17页。

④ 马克思，恩格斯：《德意志意识形态》（节选本），人民出版社2003年版，第22页。

做过批判。其中隐含着纯粹经验方法的两个要件：其一，“把感性世界理解为构成这一世界的个人的全部活生生的感性活动”①，在历史中“经验”（或称“直观”）对象。真理在“辩证的运动”中形成，这是从黑格尔那里吸收来的。其二，把感性世界理解为现实的社会关系。综上，只有这样的感性才能解决理论问题（毋宁说消解形而上学的对立），马克思正是在这种意义上断言，任何深奥的哲学问题都可以十分简单地归结为某种经验的事实。

在马克思看来，“纯粹经验的方法”是前证明、前逻辑的。证明总要以信念为基础，我们必须事先相信什么，否则一切推理都无法进行，这是证明的起点，而这种信念不加批判地运用便沦为教条。比如，在《精神现象学》中我们不能再问：“暴力”又来自哪？理性本身产生暴力，这是黑格尔哲学要求我们必须接受下来的“前提”，它在黑格尔看来是自明性的。马克思认识到了这一点，运用了“直观证明”，但要求是：在实践中即通过自身来确认。这里的前证明并非没有前提，只是不需要任何形而上学前提，马克思所揭示的是更深层次的前提——人类实践。

综上所述，“实践”呈现出三重维度：第一，感性。这是I文讨论的主题。第二，历史（即辩证法）。整个《精神现象学》所陈述（darstellen）的意识诸形态的发展道路恰好是人自我创造的历程。马克思便将黑格尔的意识发展史转化为感性活动史。第三，社会关系（着重是指生产关系）。其实，这三重维度间并非彼此孤立，而是相互交叉的。如感性维度就包含了后两重含义；此外，它又包括“对象性”的意思。我的存在以前人、他人的存在为条件，它在历时态上表现为第二维度，在共时态上表现为第三维度。

① 马克思，恩格斯：《德意志意识形态》（节选本），人民出版社2003年版，第22页。

二

文艺复兴以来，人渐渐以主体性取代上帝的地位；但历史进入20世纪，人们日益感到知性论的束缚，科学成了又一个上帝。为此，许多哲学家透过逻辑传统，力图挖掘先于逻辑、概念的更本源的基础，似乎进行着马克思在将近一个世纪之前所做的努力。先看卡西尔"符号形式的哲学"。他宣称要研究具体的、能动的创造活动本身。"只有这种能动的'活动'，这种自觉的'创造过程'……才是人类生活的Urphänomen——'原始现象'。"① 这种活动就是"符号活动"。"实际上，在卡西尔眼里，人就是符号，就是文化……正是'符号功能'建立起了人之为人的'主体性'"②。

再看胡塞尔的现象学。他的现象学方法大致包括三个方面：首先，一般"现象学还原"，即悬置（epoch）。他的悬置是为了最终能从一个可靠的基础上将被悬置的存在推出，找出属于意识本身的逻辑背后隐秘的根基，这是一切逻辑、证明的前提。由此，一切逻辑定律以直观为基础。其次，本质还原。他指出："在哲学回到了其终极源泉的范围内，它也就恰恰具有这样的本质：它的科学工作是在直接的直观范围内进行的。"③ 例如，我们可以直观到红，它是一个本质系统、一个由浅入深的无限等级系统。这个红的系统并不依赖于红色的存在，却又是现实红色之所以可能的条件。在他看来，直观是认识的基础，这显然是对逻辑实证主义（认为我们是依赖由自然科学手段获得的定义认识红色的）

① 甘阳：《古今中西之争》，生活·读书·新知三联书店2006年版，第101页。

② 甘阳：《古今中西之争》，生活·读书·新知三联书店2006年版，第102页。

③ Edmund Husserl: Phenomenology and the Crisis of Philosophy, New York, 1965, p. 147.

的一种反驳。后期维特根斯坦亦有与之类似的思想。他在《哲学研究》第 66 节提到，对于家族间的相似关系，“不要想，而要看！”“看”较之“想”处在更深的层面上。就胡塞尔强调本质直观在根据上先于知性而言，它和马克思的感性直观有些近似；但二者更有不同之处。马克思在谈到想像活动时说：“它是和现存实践的意识不同的某种东西；它不用想象某种现实的东西就能现实地想像某种东西。”① 这里所说的“想像”和胡塞尔的“本质还原”颇为相近。按照胡塞尔的观点，我们可以先天地调配出现实中没有的红色，这是理论创作的基础。而它在马克思看来仍不是根源性的，意识能脱离现实世界去构造“纯粹的”理论只是一种假象，想象、意识形态的出现要归于分工（社会生产）的发展。从生产力和生产关系的矛盾运动中寻找根源，这是马克思哲学的一个支点。同样，矛盾的消除的基础仍在感性方面。“‘解放’是一种历史活动，不是思想活动……”② 《提纲》第十一条就已蕴含这一想法。马克思在《手稿》中谈到人的感觉解放（感觉成为人的享受）时同样这样认为：包括知性化在内的感觉异化（非人化）的真正原因在于私有制，只有扬弃私有财产，感觉才能真正直接成为理论家。最后，先验还原。经过以上两步，先验还原进而将纯粹心理学（及其主体“我”）置于括号之中，表明这个可能世界是一个先于人的主体或心理的先验的纯粹主体。在此，胡塞尔解决的是一个艰深的哲学问题：现实个体间的交流如何可能（即我们如何生活在同一个世界）？他求助于先验的主体间性，先验哲学的做法是自上而下，为特殊找到一个普遍基础，并命令它为先天的，所以总难免于独断。辩证哲学则是自下而上，特殊在辩证运动中上升为普遍，所谓同一个世界是历史赋予的。马克思延续了后者的传统，认为一致的交流是在共同的社会实践、在交往

---

① 马克思，恩格斯：《德意志意识形态》（节选本），人民出版社 2003 年版，第 26 页。

② 马克思，恩格斯：《德意志意识形态》（节选本），人民出版社 2003 年版，第 19 页。

(Verger)、在对象性的活动中达成的。顺便一提的是，在胡塞尔眼中，康德仍然是人类中心主义甚至心理主义的。然而，胡塞尔的"先验还原"就能完全摆脱人的中心立场吗？果然如此的话，为何不将直观、意识交流的"主体"一并悬置起来呢？他最终诉诸先验的意识结构，并未突破德国观念论的框架。这里的问题在于，观念论都要找寻一个基础，而它往往是被设想出来的，并非感性的。马克思并不拒斥基础，只是将它建立在感性之上，借用他批评"真正的社会主义者"的话说就是：从意识形态的基础回到现实的历史基础上去。换句话说，回到历史本身。这是历史观的解放，这种感性历史观"始终站在现实历史的基础上，不是从观念出发来解释实践，而是从物质实践出发来解释各种观念形态"①。因此，I文中所谓"感性还原"又可称作"历史还原"、真正现实的历史还原。可见，以观念支配感性、用理论论证现实，这是自我意识哲学的一个流弊。它从笛卡尔的"我思故我在"开始。到了黑格尔，对象（或存在）成了思维的外在化，由此，第一性的思维决定着第二性的对象。再到胡塞尔，先验主体成为世界可能性的最终条件。而马克思将这种思路扭转过来——不是意识决定生活，而生活决定意识。综上，如果将马克思哲学看成一种现象学（感性现象学）的话，那么更多地应该是从黑格尔"精神现象学"方面谈的。它与胡塞尔的现象学只有方法论上的接近，即所谓"还原"——去知性论之蔽，但二者所返回的基点不同：胡塞尔还是回到先验意识，马克思则回到开头那段话中所说的"现实前提"。

由此可见，不论卡西尔讲"隐喻"，还是胡塞尔讲"直观"，都是想从人的生命中抽取某种深层的普遍必然性的因素作为取代传统知性论的基础——这种传统一旦动摇，整个自然科学甚至数学和逻辑学便都要撼动——然而，这时的"人"已经是抽象的了。再回到本文开始提出

① 马克思，恩格斯：《德意志意识形态》（节选本），人民出版社2003年版，第36页。

的那个问题。经过黑格尔，哲学提供给我们的是一个观念世界，这就造成了一种危害——我们往往是通过普遍来认识感性的（好像只能通过谓词来思维主词）。然而，感性是生动的，是语言（普遍性的概念）所不能达到的①，那么，我们是如何获得可靠的感性的呢？这一问题在胡塞尔那里即：直观是如何成为普遍必然的？在他看来，当我们从逻辑上思维某个对象时，这个对象的概念只能出现在判断中；但如果对逻辑进行一种"前理解"，那么"概念"就出现在经验（前谓词）中，如此，本质是直观（前逻辑）到的。他的做法是构建出一个先天直观综合体系，因为他认为只有先天的才是具有普遍必然性的。但这样认识、洞察的其实是本质，并非经验事实。正如他自己所言，这门本质科学所要确定的决不是"事实"，而仅仅是"本质认识"。而马克思的解决是将感性理解为人的活动（见《提纲》第一条），这样，感性作为"感性活动"、在它的实践中才成为普遍必然的。

三

下面借助分析胡塞尔的"生活世界"（Lebenswelt）来考察马克思的"现实前提"以及对开头问题的解决。胡塞尔与这一概念类似的表述还有Umwelt、Lebensumwelt。马克思的哲学文本中似乎没有"生活世界"这个用语，但肯定存在一个生活世界问题。以下胡塞尔这段对"生活世界"的描述就和马克思上面所讲的"现实前提"如出一辙：

> 生活世界是一个始终在先被给予的、始终在先存在着的有效世界，但这种有效不是出于某个意图、某个课题，不是根据某个普遍

① 费尔巴哈洞察到了这一点——黑格尔提供给我们的只是被理性普遍化的感性——尽管同样没能处理好个别性和普遍性的关系。他在《未来哲学原理》中说："语词不是事物，正像说出的或思想中的存在不能说是实际的存在一样。"见《费尔巴哈哲学著作选集》（上卷），商务印书馆1984年版，第158～159页。

> 的目的。每个目的都以生活世界为前提，就连那种企图在科学真实性中认识生活世界的普遍目的也以生活世界为前提。①

想澄清二者“生活世界”的关系首先就要理解胡塞尔这一术语的含义。② 但问题是，胡塞尔对“生活世界”的关键性论述主要集中在《欧洲科学的危机与先验现象学》（以下简称《危机》）第三部分（A）中，而这部分只是生前未能发表（甚至还没定稿）的手稿，据说打字稿已由欧根·芬克整理出来并寄给编辑，却最终被胡塞尔索回，打算重新修改。尽管如此，从发表于《哲学》杂志第一卷（1936）的《危机》第一、第二部分仍可管窥出向第三部分发展的迹象，因而，接下来的工作就是沿着第一、第二部分的思路，将第三部分（A）中建立在前两部分基础之上并与整书构相吻合的相关内容提取出来并加以梳理。笔者认为，在胡塞尔的行文中牵涉到了两种意义上的“生活世界”：非课题化的“生活世界”是一个先验现象学科之外的问题，是自然态度的生活世界；课题化的“生活世界”则是先验现象学反思的对象，是先验态度的生活世界。

胡塞尔的悬置分两步。第一步，悬置客观科学态度。这时，我们以朴素的自然的直接的态度看待周围世界，将它的存在看做是不成问题的，当作是一个不言自明的（selbstversändlich）有效前提接受下来，由此得到的是作为经验世界的生活世界。本节开头那段引文中提到的正是这种意义上的生活世界，它对于“清醒地生活于其中的人”来说始终已经存在，并将存在下去。似乎在批判实证科学态度方面，胡塞尔和马

---

① 《胡塞尔选集》（下卷），上海三联书店 1997 年版，第 1087 页，译法从倪梁康。

② 国内外学者对“生活世界”的理解素有争议。详见倪梁康：《现象学及其效应——胡塞尔与当代德国哲学》，生活·读书·新知三联书店 1994 年版，第 115 ~138 页；朱刚：《胡塞尔生活世界的两种含义——兼谈欧洲科学与人的危机及其克服》，《江苏社会科学》，2003 年第 3 期。

克思有某些契合之处。马克思同样认为，感性必须是一切科学的基础；但他的“感性”是指“人的感性活动”，这是胡塞尔的“生活世界”没有谈到的。按照马克思，生活世界是作为历史活动、作为社会关系才现实地成为自然科学前提的。这正是上文所提出的“实践”的第二、三重维度。马克思在《手稿》中用工业来说明生活世界的这种基础性：“在人类历史中即在人类社会的形成过程中生成的自然界，是人的现实的自然界”，是人社会化了的自然界即工业。其一，“工业是自然界对人，因而也是自然科学对人的现实的历史关系”①。自然科学通过它日益在实践上进入并改造人的生活。如果这样理解工业，那么自然科学将失去抽象物质的方向或者不如说是唯心主义的方向。在《形态》中，马克思通过批判费尔巴哈继续强调了生活世界的这层历史性含义。他指出，周围的感性世界是工业和社会状况的产物，是历史的产物，是世世代代活动的结果。又说：

> 费尔巴哈特别谈到自然科学的直观……但是如果没有商业和工业，哪里会有自然科学呢？甚至这个“纯粹的”自然科学也只是由于商业和工业，由于人们的感性活动才达到自己的目的和获得自己的材料的。这种活动、这种连续不断的感性劳动和创造、这种生产，正是整个现存的感性世界的基础。②

其二，马克思讲：“直接的感性自然界，对人来说直接是人的感性（这是同一个说法），直接是另一个对他来说感性地存在着的人。”③ 这就表达了生活世界的社会性含义。“只有在社会中，自然界才是人自己的人的存在的基础，才是人的现实的生活要素。”④

① 马克思：《1844 年经济学哲学手稿》，人民出版社 2000 年版，第 89 页。
② 马克思，恩格斯：《德意志意识形态》，人民出版社 2003 年版，第 21 页。
③ 马克思：《1844 年经济学哲学手稿》，人民出版社 2000 年版，第 90 页。
④ 马克思：《1844 年经济学哲学手稿》，人民出版社 2000 年版，第 83 页。

在《危机》第一、第二部分，大致有如下三处谈及这种意义上的生活世界，体现了生活世界非课题性、奠基性、直观性的特征：

> 我们的日常生活世界是唯一实在的、通过知觉实际地被给予的、被经验到并能被经验到的世界。我们整个实践生活是在这个实际地被直觉到的、被经验到和可被经验到的世界上发生的，它作为现实性是一切理念化的前提。生活世界即在我们的具体的世界生活中不断作为实际的东西给予我们的世界。①

胡塞尔在这两部分使生活世界课题化的倾向并不明显，只是暗示出了其课题化的问题并看做是根本的问题，“即这样一种朴素性是如何实际上作为生动的历史事实成为可能，并且现在继续成为可能的”②。他认为，生活世界课题化有两种可能的基本方式；但正如瓦尔特·毕迈尔在《危机》的编者导言中所说的，首先是现象学（即后一种方式）使生活世界所表明的东西成为可以理解的（即证明生活世界的有效性），然后才有一条从这样理解的生活世界通向现象学的自然道路。这个意思在前两部分已经显示出了苗头。胡塞尔说，想把“原初的直观”、把前于和外于科学的生活世界提到首位的重大困难是，一方面必须选择朴素的说话方式，另一方面又必须使它恰如其分地把所要证明的表达出来。而“通过一种摆脱生活朴素性的反思正确地返回到生活的朴素性，这是克服存在于传统的客观主义哲学之‘科学性’中的哲学的朴素性之唯一可能的道路”③，即第三部分（A）的标题所谓的“从预先给定的生活

① 胡塞尔：《欧洲科学的危机与超验现象学》，张庆熊译，上海译文出版社2005年版，第64、67～68页。

② 胡塞尔：《欧洲科学的危机与超越论的现象学》，王炳文译，商务印书馆2001年版，第67页。

③ 胡塞尔：《欧洲科学的危机与超越论的现象学》，王炳文译，商务印书馆2001年版，第75～76页。

世界出发进行回溯而达到现象学的先验哲学之路”。

第二步，悬置自然生活态度。科学家将生活世界假定为基础，但“‘生活世界’随个体自我主观视域的运动而发生变化”①。那么，主观、相对的生活世界怎么可以作为普遍有效的前提呢？比如，A = A 是以生活中所习惯的直观为基础的，然而，这一基础在科学上得到普遍阐明了吗？达到本质科学的普遍性了吗？这种朴素的自然态度仍旧可能属于“意见”（δοξα），是需要现象学反思的（见《危机》王炳文译本第171 页）。在此，胡塞尔认为，第一步悬置已经绝对不够用了；因为在实行这种悬置时，我们仍然继续站在现成世界的基础上。这就要进行第二步悬置，使生活世界成为课题，将“世界本身的预先给予性”、自明性、奠基性悬置起来。“生活总是在对世界的确信中的生活”②。而现象学的反思正是要反思对世界现实性的确信。这样，胡塞尔将科学的危机追到了其根基处：生活世界作为客观的、逻辑的科学的基础如何可能？如上所述，自然科学以生活世界为根，“客观的—科学的世界的知识是‘奠立’在生活世界的自明性之上的”③。而这种根需要反思，这样才能确定出生活世界普遍的结构，才能还原出真正科学的基础。由此，在先验哲学的框架内得到的是作为纯粹本质、纯粹先验现象的生活世界，而自然的世界生活只是不断构成着世界的先验生活的一种特殊方式。综上，“普遍悬置”置疑的是将主观、相对的自然态度的生活作为前提，正是这种真正的先验悬置使先验还原成为可能，如此才会开辟出一条从生活世界出发通向先验现象学的道路。实际，胡塞尔对自然生活有效性的怀疑恰好反映了其现象学的非辩证法性质。对于上面那个例

① 倪梁康：《现象学及其效应——胡塞尔与当代德国哲学》，生活·读书·新知三联书店 1994 年版，第 132 页。

② 胡塞尔：《欧洲科学的危机与超越论的现象学》，王炳文译，商务印书馆 2001 年版，第 172 页。

③ 胡塞尔：《欧洲科学的危机与超越论的现象学》，王炳文译，商务印书馆 2001 年版，第 158 页。

子，按照马克思，正是在感性活动中，在历史—社会中，A = A 才有意义，正是实践赋予了 A = A 使用的有效性，而这个实践是生成的、敞开的，从而这种有效性亦是生成的、敞开的。因为不理解历史辩证法，所以，胡塞尔困惑于朴素、自然的感觉如何直接成为理论家。这里涉及二者“生活世界”的一处重要区别。胡塞尔自然生活的态度没有反思性；相反，马克思的生活世界是生成的，而不是现成的，具有实践的反思性，即历史自己否定自己、自己批判自己（这点继承了上文所说黑格尔“意识本身的转化”的思想，见《精神现象学》中译本上卷第 61 页①），因而在自己实践中的感觉同样具有反思性。

应该指出的是，和马克思一样，胡塞尔洞察到了历史对于我们的基础性；他是想用现象学的方法来看历史、解释历史的有效性，但最后所论证的仍是理性的有效性。正像毕迈尔所说的，胡塞尔的根本意图是使对人的理性的信仰以及对作为理性自身实现场所的哲学的信仰重新确立起来。这种意图在第一、第二部分就有所显露，胡塞尔称上文所说“根本的问题”为一个暗藏的理性的问题，并指出只有当它显示出来时才知道它本身为理性。那么怎样才能使它显示出来呢？通过现象学的先验哲学。正如毕迈尔接下来所说的，作为人类自身沉思的哲学在历史上就是人的理性向自身的复归，人类在哲学中实现了对自身的辩明。可见，胡塞尔的任务就是将科学重新建基于在他看来真正可靠的理性之上，他所要返回的是先验生活本身，是人类理性，总之还是意识。

最后还剩下一个问题：自然态度的生活世界和马克思的生活世界是一样的吗？让我们重温本节开头那段引文。它的大意是，生活是理论的先在基础，且不依赖于理论的存在而有效。由上可知，在自然态度中，胡塞尔的生活世界具有在先—基础性、直观—自明性、实在性、有效

① 梅洛—庞蒂同样指出，马克思将黑格尔的自我意识的“否定性”改造成“实践”（la praxia）的否定性。见佘碧平：《梅洛—庞蒂历史现象学研究》，复旦大学出版社 2007 年版，第 57 页。

性；而在马克思那里，生活世界的这些特性是由于实践才成为可能的。胡塞尔所谓生活世界的“在先”是指根据上在先，所不同的是，他讲的是理论意义上的根据，马克思讲的却是实践意义上的根据。在马克思看来，这种根据不是推出来的，它的明证性是历史赋予的。只要一经劳动，我们所直接面对的那个现实世界就无可辩驳地成为前提，这一前提是直接被给予我们的，即在实践中可以直观到的。而人是通过人的劳动诞生的，所以在普遍性的劳动中（即“对社会主义的人来说”），对于他通过自身而诞生、他的形成过程，即所谓世界历史，他有直观的证明。因此马克思讲，历史向世界历史的转变是完全物质的、可以通过经验证明的行动，或者讲，现实前提可以用纯粹经验的方法来确认，但这必须是感性活动中的经验。在《手稿》中，马克思又谈到生活世界——人对人来说作为自然界的存在以及自然界对人来说作为人的存在——人和自然界的实在性问题，说它已经成为实践的、可以通过感性直观的。按照胡塞尔，自然态度的生活世界并非出于某个理论目的而有效，这种有效性是毋庸置疑的，它是不被作为理论课题的。而马克思的生活世界在实践的意义上被作为课题，并且，它正是出于实践的目的才有效，这是马克思对生活世界有效性的证明，即实践中的直观证明。在此，马克思暗示出一个论点：实践目的是理论目的的支撑，“理论的批判”全是为了“使现存世界革命化”的。所以说，对人类历史发展的抽象离开了现实的历史就没有任何价值。如果勉强套用胡塞尔的术语，那么马克思同样有一种“悬置”，即中止思辨的理论兴趣，看看它不再被视为基础时能否从一个更深层的根源推出它。这样，“在思辨终止的地方，在现实生活面前，正是描述人们实践活动和实际发展过程的真正的实证科学开始的地方”①。这里似乎潜藏着一种对意识形态和生活世界关系的倒转。正是在这种意义上，马克思指责德意志意识形态家

① 马克思，恩格斯：《德意志意识形态》（节选本），人民出版社2003年版，第17页。

“没有一个想到要提出关于德国哲学和德国现实之间的联系问题，关于他们所作的批判和他们自身的物质环境之间的联系问题”①。由于这种哲学观的革命不属于本文主题，恕不累论。综上所述，胡塞尔生活世界的普遍结构是通过先验还原获得的；马克思生活世界的普遍必然性是实践赋予的（更确切地说是实践中的普遍必然性），这便是对文章开头那个问题的解答。

（本文编辑：刘湘平）

① 马克思，恩格斯：《德意志意识形态》（节选本），人民出版社2003年版，第10页。

《坛经》的心性思想浅析

□ 黄 敏

《坛经》的心性思想历来受到广泛关注，其识心见性顿悟成佛的理论人所共知。然而，《坛经》对心与性的论述并非孤鸣先发，它对心性问题的探讨既有师承，也有转化。《坛经》思想中的心性论特点直接关系到其对禅宗思想的开拓发展。具体而言，《坛经》的心与性究竟何指，又是如何对如来藏真常心消化吸收，会通佛性概念的？此课题值得深思。

一、性 与 心

从敦煌本《坛经》① 看，其中多处论到性。对性的论述又有人性、本性、自本性、自性、法性等多种变化，在不同语境中所用的这些性的含义又是有区别的。

单独说到性一字，《坛经》就有不同指向。如《坛经》核心思想见性成佛，识心见性，都是以见性为目的。能见之性，首先是作为一性体，即佛性。《坛经》中较少用佛性一词，但多以性论佛性，作为能见之性，佛性即是众生本来面目，能见之见又非肉眼可经验观到之见，而是一种智慧观照的修辞表达。《大涅槃经》卷二十七说“一切众生悉有

① 此本《坛经》全名为《南宗顿教最上大乘摩诃般若波罗蜜经六祖惠能大师于韶州大梵寺施法坛经》，表明此经是慧能大师开坛传法时所宣说的内容，并注明为弟子法海所记，所以又称此本《坛经》为法海本。《坛经》流通版本诸多，广泛流通有四种版本，以此本年代较早，故采用之。

佛性，如来常住无有变异”。这种众生皆有佛性的思想在《坛经》中简化为对众生之性的谈论，见性成佛也就是见众生本具佛性而成佛。从体上讲，佛性是众生性体清净之因，清净性即佛性，性即是因之意。从因缘法的角度说，佛性就是众生成佛的可能性，凭依因。由此因而能待众生成佛之缘，在缘未成熟之时，佛性作为一种因是众生本具的，这就是众生本来面目。

佛性，又可以称为觉性。能觉悟成佛，又因是在诸法实相中领会缘起性空之理，所以从中道的不二法门说，佛性就包括一切能使众生成佛之因。由此，《大涅槃经》说“佛者，即是佛性。何以故？一切诸佛以此为性。……十二因缘名为佛性。佛性者，即第一义空，第一义空，名为中道。中道者，即名为佛，佛者，名为涅槃”(大正藏，T12. 524)。所以佛性又可以称之为般若智慧、法性、涅槃，等等。而为了方便说法随顺众生，所以说众生都有佛性，但并非众生的佛性是我性，是佛性我。《大涅槃经》说“是佛性者，实非我也，为众生故，说名为我”。由此，佛性作为一种因，表明诸法实相，又以真如名之，其实就是指诸法如其本来的那个样子。从体上说，佛性第一义空，应无体。但又是众生成佛的凭依因，所以在诸法实相的角度以之为体，这是佛教的体，而非哲学中的本体。

所以，作为成佛之因的佛性也就具有般若空性之义，作为第一义空之诸法实相，性在《坛经》中就指性空之理：“一切草木，恶人善人，恶法善法，天堂地狱，尽在空中，世人性空，亦复如是。”慧能用摩诃来表明心量广大，表示诸法本性空寂，空寂即为大，又包含万法，体现般若空观思想。而从见性的角度说，此佛性之理体是人所本有之性，如《坛经》说“自有本觉性”，“自法性”，“于自心中顿现真如本性”，“本心”等，就使佛性意义上的性字带有实质指向，而非一单纯的空无所有的虚设意义。

所谓见性成佛，识心见性，以自性、人性来表示性的概念在《坛经》中也就多次出现。自性有时与本性同义，均指清净佛性而言，又强调这是真如自性清净心。《坛经》说“人性本净”，“世人性本自净”，又引《菩萨戒经》“我本元自性清净”时，首先表明自性在此意义上与佛性、真如性的同义。但自性针对人之性而言，落实到有情众生身上，自性便在真如性之外另有一种含藏性。《坛经》说“一切法自在性……自性变化甚多”，“性含万法是大，万法尽是自性”。这两处的性均指自性而言，就人性本质来说，自性既包含了人的成佛之因，又含藏世间善恶诸法的种种。

那么，自性为何能包含两种不同方面，如果人性本来清净，何故会有自性变化一说？这就与人心联系起来。具体分析自性在《坛经》中的含义，可以说，佛性作为一清净因，必须遇缘才能成果。佛性本身不赖他性。但下降到我们有情众生身上，佛性就有一落实问题。如何落实在人中？《坛经》的解释是在佛性与成佛中直接建立人性论思想。自性概念的引入便是为了解决成佛当下性的问题。自性就人而言就是人性，“人性本净”是一本然状态，犹如孟子讲的“人性本善”，但是，《坛经》将本然之性与实然之心联系起来，说明了无明存在的问题。无明如何存在？就《坛经》来讲，人的烦恼是自迷，是心迷，人有觉知力和思虑心，这决定了人会有攀缘外境而执着的可能。从现实人心来看，自性起用而产生了万法差别和诸种烦恼。所以，自性与人心直接相关。

心字在梵语中有 citta、hr! daya 等对应词，而汉语翻译中一律用“心”这一字来取代，造成了汉佛典研究中对心字理解的含糊性。从心的梵语词义看，不同指向意义的“心”指肉团心，即生物心，又可以指思虑心，有觉知力感受力之心，同时又指涉真如心，清净心。用梵语表示，则可以看出不同字母所代表的具体不同的心的意义。而在汉语中，“心”这一字就同时消融了梵语心字的三种意思的差异。所以，《坛经》中对不同文段出现的心字也应该作分别看待。

在《坛经》中，心有时指真如心，如前面提到的，在这一含义上，心又指本性，本心与本性同义。而《坛经》中更多的是发挥心的思虑觉知之义。能觉知能思虑的心，就是人心。人的思虑、知觉活动与人的六种感官，包括眼、耳、鼻、舌、身、意，而产生色、声、香、味、触、法六尘相关。作为精神活动的发动力，心识包含人对外界及自身的种种认识，而这些认识与诸法的本来面貌却不一定相合。换言之，人对外界及自身的认识出于人心，这一意义上的人心便是现实的人心，非纯然先天所本的真如心。就其能思虑变化并受自身器官局限而言，现实的人心当然不能与清净本然的如来藏心相比。现实人心能起心动念，便是发用，从这一层含义看，“自性变化甚多”、“性含万法”则体现自性的杂染面。自性起用而产生种种善恶差别，实际上是对人心能动念转性的用而做的解释。自性在体上与真如清净性相合，在相上则落实在人心处，能思虑知觉之心则起心动念，发用而表现出不一定合乎真如法性的种种执着偏差。缘于人心的能思虑觉知而言，产生无明。对于心与性的差别，《坛经》中有一形象比喻：“心是地，性是王，性在王在，性去王无。性在，身心存；性去，身心坏。”性的主宰作用是就其为清净性而言，而心是性的载体，这里的心便是能思虑的现实人心。

可见，自性在《坛经》中的两层含义，一是对质真如心而言，自性而与真如异名同实。在万法本性上言其为真如，在人身上则言其为自性、佛性、本性等，前者是诸法实相之理遍在，如如之相而言，后者是针对人之能觉而言有自性。二是对质现实人心而言，能思维觉知的人心与自性同义，自性变化甚多，“思量一切恶事，即行于恶，思量一切善事，便修于善行，如是一切法，尽在自性”。则其为与经验界紧密联系的可变之性，又非清净不变之本性了。

二、如来藏与体用二分

然而，缘起性空之理坚决主张诸法无自性，无自性是佛教破斥其他宗派实有观念的重要理论。《中论》对数论派等所主张的实在论的自性观做了深刻反驳，确立了“不生亦不灭，不常亦不断，不一亦不异，不来亦不出”的八不中道原则，指出“诸法不自生，亦不从他生……

如诸法自性，不在于缘中，以无自性故，他性亦复无"（大正藏，T30.2b），此就说明了缘起诸法本性空寂，从世间万物不能自本自根而言，确立诸法无自性的般若空观。诸法的体性是缘起性空，空性可以姑且假名为诸法本性，以空性为本，这可以说是清净性的又一表述，由此也可说自性清净。无自性的说法源于对事物本性空寂的认识，所以本性空寂也就假名为自性清净。

以清净为本性的无自性之本，仍是无本之本。实际上，《坛经》中的自性并未停留在本性空寂，缘起性空的无本层面上，而关涉真如本性，又与人心杂染相关。《坛经》说"自性含万法，名为含藏识，思量即转识"，并指出转成六识而"出六门，见六尘"，自性落实到人心，便由人心之用而体现出善恶种种法。这样的自性被称为含藏识，由人心的无明妄念而带来世间种种相虚妄显现，所以觉悟就在于识自本心见自本性，返本的途径就出于对世界万物的这种认识，宗宝本《坛经》引用《大乘起信论》"心生种种法生，心灭种种法灭"，就是对"自性含万法"的进一步解释。值得注意的是，自性虽本自清净，又因思虑心起用而含藏污染烦恼，正如如来藏本来清净又落在烦恼污染中受熏。《坛经》对自性与人心的描述即源于大乘后期如来藏思想一系而来。

本来，在印度《黎俱吠陀》就有金胎生万物的思想，以一物造化世间万物的认识模式在佛教中被提升为一抽象的含藏源变现万法。如来藏就有了以清净如来法身胎藏于烦恼世间的本义。而《胜鬘经》中把如来藏分为空如来藏与不空如来藏两方面。"如来法身不离烦恼藏名如来藏。"（大正藏，T12，0353）并且如来藏有空性及不空性："空如来藏。若离、若脱、若异一切烦恼藏。……不空如来藏。过于恒沙，不离不脱不异不思议佛法。"（大正藏，T12，0353）空如来藏是指完全脱离烦恼的清净藏，不空如来藏则指向如来藏与烦恼共存而发挥作用的杂染性。所谓"如来法身不离烦恼"，反映了众生法性平等而如来与众生烦恼共具的思路。所以，以教化众生的方便说法而说如来藏，《胜鬘经》

便有了自性清净客尘所染的思想①。一方面，“如来藏者，是法界藏。法身藏。出世间上上藏。自性清净藏”（大正藏，T12，0353）。另一方面因如来藏而有“生死者依如来藏……有如来藏故说生死”（大正藏，T12，0353），体现如来藏与烦恼相即不离。所以，如来藏既“是依是持是建立”（大正藏，T12，0353），是诸法产生的凭依因，又是“断脱异外有为法依持建立者”（大正藏，T12，0353），本自清净。如来藏如何含藏真心妄心、清净与杂染的问题在此经中没有完全说明白。但以一如来藏包含万法的思想是很明显的，如来藏缘起的思想已初步形成。

在《楞伽经》中，“如来之藏是善不善因。能遍兴造一切趣生”（大正藏，T16，0670，《楞伽经》卷四）。将胎藏众生中的如来藏解为识藏，意指受熏习而有生灭，与无明七识发生关联。实际上已经有了以阿赖耶识来解释融合如来藏思想的倾向②。然而，为了表明如来藏的非本体实有性，经中又强调“于法无我离一切妄想相。以种种智慧善巧方便。或说如来藏。或说无我。以是因缘故说如来藏。不同外道所说之我。是名说如来藏。开引计我诸外道故说如来藏。令离不实我见妄想”（《楞伽经》卷二）。

对这些问题，《大乘起信论》提出“一心开二门”的架构，以阿赖耶识为杂染心来说明如来藏真常心如何能开出杂染烦恼门。杂染心依止于清净心，是一种间接依止，是凭依因而非生起因，“所谓不生不灭与生灭和合非一非异，名为阿梨耶识。此识有二种义，能摄一切法生一切法”（大正藏，T32. 1666）。阿赖耶识含藏无始以来诸种子，又不断被熏习起用而有污染法，阿赖耶识可以说是真如心与污染法的桥梁，通过

① 自性清净客尘所染的思想在大众部《部执异论》中就曾提到，后见于诸经中，如《大方等如来藏经》、《不增不减经》、《大般涅槃经》等。详见印顺：《中国禅宗史》，江西人民出版社 1999 年版，第 19 页。

② 关于《楞伽经》中的阿赖耶识思想，印顺法师在《中国禅宗史》也曾指出，认为将如来藏思想与阿赖耶识缘起说融合起来的就有《楞伽经》，“但中国禅者，并不注意《楞伽经》的阿赖耶识缘起说，而重视圣智自觉的如来藏性”。见印顺：《中国禅宗史》，江西人民出版社 1999 年版，第 17 页。

它可以转识成智，但也可能被无明烦恼熏习而起妄念。阿赖耶识的这种品格在《坛经》中则被自性的说法所代替。《坛经》中的自性一方面指真如本性，另一方面又指能觉知的现实人心，这种思路与《大乘起信论》相近。阿赖耶识在《大乘起信论》中也包含了能知能觉的品格：

> 此识有二种义。能摄一切法生一切法。云何为二。一者觉义。二者不觉义。所言觉义者。谓心体离念。离念相者等虚空界无所不遍。法界一相即是如来平等法身。依此法身说名本觉。何以故。本觉义者。对始觉义说。以始觉者即同本觉。始觉义者。依本觉故而有不觉。(大正藏，T32.1666)

就此看，不觉也就是心体不离念，或者说被妄念覆盖，被无明所染，这种说法在《坛经》文本中多次被提到，并且从修行法门上《坛经》也由此提出了要离妄念，而不是无念，甚至以真如为念之体，离妄念的思想正是对现实人心能觉知而通向清净的肯定。

然而，《大乘起性论》并不说即烦恼即菩提，而更强调离妄念的思想，通过发信心、直心、深心而修止观法门，从而出离妄念，得到不被无明所染的境界，这个过程有渐修的工夫在里面。所以，《大乘起信论》的思路虽肯认本觉，但多强调人如何修心以离妄念，对觉本身的能动性认识不足，是从消极方面肯定觉，而忽略觉体的自身发用。

从体用关系说，《大乘起信论》中无明与真如互熏，无明与真如各自有其发用的互动关系，从真如一体看，“真如自性，非有相非无相”(大正藏，T32.1666)，但真如自体是清净具足无量功德的，所以又说真如相大。从真如心一门开出生灭门来看，无明覆盖本性清净之心，而不断熏习阿赖耶识使其转向生灭流转，产生对世间万物的种种差别之相，“所谓心性不生不灭。一切诸法唯依妄念而有差别。若离妄念则无一切境界之相”（大正藏，T32.1666)，相的差别来自阿赖耶识，在修行上就突出了离妄念而识本心，“以心生则种种法生。心灭则种种法灭故”（大正藏，T32.1666）。真如也因所受之熏习不同而呈现清净或污染的差别，真如不直接起用但却令诸法呈现不同相状。而真如自身的发用则体现在不舍众生而示显的种种如来法身，对众生的教化布施，等等。所以，真如自身的相用与世间无明所引发的幻相无直接关联，如来藏自性清净心对世间诸恶没有直接作用，恶的产生间接的通过阿赖耶识受无明熏习体现出来。所以，如来藏对污染法而言是凭依因而非直接生起也在于此。真如自身的体、相、用秩序分明，真如自体的能动性虽以觉来说明，但毕竟能动性似有不足。

《大乘起信论》还说：

> 若诸佛法身离于色相者。云何能现色相。答曰。即此法身是色体故能现于色。所谓从本已来色心不二。以色性即智故色体无形。说名智身。以智性即色故。说名法身遍一切处。所现之色无有分齐。随心能示十方世界。无量菩萨无量报身。无量庄严各各差别。皆无分齐而不相妨。此非心识分别能知。以真如自在用义故。（大正藏，T32.1666）

色心不二为何又说诸佛法身要离于色相？又说法身是色体，未免有画蛇添足之嫌，其体用分离的痕迹仍然很明显。而且色心不二是通过不舍众生的教化来实现，在不舍众生的前提下色心不二才能成立，色心不二的意义是为方便随顺众生而示现诸相，所以，色心不二并无正面对即心即色、体用不二的肯定。《大乘起信论》所强调的离妄念修止观显真如的方法，就还没有到达《坛经》即烦恼即菩提，也就是即体即用的一步。

三、心性会通与即体即用

基于现实人心易受无明熏习来看，心在《坛经》中多指妄心，能思虑能动念而被污染之心。在修行中的识心见性，就是要转迷为悟，转妄念为正念。所以，《坛经》首先主张立“无念为宗，无相为体，无住为本”。无念并非要人不动念头，不思量不动念就是空心坐禅，这恰恰是《坛经》所反对的。慧能说：“于一切境上不染，名为无念，于自念上离境，不于法上生念。若百物不思，念尽除却，一念断即死，别处受生。”无念的意义在于“于一切法不取不舍”，即不住念，念念不断而又不住于一念，能达到这种境界就称为无念。无相与无住也是在不住相不住境的意义上说，“但能离相，性体清净”。而念念不住的过程是离妄念而念真如的过程。所以慧能又说“念者念真如本性，真如是念之体，念是真如之用。自性起念，虽即见闻觉知，不染万境，而常自在”。这里便把念具体化为真如之念，所以无念是无妄念，并非连正念也要除掉。从离妄念而念真如来看，此与《大乘起信论》的离妄念显如来藏自性清净心稍有不同，是从真如之用的正面显发来达到觉悟成佛的，念真如强调了觉的能动性。

以用观体，《坛经》更进一步得出即体即用的结论，从现实人心当下而实现成佛，即烦恼即菩提，在此意义上的心性合一，心性并举便是指如来藏自性清净心与现实人心的合一，真如心当下就是世俗心。从这一角度看，“自性变化甚多”，“性含万法”即是诸法实相不坏空性，诸法当下即体现缘起性空之理，自性即是万法，或者说万法即是自性。如此一来真心与妄心、清净性与人心的界限被打破，心性并举便在《坛经》中实现了超越心与现实心的跨越。

从禅宗修行方法上的简易直接性也可以看出体相用的合一与体用不二思维。对坐禅的区分即从内体与外用两方面来界定。《坛经》说“何名坐禅？……外于一切境界上念不起为坐，见本性不乱为禅。何名为禅定？外离相曰禅，内不乱曰定。外若著相，内心即乱，外若离相，内性不乱”。外能离相则对净心具有决定作用。于一切境界上不起念就相当于外离相，其实就是无念无相的另一说法，无念无相则是对用的规定。从用上说，做到了无念无相则清净心自然能呈现，就是从用上直接显现体。在这里，人的能动之用也就表现为真如之用，人的主观能动性与真如之用合二为一，真如法身的方便教化便转化为个人自身的内在觉悟力，人心之用更多地代替了佛陀的三身教化而被突出出来。

《坛经》用《文殊师利所说摩诃般若波罗蜜经》一行三昧的思想来贯通其识心见性的简易修行门。对原本《文殊师利所说摩诃般若波罗蜜经》所说的"法界一相，系缘法界"（大正藏，T08.0232）之说又内化为"于一切时中，行住坐卧，常行直心是"，如此则抬高了现实人心在修行中的作用，直接从人所处的日常生活行为中发用，并引用《维摩诘经》的话说"直心是道场，直心是净土"，心性修养在日常生活中便能达到清净境界，体用合一的倾向由此显露。

另外，《坛经》开篇慧能对众人说法而受无相戒，又讲说摩诃般若波罗蜜法，俨然师承有《金刚经》般若空观思想的意味。对于无相三归依戒，慧能也有新解。归依佛、法、僧三宝，实际上是归依觉、正、净，而不说归依佛："若言归佛，佛在何处，若不见佛，即无所归，既无所归，言却是妄。善知识，各自观察，莫错用意，经中只即言自归依佛，不言归依他佛，自性不归，无所依处。"显然众生本具佛性，甚至众生本即是佛，凡圣差别在修行中即可取消。所以，众生的修行关键又被转化为一念之间的转变。念之转变顷刻间带来即体转变的效果。《坛经》说"一念修行，自身等佛。善知识，即烦恼即菩提，前念迷即凡，后念悟即佛"。又说"不悟即佛是众生，一念若悟，即众生是佛"。从体上而言的清净性在用上即被消解。当体即用的思维就是在如来藏自性清净心的基础上跨了一步。所以自性清净的说法是为了教化方便而施设，"一切经书，及诸文字，小大二乘，十二部经，皆因人置，因智慧性故，故然能建立。若无世人，一切万法，本元不有"。甚至可以说，用就是体，"即佛行是佛"，用上就直接是休的发用，是体的显现。真俗不二、烦恼即是菩提的深意就在此。

四、体用不二——从《楞伽经》到《金刚经》

从以上分析看，《坛经》的心性思想特点首先是以性贯通人心，以本性清净涵容即心即性的现实人心，突出现实人心的能觉知能思虑，由此达到以妄心显真心，以人心识佛性的成佛目的。所以，《坛经》的着眼点是人心的能觉能思，从现实人心当下觉到妄心本真，即妄而真，其心性论是一能动活泼的觉心，而人心与真如心的合一是在体用不二的思维下完成的。

追根溯源，从达摩以来的《楞伽经》传统一贯倡导领宗得意，以心传心，重在默应和体悟，“法师感其精诚诲以真道。令如是安心。如是发行。如是顺物。如是方便。此是大乘安心之法。令无错谬。如是安心者壁观。如是发行者四行”（《略辨大乘入道四行》昙林序）。禅宗修心安心的传统是有的。而《楞伽经》中既有对般若空观的继承，又对诸法实相给予详细解释。其中对如来藏与阿赖耶识的分析在《大乘起信论》中得到调和，但《大乘起信论》之如来藏心与妄念并非真俗不二，修心、安心、离念的修行法门与达摩以来禅宗的净心修行是相合的。体相用的分离也清清楚楚。道信的念佛、安心修行也是以修心为主，有《入道安心要方便》一文留世。可以说，慧能以前禅宗的修行方法侧重离念修心的入道方便，从离境不执来看，可修之心是从静态上讲，是强调本心的清净空寂。而《坛经》的修行法从一开始就直接从人心入手，人心能觉知能思虑，从能动的心上转念而成佛，不是离境离念，从离念到转念，实际是从被动到主动，转向即妄而真，即烦恼即菩提。所以顿悟成佛也是人人可能的事，传法就非达摩以下的单传印心而转向分付了。无疑这便扩大并普及了成佛的可能性。

《坛经》对《金刚经》的吸收则进一步体现其体用不二思想的形成。楞伽禅法本来注重对心性的强调，而《大乘起信论》中以一心开二门，无疑为即妄而真的禅宗法门开辟道路。一方面，缘起诸法本性空寂，以般若空观看，实无法可得无心可修，如果要离妄修心，净心安心，则仍是落于两边而违背中道，《坛经》吸收了《金刚经》般若空观思想，从重心传直接贯通人心与真如心，就流露出超脱二元的思维倾向①。从离妄修心到现实人心的当下成佛就转到即妄而真，转向能思虑的人心与真如心在般若空观诸法平等相上的统一，心性合一由此实现体用不二的跳跃。

其实，从达摩重传心的传统看，以心传心必然要走向心性合一。传法虽然是心传，但也是不可意会，所以道宣又认为“摩法虚宗，玄旨幽赜。……幽赜则理性难通”（《续高僧传》）。因此要藉教悟宗，但又不能执于经教。所以，在修行上慧可、道信都主张安心，但如何安心却可以大有文章。从静态一端看心看净，则流于执心执境，难以传心。在五祖弘忍门下，由于传法不择根机利钝，分头并弘的痕迹已经有所显露②。所以，从楞伽师走向对般若经典的会通，便缩小了传心与修心之间的距离。传心要靠体悟，要默应，这是非个人看心看净所能得。同时传心又不能仅仅停留在单传，而要分付普及，所以体悟就应推广，推广看则必须有心性会通，则人必有本觉。本来以般若空观看，诸法实相不坏性空之理，以妄心显真心便成为可能。般若空观在理论上为即妄而真打开道路，所以被《坛经》吸收进来而融合了《楞伽经》的禅门传统，甚至取《楞伽》而代之，一花五叶的禅宗走向更是将般若空观发挥到极致。

需要指出的是，《坛经》所反映的体用方法是改造了中国哲学传统体用观与佛教体相用思维的产物，既有别于儒家传统体用观，也不同于佛教体相用的方法论。

---

① 宗宝本《坛经》中慧能“本来无一物”的偈子所体现的空观思维则更明显。宗宝本《坛经》流通广泛，但其思想与敦煌本有诸多差异，两种本子的精神风貌迥异，宗宝本《坛经》的具体思想不在本文论述范围。

② 达摩以下传法分付详情，请参看印顺：《中国禅宗史》，江西人民出版社1999年版，第155～162页。

从佛教观世界的基本方法看，诸法缘起性空，真如之体即空性，可以说是无体之体，是一个观察角度而已。相则是由体观诸法不落空，假有而起缘起相状，用唯识宗的观点，是依识所起之境。可以说，体是诸法相状之因，而诸法是因缘和合而遇缘成相，而体相用的合一与体相用不分是在诸法本性空寂法性平等的圣义谛上笼统得出的。体相用姑且可以看成佛教观世界的一种权变区分，无实质的能动内涵。

反之，中国哲学的体用范畴有实指意义。在先秦诸文献中，体用概念虽未明确提出，但作为万物本体与宇宙万物之生生之用的意义是明显的。《周易》中就有“神也者，妙万物而为言者也”，《老子》中说“有之以为利，无之以为用”。中国哲学的体用义是以体显用，体对用有能动改变性，所谓“生生之谓易”，天道流行而不赖万有。而佛教的缘起性空之理是对事物存在的判断，这一判断是静态而非创生义，事物产生纯属幻灭和合相，与性空之理体非创生能动关系。

《坛经》则保留了佛教缘起空性之体，又在心性论中吸收了中国哲学体用的动态意义，心与性的合一、当下觉悟而达到成佛目的，可以说是对中印体用观的创造转化。然而，《坛经》体用义仍是以空观为本，万物和合而本虚幻无实，中国哲学体用义以万物为实有，佛教以物为相，中国哲学以物为用，世界观的差别也对两种不同体用观的形成有一定影响。总之，《坛经》中的心性会通是通过体用观的转变实现的，但这一转变并非根本性，与“生生之谓易”的中国哲学之体也就貌合神离了。

（本文编辑：刘湘平）

论宋代山水画论的空间意识
——以《林泉高致集》为例

□ 李 珊

在人的意识中，空间意识是最基本的，它制约着人们的选择活动包括艺术活动，艺术作品是人们空间意识的具体外化。中国古人的空间意识直观地表现为一种宇宙观，这种宇宙观体现为“一阴一阳之谓道”①。宗白华认为就是：“一阴一阳、一虚一实的生命节奏，所以它根本上是虚灵的时空合一体，是流荡着的生动气韵。”② 这种宇宙意识在宋代集中体现在山水画中，郭熙作为宋代山水画和画论的集大成者，其在《林泉高致集》中提出的“三远”被宗白华称为“中国透视法”。因此，研究郭熙的《林泉高致集》对于了解宋代山水画论的空间意识乃至中国传统山水画的空间意识都具有重要意义。

一、何谓“空间意识”

所谓“空间意识”简而言之就是对“空间”的一种认识和理解。在日常语境中我们谈到“空间”，往往倾向于将其具体化为某物长、宽、高的体积，甚至会搬出数学公式加以计算。这只是对空间最直接的理解。“空间意识”的形成是一个历史的过程，而且更是在历史中得以窥见宋代山水画论所表现出的空间意识的独特性，因此我们有必要回到

① 《四部精要·十三经注疏·周易正义》，上海古籍出版社1992年版，第78页。

② 宗白华：《美学散步》，上海人民出版社1981年版，第89页。

中西方历史看其对“空间”的规定。

中国古人的空间意识可以概括为两点：第一，在空间意识产生之初没有明确的空间概念，构成原始空间意识的是方位观念；第二，古人空间观念的确立不是一个孤立的过程，它是与时间观念交织在一起的，但由于空间意识是以视觉表象为基础，还可从触觉、动觉、体觉中获得，它比抽象的时间更为具体直观，因此空间意识更具有先在性和本源性。商代甲骨卜辞中有东南西北“四方”神名和“四方风”名，却没有标志时间循环变易的四季专名，但四方反映了四时的观念，四方风是四季的标志，即时间观念往往借用已有的表示空间方位的词汇来表示。中国古代时空意识相互渗透，在这种相互渗透的时空意识中，以空间隐喻时间，实际上也就是以理解空间的方式去理解时间，时间意识也就必然会染上空间意识的色彩，具有类似于空间的结构和特征。最能直接体现中国古人时空意识的是宇宙观，最根本的宇宙观是《易经》中所说的“一阴一阳之谓道”①，即宇宙是一阴一阳运行的结果，阴阳二气相摩相荡孕育万物，宇宙空间就是这样一个时空合一，生生不已的生命空间。

西方人对空间的理解从一开始就与自然科学相关联。亚里士多德的空间观念是古希腊空间观念的代表，他认为空间是存在的事物所占有的长、宽、高三维的物质的连续体，是无限永恒的，这种对空间的理解一直占主导地位，到了近代的牛顿还受这种观念的影响，结合现代科学技术建立绝对空间，在他们看来空间是一个物理学的概念。作为康德先验论的重要组成部分，康德的空间学说主要由《纯粹理性批判》给出，他认为空间不是从感觉经验中得来的，而是人类先天的直观形式。康德的空间概念的形而上阐明中解释空间观念的先天性和直观性，它不是某一种特殊的几何学空间，而指的是一种基础的空间构造能力。但在当时

① 《四部精要·十三经注疏·周易正义》，上海古籍出版社1992年版，第78页。

的人们看来，它与感性的空间以及牛顿物理的空间是一致的。

由上观之，中西方历史上对“空间”的理解很大差异。中国古人的“空间意识”既不是康德哲学上所说的感性直观形式，也不是我们上面所谈到的物理学意义上的空间概念，而是一种虚灵的时空合一体的宇宙空间。空间意识会左右艺术家的表达，不同的空间意识会有不同的艺术表达。西方的物理“空间”，由此发展出严格遵循“透视法”的风景画，中国的生命“空间”发展出避“透视法”的山水画。这种空间意识表现在山水画中，最直接地表现在绘画作品中，在山水画论中也有各种阐述。前者具有直观性，但往往流于画面不易被理解；而后者形于文字而具体，便于我们清晰、准确地把握中国山水画中的“空间意识”。

在中国山水画论中最早关注“空间意识”这一问题的是宗炳的《画山水序》，他在该文中指出山水画是“身所盘桓，目所绸缪，以形写形，以色貌色”①。山水画的空间是随画家心灵作自由驰骋的主观空间。其后的王微认为山水画不是地图而是“目有所极，故所见不周。于是乎以一管之笔，拟太虚之体；以判躯之状，尽寸眸之明”②。他在这指出山水画能超越视觉的有限性，由此人们深入自然万物生命节奏的核心，获得主观的无限空间。从山水画产生时开始就表现出此种空间意识，就画论而言，宋代很多画论都关注这个问题，而郭熙在《林泉高致集》中提出的“三远”论无疑最具有代表性。

二、画面空间的营造

《林泉高致集》③ 为郭熙、郭思父子所著，是山水画高度成熟的产

① 俞建华：《中国古代画论类编》，人民美术出版社2004年版，第583页。

② 俞建华：《中国古代画论类编》，人民美术出版社2004年版，第585页。

③ 该书分为六篇，《四库全书总目提要·林泉高致集》认为该书前四篇为郭熙作，后两篇为郭思所作。

物，是其在创作体验和对前代山水画论学习的基础上写成的，是北宋后期山水画论的总结之作。该书立论的基础在于他对待山水的态度，在第一篇就指出以“林泉”之心待之：“然则林泉之志，烟霞之侣，梦寐在焉，耳目断绝。今得妙手郁然出之，不下堂筵，坐穷泉壑；猨声鸟啼，依约在耳，山光水色，滉漾夺目。斯岂不快人意实获我心哉？此世之所以贵夫画山水之本意也。”① 所谓“林泉之志”是在解脱尘嚣繁琐后，以求在虚静中体悟自然，在山水中观照生命的本原，超越现实生活获得精神的自由。他认为以“林泉之志”对待山水画则可得览泉壑、闻猿声鸟啼、赏湖光山色的“可行”、“可望”、“可居”、“可游”的画境。

绘画就其本质而言是空间的艺术，因此画面空间的分配是绘画创作最根本也是最开始的步骤。绘画中的空间布置就是谢赫“六法”中的“经营位置”，唐代的张彦远更是认为“经营位置，则画之总要”②。他们虽然指出位置经营的重要性但对如何经营未作具体论述。到宋代李成对如何经营位置作了详尽论述：“凡画山水：先立宾主之位，次定远近之形，然后穿凿景物，摆布高低。”③ 郭熙在李成的基础上概括为“凡经营下笔，必全天地。何谓天地？谓如一尺半幅之上，上留天之位，下留地之位，中间方立意定景”④。他指出山水画的构图为：上为天，下为地，中间为景，景是人之景，因此中间即为人。那么山水画也成为“天、地、人”三者的游戏，关于这三者的关系，古人早已有所关注。老子说“道生一，一生二，二生三，三生万物”⑤，道为宇宙的本源，阴阳二气生成天地人，天施地化人长养。从根本上人与天地都生于

---

① 郭熙：《林泉高致集·山水训》，文渊阁四库全书第 812 册，台湾“商务印书馆”，第 573 页。

② 张彦远：《历代名画记·论画六法》，文渊阁四库全书第 812 册，台湾“商务印书馆”，第 290 页。

③ 俞建华：《中国古代画论类编》，人民美术出版社 2004 年版，第 616 页。

④ 郭熙：《林泉高致集·画诀》，文渊阁四库全书第 812 册，台湾“商务印书馆”，第 581 页。

⑤ 《老子》，中华书局 1998 年版，第 14 页。

“无”的道，因此人与天地是亲和协调的。在山水画的空间布置上三者的位置不应对抗，三者应各处其位而又浑然一体。空间布置的草图在大脑中形成后即可下笔，但：“见世之初学，据把笔下去，与不去率尔立意触情，涂抹满幅，看之填塞人目，已令人意不快，那得取赏于潇洒，见情于高大哉?”① 他指出画面不能太“实”，要“虚”。“虚”包括两个方面：其一就是画面要留出空白处，即留白；其二就是在具体物象的描画要简。《林泉高致集》中画面空间位置的布置是描绘大山大水“全景山水”的格局，这在山水画发展史上是一大飞跃，它成为中国山水画空间结构成熟的组织方式。

郑午昌认为：“宋人善画，要以‘理’字为主。是殆受理学之暗示。”② “理”不仅是画家追求和表现的内容，更是“画法”产生的基础，笔墨技法也主要是基于“理”的运用。郭熙既懂得“画理”也注重“画法”，但又不固守于“画法”。他提出：“一种使笔不可反为笔使，一种用墨不可反为墨用。”③ 中国画自古以来就讲究“骨法用笔”，画的神采也生于用笔。谢赫的“六法”中就有“骨法用笔”，张彦远指出“骨气形似皆本于立意而归乎用笔，故工画者多善书”④。他指出“笔”是绘画骨气的基础，山水画也是以“笔”立骨，以笔立山水之形、以墨树山水之质，它在笔墨的游戏中生成。郭熙指出首先在运笔上切忌：板、刻、结。笔的运用与书法类似，讲究转腕灵活，用笔圆浑、流畅。字的每一笔画如直、横、撇、捺、钩、点，构成一个有筋骨、有血肉的生命体。在山水画创作中也是如此，要求每一笔都要表现出山水的形。人们常常把笔和墨连用以表达笔和墨密切的关系，运墨中往往就

① 郭熙：《林泉高致集·画诀》，文渊阁四库全书第812册，台湾“商务印书馆”，第581页。

② 郑午昌：《中国画学全史》，上海书画出版社1985年版，第269页。

③ 郭熙：《林泉高致集·画诀》，文渊阁四库全书第812册，台湾“商务印书馆”，第581页。

④ 张彦远：《历代名画记·论画六法》，文渊阁四库全书第812册，台湾“商务印书馆”，第289页。

包含某种笔法，而水墨山水画中就是以墨为笔。水墨山水画从唐代开始兴盛，王维说："夫画道之中，水墨为上；肇自然之性，成造化之功。"① 他认为水墨最切合自然的本性，这源于道家思想。老子认为："知其白，守其黑，为天下式。"② 黑为"无"，知白并能守黑是天下的法式而能长存，它是宇宙贯穿一切的原则。张彦远也认为笔墨的精神与宇宙的精神相通，用墨作画则可获得宇宙精神的观照。郭熙推崇水墨山水画，并对用何种墨以及如何运墨有详细的论述："用焦墨，用宿墨，用退墨，用埃墨，不一而足，不一而得。"③ 不同的墨有不同的用途，不能一一道尽。用浓墨、焦墨取物的界限；不同墨色的相互叠加产生各种艺术效果；墨与水以及笔的灵活运用又创造出很多艺术表现手法如干、皴、渲、捽、擢、点等。这表明他对水墨运用技法的高度纯熟，并根据需要以墨为主变化出各种色彩。"风色用黄土或埃墨而得之。土色用淡墨埃墨而得之。石色用青黛和墨而浅深取之。瀑布用缣素本色，但焦墨作其旁以得之。"④ 以水墨为本，色彩化入到水墨中。墨的深浅表现出阴阳变化，使画面具有三维的立体感；远景用简淡的笔墨表现，使画面具有纵深感，实现在两维的画面表现三维的空间。

位置经营、笔、墨等绘画手法首先营造出一个直观的"可行"、"可望"、"可居"、"可游"的画面空间，在对可感画面进行观照的同时生成一个画外的空间，这个画外之意的空间是宋代画论家一直追寻，也是整个中国传统山水画所追寻的空间。

---

① 俞建华：《中国古代画论类编》，人民美术出版社，2004年版，第592页。

② 《老子》，中华书局1998年版，第11页。

③ 郭熙：《林泉高致集·画诀》，文渊阁四库全书第812册，台湾"商务印书馆"，第581页。

④ 郭熙：《林泉高致集·画诀》，文渊阁四库全书第812册，台湾"商务印书馆"，第582页。

三、画外空间的意味

《林泉高致》对上述画外空间作了逻辑上的层层推理，在层层推进中展现空间的美学意味。首先他指出观山水在时间上对人的束缚：山水因季节不同而呈现不同的面貌："真山水之烟岚，四时不同：春山澹冶而如笑，夏山苍翠而如滴，秋山明净而如粧，冬山惨淡而如睡。"① 又由于朝暮、阴晴的变化而景色各异；由于远近、视角的变化，山呈现不同的形态："山近看如此，远数里看又如此，远十数里看又如此，每远每异，所谓'山形步步移'也。山正面如此，侧面又如此，背面又如此，每看每异，所谓'山形面面看'也。"② 另外由于地域的差异山水具有不同的风貌。基于以上时间上的限定和视觉上的局限，"千里之山，不能尽奇。百里之水，岂能尽秀?"③ 因此观景之人所览之景总是有限的。这种有限与"林泉之志"的自由境界相冲突，如何克服这种有限达到无限的自由？这是庄子以来人们所一直追问的，庄子在《逍遥游》一篇中指出朝菌、蟪蛄、灵龟、椿树和彭祖在感性形式上受年寿的限制；蝉、学鸠和鲲鹏也是在无限空间中有限的飞行。作为要死者的人其存在的时间和可感知的空间无疑是有限的，但人渴望突破现实时空上对感性自我的约束，庄子通过"乘天地之正，而御六气之辩，以游无穷"④，即把现实的时空转换为心理的时空，达到与天地相往来的宇宙空间。

郭熙也在寻找这样一条通往无限的道路，他在此前指出："山水大

① 郭熙：《林泉高致集·山水训》，文渊阁四库全书第812册，台湾"商务印书馆"，第575页。

② 郭熙：《林泉高致集·山水训》，文渊阁四库全书第812册，台湾"商务印书馆"，第576页。

③ 郭熙：《林泉高致集·山水训》，文渊阁四库全书第812册，台湾"商务印书馆"，第577页。

④ 《新编诸子集成·庄子集释》，中华书局2004年版，第17页。

物也，人之看者，须远而观之，方见得一障山川之形势气象。"① 他认为要"远"观山水，老子说"大曰逝，逝曰远，逝曰远，远曰返"②，"远"是穷乎无穷，布气天地而无所不通。"远"的最后就是形成与天地相通的化机，"思想随着山水的'远'无限的飞越，直飞越到'一尘不染'的境地，就是'淡'、'无'和'虚'的境地"③ 通过对"远"达到"无"，从而实现从有限到无限的突破。"远"在画面上表现为视觉上物象整体性的模糊，它是通过一定程度的"近"来实现的，"远"与"近"相互烘托。"远"为"虚"，为"无"；"近"为"实"，为"有"，绘画的空间就是以物象的"有"和空间的"无"来共同建构的。老子说："天地万物生于有，有生于无"④，万物皆从天地生，天地有形所以说生于有，天地神明飞动皆从道生，道无形所以说生于无。因此万物最根本在于"无"，空间最根本也在"无"。有限的物象不足以表达无限的"空间"，只有通过"无"的表达才能超越有限，正如宗白华所说："画幅中飞动的物象与'空白'处处交融，结成全幅流动的虚灵的节奏。空白在中国画里不复是包举万象位置万物的轮廓，而是溶入万物内部，参加万象之动的虚灵的'道'。"⑤ 画面的虚、空、白也并非"无有"，它是"虚无"，是灵气往来生命流动处，是无为而变的虚幻空间。《林泉高致集》中对"远"处理最后变成了一种"虚实"关系，画面的留白与实的物象相互交融，虚实相生，留白处成妙境。这种虚实最后化眼前之实景为内在之虚境，突破有限感官的局限，获得宇宙精神的观照，让宇宙之气在心中流动回转，达到心物浑融的境界。

郭熙把"远"具体化为"三远"："自山下而仰山巅，谓之高远。

① 郭熙：《林泉高致集·山水训》，文渊阁四库全书第 812 册，台湾"商务印书馆"，第 574 页。

② 《老子》，中华书局 1998 年版，第 10 页。

③ 陈传席：《中国绘画美学史》，上海美术出版社 2003 年版，第 264 页。

④ 《老子》，中华书局 1998 年版，第 14 页。

⑤ 宗白华：《美学散步》，上海人民出版社 1981 年版，第 84 页。

自山前而窥山后，谓之深远。自近山而至远山，谓之平远。"① 在画面上视线流动转折由"高远"到"深远"，由"深远"再到"平远"，如此则可以"仰山巅"、"窥山后"、"望远山"，俯仰往还，远近自取，从而取消固定的视点。"高远"、"深远"和"平远"三者相辅相成，"深远"或归于"平远"，或归于"高远"，后两者中又包含有一定程度的"深远"。通过"三远"最后获得："高远之势突兀，深远之意重叠，平远之意冲融而缥缈"② 的山水画境界。郭熙的"三远"包含两层意思：首先通过"三远"的范式对自然物象进行全局性的体察，让瞬间的空间变成连续性的空间，在时空交织的循环中摆脱视觉的局限，与自然山川"悟对神通"；其次郭熙的"远近游目"使人的心念不停于一点，只能任其飞腾向外无限延伸，最后返观自心，在瞬间的感受中体悟到无限空间。

这种空间观念首先与中国古代的生命哲学相关，《周易·系辞下》认为："天地之大德曰生"③，"生生之谓易"④，天地化生万物，宇宙永远处于一种"变易流动"的状态中。《淮南子·天文训》中指出："道始于虚廓，虚廓生宇宙，宇宙生气，气有涯垠。清阳者薄靡而为天，重浊者凝滞而为地。"⑤ 清阳为天，重浊为地，阴阳二气相摩相荡孕育万物，宇宙是一个生生不已的生命空间。其次，这种空间意识的实现源于古人的时空观，古人没有明确的空间概念，构成原始空间意识的是方位观念。早期的时间观念往往借用已有的表示空间方位的词汇来表

① 郭熙：《林泉高致集·山水训》，文渊阁四库全书第812册，台湾"商务印书馆"，第578页。

② 郭熙：《林泉高致集·山水训》，文渊阁四库全书第812册，台湾"商务印书馆"，第578页。

③ 陈鼓应，赵建伟注译：《周易今注今译》，商务印书馆2005年版，第646页。

④ 陈鼓应，赵建伟注译：《周易今注今译》，商务印书馆2005年版，第598页。

⑤ 何宁：《淮南子集释》，中华书局1998年版，第165～166页。

示，时空意识相互渗透，实现时间的空间化和空间的时间化。老子认为“万物并作，吾以观复。夫物芸芸各复归其根”①。随着时间的流逝万物最终要回归于的本原“道”。因此时间和空间无法以对方的分解作为自己的参照系，只有把无边、永动的宇宙作为自己的参照系。山水画表现的也不是瞬间的空间而是“生生不已”、“循环往复”的宇宙空间。

郭熙的“三远”转变了刻画山水物象的方式——由对外在构成的注重转向内向的体验，通过可“行”、“望”、“居”和“游”的山水画，传达出生生不已的宇宙空间。

四、宋代山水画论的空间意识

郭熙的“三远”论在一定程度上代表了宋代山水画论的空间意识，但又不能完全等同，它奠定了宋代山水画论空间意识的基础。因此，考察宋代山水画论中所包含的空间意识，可以以郭熙的“三远”为逻辑起点，然后再作进一步的展开。宋代山水画论中首先关注该问题的是沈括，他认为“大都山水之法，盖以大观小，如人观假山尔。若同真山之法，以下望上，只合见一重山，岂可重重悉见。……其间折高折远，自有妙理，岂在掀屋角也。”② 这段话包含两层含义：其一，“以大观小”法，就是化眼前的实景为宇宙的虚景然后又回到自身，实现心物交融；其二，他认为画山水画不应站在一个固定的点，而应该用心灵的眼睛来览全景，画面空间的布置不是机械地写实，而受整个画面节奏的支配，是画家心领神会妙悟的结果。沈括运用“以大观小”法实现了从有限到达无限的飞跃，开始注重画家内心的体悟。

宋代画论中表现出对宇宙、对空间的关注，这与宋代兴盛理学相关，理学是儒、道、佛三者经过长期冲突和融合形成的和合体。宋代理

① 《老子》，中华书局1998年版，第8页。

② 沈括：《梦溪笔谈》，商务印书馆1936年版，第108~109页。

学以“穷理”为精髓，这种探求精神把人引向由对外在感性世界的直观转向对形而上学世界的理性思考，理学中的不同派别对源于先秦的儒家思想提供了宇宙论、本体论上的论证。周敦颐认为阴阳二仪是生化万物的源泉，事物在时间上无所谓开端和结束，它永远处在循环往复中。“道”在宋代理学家那里就是“理”，因此“理”也就具有“道”所具有的特点。二程指出：“天下之理，未有不动而能恒者也。动则终而复始，所以恒而不穷。”① “理”周而复始地运动，因此而生生不息。郑午昌指出：“惟其讲理，故尚真；惟其尚真，故重活；而气韵生动，机趣活泼之说，遂视为图画之玉律。卒以形成宋代讲神趣而仍不失物理之画风。”② 宋人以“理”为绘画的理念，但“气韵生动”更是金科玉律，郭若虚认为：“凡画必周气韵，方号世珍。”③邓椿也认为：“固画法以气韵生动为第一。”④ “气韵生动”作为中国绘画中一个重要的概念由谢赫提出，所谓“气韵生动”首先用于人物画，是指画要表现出人物内在的精神风貌。刘纲纪认为“气韵”是“要求从主体生命的有节奏、合规律的运动中展现出主体精神的人美”⑤，到五代的荆浩“六要”中分别讲到“气”和“韵”，将它们运用到山水画中即是要展现山水的内在精神。宋代的山水画论家推崇“气韵”，韩拙就指出：“凡用笔先求气韵，次採体要，然后精思。若形势未备，便用巧密精思，必失其气韵也。大概以气韵求其画，则形似自得于其间矣。”⑥ 一皴一点，一勾一斫都要遵循规矩法度，而所谓的规矩法度也是本乎于自然的气韵，山水画因为合于天机而不失自然，而得山水气韵。

宋代理学追究形而上的“理”，而这“理”又是虚空而无法验证的

① 王孝鱼点校：《二程集》，中华书局2004年版，第862页。

② 郑午昌：《中国画学全史》，上海书画出版社1985年版，第269页。

③ 俞建华：《中国古代画论类编》，人民美术出版社2004年版，第59页。

④ 邓椿：《画继》，人民美术出版社1963年版，第114页。

⑤ 李泽厚，刘纲纪著：《中国美学史》，安徽文艺出版社1999年版，第791页。

⑥ 俞建华：《中国古代画论类编》，人民美术出版社2004年版，第676页。

“空理”，因而理学家们在求理方法上要求“格物致知”。二程认为：“致知在格物。非由外铄我也，我固有之也。”① 二程所说的“格物致知”的过程是一个印证心中“理”的过程。陆九渊认为“吾心即宇宙，宇宙即吾心”②。宇宙之心与人之心是相通的，“格物致知”人不必向外探求，只要不断扩充心中的“理”，也就是体认“万物皆备于我”③的那个“心”即“本心”。理学家们认为要通过“格物致知”来消除“物”与“心”的相对待而达一体的境界。山水画中也同样是以“理”为主，张怀在给韩拙《山水纯全集》写的后序中指出：“惟画造乎理者，能因性之自然，究物之微妙，心会神融，默契动静，挥一毫于万象，则形质动荡，气韵飘然矣。”④ 画画就是体验物理与自我内感的契合，在心物交融的瞬间挥毫写万物，生成气韵生动的宇宙。

南宋南禅宗思想的影响逐渐扩大，它主张以“‘自心即佛性’为本原，以‘无念无相无往’的‘顿悟’途径和‘空’的无差别超越境界”⑤，因此禅宗指引着人向内在的本体世界进行回溯，向万有之源的虚无回溯，在有限的必然中体验无限的自由。韩拙在郭熙基础上增加的“阔远”、“迷远”和“幽远”就很有“禅”的意味，他说：“有近岸广水，旷阔遥山者，谓之阔远。有烟雾暝漠，野水隔而仿佛不见者，谓之迷远。景物至绝而微茫缥缈者，谓之幽远。”⑥ 这里的“三远”指的更多的是心灵上的内观，更注重内心的体悟和感受。“禅道不可言说，不可形于象，只能靠心灵去体会，参透‘无’才能体会禅，体悟自心。……禅家则是以‘心’的外射，通过‘远’向无限延伸，然后反复盘亘，返观自心，终极是在自心。通过无限的延伸，在自心和宇宙的

① 朱熹编：《河南程氏遗书》，商务印书馆 1935 年版，第 347 页。
② 钟哲点校：《陆九渊集》，中华书局 1980 年版，第 483 页。
③ 钟哲点校：《陆九渊集》，中华书局 1980 年版，第 440 页。
④ 俞建华：《中国古代画论类编》，人民美术出版社 2004 年版，第 684 页。
⑤ 葛兆光：《中国思想史》第二卷，复旦大学出版社 2001 年版，第 64 页。
⑥ 俞建华：《中国古代画论类编》，人民美术出版社 2004 年版，第 664 页。

融会中，体悟生命的永恒。”① 禅宗要求向心内求、内向反省，注重内在修持和自我参悟。禅宗的“反观自心”的思想正是山水画中在反观自身中达到体验无限自由空间的理论先导。宋代山水画论开始注重内心的体验，追求心物圆融的境界，这是宋代水墨山水画技巧日趋成熟的表现，同时也是宋代时代审美情趣的培育和选择的结果。

综上所述，《林泉高致集》一书高度概括了前人的成果，尤其论述运用位置经营、骨法用笔以及用墨等绘画手法营造出的画外空间，代表了宋代山水画论空间意识的最高成就，标志着中国山水画空间美感的成熟。宋代山水画的空间并不是一个纯视觉空间，而是由视觉探寻引向精神体验的空间，亦即通过画境的可行、可望、可居和可游，探寻出“气韵生动”、“心物圆融”的内在空间。

结　　语

宗白华认为郭熙的“三远”就是“中国透视法”：“中国画的透视法是提神太虚，从世外鸟瞰的立场观照整体律动的大自然，他的空间立场是在时间中徘徊移动，游目周览，集合数层与多方的视点谱成一幅超象虚灵的诗情画境。”② 所谓“中国透视法”是相对西方意义上的“透视法”而言的，中国传统绘画对“透视法”是躲避之、取消之和反对的。冯晓认为“艺术是通过对物象的物理特性的再造——光、影、色彩构成的综合感觉的物理空间来表现的”③（以下比较也受冯晓《中西艺术精神》一书的启发），因此从以下三个方面入手与西方传统风景画（从15世纪风景画产生以来的传统绘画，而后期印象派、表现主义、立体主义等另当别论）进行比较，在比较中显现中国传统山水画的空

① 黄河涛：《禅与中国艺术精神的嬗变》，商务印书馆国际有限公司1994年版，第261～262页。

② 宗白华：《美学散步》，上海人民出版社1981年版，第111页。

③ 冯晓：《中西艺术精神》，上海书画出版社1993年版，第192页。

间意识：

1. 透视：视焦点对准物象时，物象就是清晰的，就能描绘出一个符合实际经验的真实感的世界，相反得到的是一片茫茫无际的虚无。是否采用“透视法”是中国传统与西方传统风景画的一个最根本的区别。西方的风景画在解决用画面的两维空间表现现实的三维空间时，西方的科学思维——透视学发挥了作用。早在古希腊的数学家欧几里得就提出线透视，到文艺复兴产生“透视学”，达·芬奇认为：“‘透视学’是绘画的缰辔和航轮。”① 它包括三个部分：线透视、色透视和隐没透视。线透视就意味着有一个“焦点”，站在一个固定的点来观察世界。正如阿恩海姆指出的：“中心透视法为正确地模仿自然提供了一套新的和合乎科学的标准，但同时却排除了人的一切自由和任性。这就使那些以这种方式完成的图画变成了对客观现实的准确复制。”②“焦点”的产生一方面使自然在画面中得到了逼真的再现，但另一方面使人失去了创作的自由。中国人的空间意识是一种心理空间，它可以通过心的体悟直接观照整个宇宙，它不注重对物象清晰的表达强调“远”。因此没有固定的“视点”，而是有节奏地游动。

2. 光影：光使万物显现自身，它使时空成为一个可感受的世界，有光就有影，影是对光的一种遮蔽，固定的光源总是标明一个特定的时间。西方风景画总是有光源，根据与光源距离的远近而区分出明暗。不同的光源代表不同的时间，它表现的是“瞬间美”，这种美在特定的时间和特定的空间中的展现。中国山水画没有一个固定的视点就没有一个光源，也就不存在时间性，它表现的是一个永恒、无限的内在宇宙空间。

3. 色彩：大自然的光芒呈现瞬间时空中的光彩。西方风景画通过

① （意）列奥纳多·达·芬奇：《芬奇论绘画》，戴勉编译，人民美术出版社1979年版，第56页。

② （美）鲁道夫·阿恩海姆：《艺术与视知觉》，滕守尧，朱疆源译，中国社会科学出版社1984年版，第393页。

颜色的渐变来表现远近和光影关系，表现他们对瞬间时空的理解“影子——黑颜料和赭石，亮光——白的，黄的和绿的颜料，丹铅和红颜色。中度的影子——将上述作阴影的成分与作亮光的成分混合，再补充一些黄颜料、绿颜料……”① 不同的颜色表现不同的事物和效果，颜色的相互综合又产生不同的艺术效果，从而达到逼真的再现眼前之景。中国山水画的没有固定的视点和光源，因此也就无所谓特定时空方单位中的色彩层次关系。山水远近的距离感都是通过墨的浓淡来加以把握，或者掺杂其他颜色但仍然以水墨为主。宇宙空间是阴阳二气相摩相荡中产生的，淡漠是它的本性，通过黑色表达他们对道的体悟。

总之，透视、光影和颜色是相辅相成共通创建中国传统山水画与西方传统风景画不同的空间，体现中西方空间意识的差异。在西方传统风景画中，表现出瞬间的、现实的物理空间，颜色的使用这种表达更加准确。在中国传统山水画中前两者表现出循环往复、气韵生动的内在宇宙空间，中国传统山水画不注重表现瞬间的时空，山水画所表达的时空就是永恒的道所具有的生生不息而又无法把握的时空。

（本文编辑：肖航）

① （意）列奥纳多·达·芬奇：《芬奇论绘画》，戴勉编译，人民美术出版社1979年版，第132页。

二维多级理论模型对名词稳定性的处理

□ 熊文娴

在科学理论中常常会遇到名词的稳定性问题，这个稳定性问题是指：在之前的科学理论被新的理论代替之后，或者理论做出调整之后，被取代的理论中包含的名词是否变得不具有指称，应该（在科学中）被消去。一个较为普遍的观点认为名词的内涵决定其外延，即意义决定其指称。如果科学理论本身描述了其中所包含的名词的意义的话，那么当旧的理论被新的理论取代时，旧的名词应该被消去。然而科学史表明：当新的理论取代了旧的理论或者理论做出微小调整时，旧理论中的名词可能并没有从此便失去意义和指称。例如：牛顿的时空观被爱因斯坦的时空观所取代，但是我们仍然沿用牛顿理论体系中的一些名词。一个显然的问题是：科学理论本身是否描述了其中所包含的名词的意义呢？当然我们也不能接受：即使一个理论再失败，其中的名词也应该沿袭下来，被继续使用。事实上某些理论的失败，甚至是理论的调整，也会导致其中的名词的消去，例如“以太”。那么，到底是什么决定了名词的意义，从而决定了其稳定性呢？

一、指称理论与名词的稳定性问题

最直接的观念是，如果实践证明被考察的名词没有指称，那么它就应该被消去；如果它有指称，它就应该继续被使用。名词如何获得其指称应该依赖于指称理论，因为一个指称理论正是阐述了名词如何获得其指称的。如果我们知道了名词如何获得其指称，那么我们可以付诸实践以考察名词是否有其指称，并从而判断名词的稳定性。

传统上主要的两种指称理论——摹状词理论和因果理论——并不能解决这个问题。如果我们采用摹状词理论的观点，名词通过一簇摹状词获得它的指称。如果实在的世界包含符合这簇摹状词所描述的性质的实体，这个名词将指称这个实体。然而甚至理论最微小的变化都可能导致我们发现世界上不存在符合这个名词的摹状词组所描述的性质的实体，即这个名词被发现没有指称，那么这个名词似乎应该被消去。并且由此可以得出一个可怕的推论：由于科学理论高度的可误性已经是基本上所有科学家和哲学家共同认可的了，那么我们今天的科学理论极有可能在将来被证明是错误的，那么我们现在使用的名词将没有指称，从而没有意义，应该被消去。我们知道这是我们不能接受的，也是不符合科学史事实的。

如果我们采用因果理论的观点，我们将得到一个极端相反的结论。既然一个科学理论名词存在，那么总有它产生的原因，总是有一种现象引起我们对它的使用。根据因果理论，最初的命名活动决定了理论名词的稳定性，它不会被消去，即使理论是如此的没有希望，导致我们使用这个名词的原因和我们想象的如此不一致，以致我们可以得出结论说这些名词没有指称，按照因果理论，这些名词仍然还是有指称，不能被消去。一个名词一旦被发明，被使用，就再也不能被消去了，这也是我们不能接受的。

当然这两种传统的指称理论对名词稳定性问题解决的失败，一个很重要的方面在于指称理论本身的不完善。目前有多个以这两种传统指称理论为基础，或者对这两种指称理论加以综合形成的变体理论。Philip Kitcher 认为一个名词可以自带多种指称模式，在不同的语境中它可能适用于不同的指称模式，上面提到的多种指称理论分别是名词可能有的指称模式。例如，在某些语境中，水根据某种指称理论变体指称“分子式为 H_2O 的分子聚集形成的物质”，那么，当我们发现水不是 H_2O 时，水将没有指称。在另外某个语境中，水根据另一种指称理论是指流淌在我们的水管或者河流或者湖泊中的无色透明液体，那么，当我们发现水不是H_2O时，水仍然具有指称。

Kitcher的这种解决办法似乎很有吸引力的，然而David Braddon-Mitchell却指出它存在某些困难："我们如何理解指称模式呢？我们很难论证说多个指称理论中其中某个是正确的，但是如果我们被允许从中挑选某些出来，那么我们很难为如下两种情况划界：有些时候名词有指称但大多数时候没有指称，和名词完全没有指称。至少，如果我们认为存在一个真的理论，我们可以看到如何排除其他理论。如果存在很多真的理论，分配给某个特殊的情况以某种指称模式显得更随意。"① "什么能保证指称模式的分配的正确原则会导致我们想要的结果呢?"②

David Braddon-Mitchell提出一种类似的但可以避免上述问题的思路——二维多级理论模型：在不同的语境中语词改变的不是其指称模式而是语词的意义。通常似乎是关于指称理论的问题决定着我们的本体论，David Braddon-Mitchell通过把与指称相关的问题归并到语词的A内涵中，从而把指称的问题作为一个在形而上学中可以根据个人喜好解决或者不解决的问题。

二、David Braddon-Mitchell的二维多级理论模型

David Braddon-Mitchell提出一种改良的摹状词理论方案，一种语义学理论——一种如何确定词项的指称的理论，而不是独立的指称理论；一种关于指称关系是什么的原语义学考虑。

根据我们前面的分析，摹状词理论正是消去成为可能的理论（至少和其他辅助理论一起），但是我们也并不希望消去所有的科学名词。

---

① David Braddon-Mitchell: The Subsumption of Reference. *British Journal of Philosophy of Science*, 2005, (56): p. 170.

② David Braddon-Mitchell: The Subsumption of Reference. *British Journal of Philosophy of Science*, 2005, (56): p. 170.

David Braddon-Mitchell 提出的这种改良后的摹状词理论并不会导致所有科学名词被消去的恶果。以猫为例。存在大量关于猫的理论，它们在一定程度上反映猫的特性，并且每个人关于猫的理论都可能或多或少有些不同，不同的社会共同体关于猫的理论也可能是不同的。先不考虑猫的理论因人而异，因社会共同体而异的问题，先看关于猫的其中一个理论。这是一个如下的理论："如果有猫存在的话，猫是一种实存的生物体，下面描述的特征对它而言大部分（基于某种权衡）是正确的：存在一种被叫做'猫'的四条腿的实体，并且这个实体的一部分或者某些行为导致了'猫'这个名词的使用，即最初由于关于猫的交流使得它们被命名为'猫'；它们长期被人们饲养在家里。这个理论的部分涉及另一个理论：关于猫的正确的生物理论——解释了猫的起源和猫是其所是的本质的理论。所以这样来考虑：一个一级理论 T1 说猫是被某个正确的生物理论（也许我们并不知道它是什么）所描述的东西。"① 我们把这个正确的生物理论叫 TT，它处于第二级。但是处于第二级的理论 T2 可能不是 TT，即 T2 可能是错误的。

"我们用 P1，P2 和 Pt 分别表示在理论 T1，T2 和 TT 中的名词。那么：

（A）T1 包含一个名词 P1（'猫'）和一个句子，这个句子把与某个正确的理论 TT 中的名词 Pt 相联系的所有性质与 P1 相联系，理论 TT 描述了事实上扮演 T1 角色的东西的本质是什么。"②

"理论 TT 描述了事实上扮演 T1 角色的东西的本质是什么"这句话我们可以这样来解释：理论 TT 是关于 P1 的所指的本质是什么的正确理论。P1 的所指对应于实际世界的某种实体，我们把它叫扮演 T1 角色的东西。处于第二级的理论 T2 有很多，它们是相互竞争的二级理论，

① David Braddon-Mitchell: The Subsumption of Reference. *British Journal of Philosophy of Science*, 2005, (56): p. 160.

② David Braddon-Mitchell: The Subsumption of Reference. *British Journal of Philosophy of Science*, 2005, (56): p. 160.

这些相互竞争的二级理论中可能有一个正是正确的理论 TT，也可能正确的理论 TT 仍未出现，或者不存在。

“假定我们有某种理由相信某个二级理论 T2 正是正确的理论 TT。T1 告诉我们在正确的理论 TT 中，为了使与 Pt 相联系的性质与 P1 联系起来，Pt 在 TT 中应该扮演什么角色。由于 T2 被相信是正确的理论 TT，那么与 P2 相联系的性质将与 P1 相联系。或者我们也可以这样来想：P1 是一个变量，当我们发现 T2 是正确的理论，其中的名词 P2 扮演了相关的角色时，我们就为 P1 确定了真值。那么：

（B）T2 是关于……的正确的理论，所以 P2 是 Pt。

我们从（A）和（B）推断处：

（C）猫是某种东西，对它来说 T2 理论中与 P2 相关的部分为真。

如果 T2 是正确的理论，那么 T2 理论中的相关句子描述了某物是猫的必要条件。如果 T2 实际上是错误的，那么 T2 不是 TT，所以（B）是错的，猫就不是 T2 理论中与 P2 相联系的那些性质所描述的东西。猫是正确的理论 TT 中与 Pt 相联系的性质所描述的东西。”①

所以，如果我们要确定 P1 的指称就必须找出 TT。但是，如果我们只需要确定 P1 的稳定性，即明确 P1 是否具有指称，我们只需要知道是否存在正确的理论 TT 就可以了。如果 TT 存在，那么 P1 的指称就存在，否则，P1 就没有指称。在这个意义上，David Braddon-Mitchell 说他的这种方案并不是一个独立的指称理论，而是一个关于语义学的理论。

David Braddon-Mitchell 的这种改良的多级摹状词理论不会导致摹状词指称理论导致的后果，即哪怕理论只有微小的调整，其中名词也会被削去。因为只要存在某个正确的理论 TT，无论我们的 T2 如何错误，P1 都不会没有指称。

David Braddon-Mitchell 指出在实际情况中，可能存在三级、四级甚

① David Braddon-Mitchell: The Subsumption of Reference. *British Journal of Philosophy of Science*, 2005, (56): pp. 160-161.

至更多级的理论。当然，也有可能出现只有一级理论的情况。在所有这些可能情况中，每一级理论的可误性都只可能引起该级中名词的消去，而不可能决定其上一级名词的消去与否。

三、二维多级理论模型所反映的二维语义学考虑在二维真值表的体现

David Braddon-Mitchell 用二维真值表处理与名词消去问题相关的断言。这种二维真值表是所谓的二维模态逻辑矩阵。其关键点在于我们对于反事实的判断依赖于我们用来当作事实的情况是什么。这与二维语义学对名词意义的部分考虑相一致,我们稍后再谈论这个问题。通过二维真值表,我们可以在关于事实情况是什么的不同假定下,系统地了解可能做出的反事实判断。我们先看看二维真值表对如下断言的处理:"猫存在。"

表格 1① "猫存在。"

	T2m（哺乳动物）	T2r（爬行动物）	T2d（恶魔）
T2m（哺乳动物）	T	?（是否存在扮演 T1 角色的哺乳动物?）	?（是否存在扮演 T1 角色的哺乳动物?）
T2r（爬行动物）	?（是否存在扮演 T1 角色的爬行动物?）	T	?（是否存在扮演 T1 角色的爬行动物?）
T2d（恶魔）	F（扮演 T1 角色的并不是它实际所是的东西，因为实际上没什么东西扮演 T1 角色）	F（扮演 T1 角色的并不是它实际所是的东西，因为实际上没什么东西扮演 T1 角色）	F（没什么东西扮演 T1 角色，并且在任何情况，实际上也没有什么东西扮演 T1 角色）

① David Braddon-Mitchell: The Subsumption of Reference. *British Journal of Philosophy of Science*, 2005, (56): p. 163.

在表格1中，T2m和T2r分别代表扮演T1角色的东西是哺乳动物和爬行动物的情况。T2d表示没有任何东西扮演T1角色的情况，尽管有一个关于什么导致我们对猫的印象的正确理论，却没有一个正确的生物学理论，引起我们对猫的印象的是恶魔，而恶魔不是生物。

左边第一列分别表示我们用来当作实际情况的假设。表格第一排表示反事实世界的情况。在第二排，我们把说猫是哺乳动物的理论T1在其中为真的世界当成实际世界，并考察如果我们关于猫的印象是反事实地由哺乳动物、爬行动物和恶魔引起的，"猫存在"这句话的真值会是什么。在第三排、第四排分别把说猫是爬行动物和恶魔的理论T1在其中为真的世界当作实际世界，并考察在反事实世界中"猫存在"的真值。

我们借用可能世界的观念来表达反事实世界，并分析表格1。我们用W来命名实际世界。在第二排中，猫在W中是哺乳动物，在可能世界W1，"猫存在"这句话里"猫"表达的是我们在W中认识的那个"猫"，它是哺乳动物，我们关于猫的印象（1）如果是哺乳动物引起的，在这种情况下，"猫存在"表达了一个事实真理；（2）如果是爬行动物或者恶魔引起的，这里我们得继续考察在这样的可能世界W1中是否存在可以引起我们关于猫的印象的哺乳动物，这是一个经验问题；如果在可能世界W1中存在可以引起我们关于猫的印象的哺乳动物，那么我们说"猫存在"就表达了一个事实真理，尽管我们说这句话的时候可能没有意识到我们所说的"猫"与引起我们关于猫的感觉的东西可能不一样；如果可能世界W1中没有可以引起我们关于猫的感觉的哺乳动物，那么我们说"猫存在"这句话在可能世界W1中就是错的。关于第三排的分析亦是如此。在第四排中，猫在W中是恶魔引起的我们的幻觉，因此，猫不存在，"猫存在"对于我们而言一个错误的观念。无论可能世界引起我们关于猫的印象的东西是什么，"猫存在"对于我们而言都是一个错误的观念。

从这里的分析我们可以清楚地看到，固定某个世界为事实世界，在反事实世界中名词的意义不仅依赖于反事实世界的情况，也依赖于事实世界中的实际情况。这和二维语义学的中心思想是一致的。二维语义学的中心思想①是：表达式的外延以两种不同的方式与世界的可能状态相联系，(1) 表达式的实际外延依赖于表达式被表达的实际世界的特征；(2) 表达式的反事实外延依赖于表达式被评估的反事实世界的特征。这两种方式是对于可能性的两种不同的思考方式：(1) 把可能性看作世界实际的可能方式（one considers a possibility as actual)；(2) 实际世界是固定的，把可能性看做是反事实的（one considers a possibility as counterfactual)。它们在对二维语义学的不同的解释中，分别是：

Kaplan 的品性（character）和内容（content)、Stalnaker 的对角命题（diagonal proposition）和被表达命题（proposition expressed)、Evans 的深层必然性（deep necessity）和表面必然性（superficial necessity)、Davies/Humberstone 的“固定为事实的”真理和必然真理、Chalmers 的 1-内涵和 2-内涵、Jackson 的 A-内涵和 C-内涵（A 表示 actual，C 表示 counterfactual)②。

这些不同的表达其不同有些是表面的，有些是实质的。其中有些涉及不同的应用范畴。但是它们都是把意义分作两个层面的，都体现了二维语义学的中心思想，在这里我们不可能一一阐述。对于名词意义的讨论中，我们倾向于选择 Chalmers 和 Jackson 的解释，而它们的区别是表面的并且是可转换的。

从上面对二维真值表的分析中，我们可以看到“猫存在”是偶然为真的，表现在两种方式上。一种是：我们把“猫存在”这句话放在实际世界中判断它的真值，当我们选择不同的世界作为实际世界时，“猫存在”这句话的真值可能不同，它不全部为真，在把恶魔引起我们对猫的印象的世界作为实际世界的情况下，“猫存在”这句话为假。也

① David J. Chalmers: The Foundations of Two-Dimensional Semantics（电子版文档）第一章第二节。

② 对二维语义学的不同解释中这些相似的概念的汇总参见 David J. Chalmers: Epistemic Two-dimensional Semantics（电子版文档）第一章第三节。

就是说，没什么先验的东西可以排除猫不存在的可能：发现引起我们对猫的印象的源头是恶魔就是发现猫不存在。借用Jackson的术语，“猫存在”这句话具有偶然A-内涵。

另一种方式是：我们选定某个世界作为实际世界，然后在相对于这个世界是反事实世界的不同可能世界中判断“猫存在”这句话的真值，不同的反事实世界中“猫存在”这句话的真值也可能不同，在有些反事实世界中这句话是真的，在某些反事实世界中这句话是假的。借用Jackson的术语，“猫存在”这句话具有偶然C-内涵。但是在表格中，并不是所有的C-内涵都是偶然的：如果实际世界是恶魔引起我们对猫的印象的世界，那么猫必然不存在，即“猫存在”这句话必然为假。

由于“猫存在”偶然A-内涵，它使得对“猫”这个名词的消去成为一种开放的可能：我们对于猫的印象是由恶魔引起的这种认识上的可能性意味着我们将发现的某种东西可能会意味着猫不存在。

在表格中，除去最后一排具有必然C-内涵，其他排都具有偶然C-内涵。这一情况告诉我们：在关于事实的某个确定假说下，存在着判断某物是否为猫的必要条件。这些关于事实的假定允许我们做出如下结论：在必要条件不被满足的反事实世界里，没有猫存在。我们必须注意的是：某个事实的发现使我们消去某个名词，这一发现实际上是对这个名词的所指不存在的发现，例如，只有我们经验地发现猫不可能存在，才会导致我们消去对“猫”这个名词的使用。

四、对名词的所指本质特征的语义学考虑在二维真值表中的体现

二维真值表对“猫存在”这句话的分析，就是我们确定名词“猫”是否有指称的一个分析。

（1）下面我们分别用二维真值表来分析一下某物是猫的充要条件与理论T1之间的关系。

用二维真值表分析“Xs是猫当且仅当Xs扮演T1角色。”

表格 2 ①　　　　**“Xs 是猫当且仅当 Xs 扮演 T1 角色。”**

	T2m（哺乳动物）	T2r（爬行动物）	T2d(恶魔)(没有哺乳动物或爬行动物)
T2m	T	F	T（F 如果没有扮演 T1 角色的猫在这个世界里存在）
T2r	F	T	T（F 如果同上）
T2d	F	F	T

Xs 是猫当且仅当 Xs 扮演 T1 角色。　　　　(A*)

(A*) 可以改写为如下两个命题的合取：

Xs 是猫，那么 Xs 扮演 T1 角色。　　　　(B*)

Xs 扮演 T1 角色，那么 Xs 是猫。　　　　(C*)

在第一排中，我们认为实际世界 W 中，猫是哺乳动物，在反事实世界中，如果哺乳动物引起我们对猫的印象，那么（B*）显然是对的；（C*）也是对的，因为在这个反事实世界里，扮演 T1 角色的是引起我们关于猫的印象的东西，它是哺乳动物，与我们对实际世界里的猫的观念一致，那么它是猫。在反事实世界中，如果爬行动物引起我们对猫的印象，（B*）也显然是对的，但是（C*）不对，因为扮演 T1 角色的是引起我们关于猫的印象的东西，它是爬行动物，与我们对实际世界里的猫的观念不一致，那么它不是猫。在反事实世界中，如果恶魔引起我们对于猫的印象，（B*）也显然是对的；由于引起我们关于猫的印象的是恶魔，即引起我们关于猫的印象的东西是虚无的，并且它不是猫，如果没有发现其他引起我们关于猫的印象的东西，在（C*）中，前件假，后件假，（C*）真；如果我们还发现有某种哺乳动物引起我们关于猫的印象，那么它即扮演 T1 角色，也与我们对实际世界中的猫的概念一致，因此在（C*）中，前件真，后件也真，（C*）真；这是我们在第一排

① David Braddon-Mitchell：The Subsumption of Reference. *British Journal of Philosophy of Science*, 2005,（56）：p. 165.

最后一个单元格中，括号外填T的原因。如果在这个反事实世界里，不存在哺乳动物，即使有其他的引起我们关于猫的印象的东西，它也不是哺乳动物，它扮演T1角色，但它不是猫，所以(C*)不真，这是我们在第一排最后一个单元格中，括号内填F的原因。第二排分析亦如此。在第三排中，我们认为实际世界中，引起我们关于猫的印象的是恶魔，所以没什么东西是猫。在反事实世界中，如果引起我们对猫的印象的是哺乳动物，由于没什么东西是猫，(B*) 前件假，整个句子为真；由于扮演T1角色的是引起我们关于猫的印象的哺乳动物，但它不是猫，因为猫是恶魔对我们造成的幻觉，所以 (C*) 前件真，后件假，整个句子为假。这是我们在第三排第一个单元格中填F的原因。在反事实世界里，如果爬行动物引起我们关于猫的印象，分析同前一种情况。在反事实世界里，如果恶魔引起我们关于猫的印象，由于猫不存在，(B*) 前件假，整个句子为真；由于在这个反事实世界里引起我们关于猫的印象的是恶魔，因此没有什么东西扮演T1角色，所以 (C*) 前件假，整个句子为真；这是我们在第三排最后一个单元格填T的原因。

我们从表格2可以看到“Xs是猫当且仅当它们扮演T1角色”这一语句沿对角线为真，它具有必然A-内涵，即不论Xs如何被发现实际是什么，Xs是猫当且仅当它们扮演T1角色。但是这一语句具有偶然C-内涵，因为如果固定某一世界为实际世界，在不同的反事实世界中，它的真值不同。

从这里我们可以看出，T1理论决定了名词的A-内涵，但它不能决定名词的C-内涵。但是T1理论到底是一个什么样的理论呢？“T1理论是把语义直觉和语义倾向归并到语义判断中的理论。”① 也就是说，说话者的语义直觉和语义倾向并不能完全决定名词的意义，它只能决定名词的A-内涵。

---

① David Braddon-Mitchell: The Subsumption of Reference. *British Journal of Philosophy of Science*, 2005, (56): p. 173.

（2）我们再来看看名词与 T2 理论之间的关系。

用二维真值表分析“猫 = 满足 T2m 的东西。”

表格 3①　　“猫 = 满足 T2m 的东西。”

	T2m（哺乳动物）	T2r（爬行动物）
T2m	T	T
T2r	F	F

在表格 3 中，如果我们把哺乳动物引起我们关于猫的印象的世界作为实际世界，不论反事实世界是什么，猫都是满足 T2m 的东西。这是我们在第一排的单元格里都填 T 的原因。如果我们把爬行动物引起我们关于猫的印象的世界作为实际世界，不论反事实世界是什么，猫都不是满足 T2m 的东西，而是满足 T2r 的东西。这是我们在第二排的单元格里填 F 的原因。

我们从表格 3 中可以看出，“猫 = 满足 T2m 的东西。”这句话具有必然 C-内涵和偶然 A-内涵。也就是说，固定某个世界为实际世界，这句话在所有反事实世界中具有相同的指称。反映在猫和 T2 理论之间的关系上则表现如下：如果 T2 理论是真的，那么它给出了是猫的必要条件（有一个必要 C-内涵），但是如果 T2 理论是假的，那么它与猫存在与否无关。

五、用二维真值表进行处理的理由

为什么用二维真值表对问题进行处理呢？除了在二维真值表中我们可以清楚地看到表达式的 A-内涵和 C-内涵以外（即我们可以清楚地看

① David Braddon-Mitchell: The Subsumption of Reference. *British Journal of Philosophy of Science*, 2005, (56): p. 165.

到当实际世界有多种可能性时，表达式的指称如何变化，我们也可以清楚地看到当实际世界固定时，表达式的指称在反事实中的变化），David Braddon-Mitchell 在另一篇文章《意义的主人》中间接地给出了另一种理由：尽管说话者对于名词的意义没有绝对的解释权，但是说话者有关于什么决定着决定指称的东西的知识，或者是某种更高层的信息（也许这些信息是暗含的）；而二维真值表使这些信息有组织地体现出来，即二维真值表反映了元语义学的考虑。①

在对二维真值表的应用当中我们可以看到，虽然我们不知道究竟哪些因素决定了名词的意义，但是至少 T1 理论（即把语义直觉和语义倾向归并到语义判断中的理论）和正确的 TT 理论影响了名词的意义。虽然我们不知道 T1 理论和 TT 理论到底是何理论，但是我们知道什么因素决定着它们是什么理论。实际上说话者的语义直觉和语义倾向与语言使用之间的关系决定了 T1 理论是何理论，而我们有说话者的语义直觉和语义倾向与语言使用之间关系的知识；而世界与语言之间的关系决定了 TT 理论是何理论，而我们也有关于世界和语言之间关系的知识。二维真值表也能清楚地表明二维语义学的优势：它在说话者、语言和世界之间建立了相互关系，更准确地说，在理性、意义和模态之间建立了相互关系。由于名词的稳定性问题是说话者在世界中如何使用语言的问题，采用二维语义学的考虑自然比只考虑语言和世界关系的指称理论更能准确地分析名词的稳定性。

六、二维多级理论模型面临的困境及其进路

事实上，我们几乎不能纯粹地写出像 David Braddon-Mitchell 所指出的那种单链的多级理论模型。在每一级理论中，所涉及的必定大于或等

① David Braddon-Mitchell: Master of Our Meaning, *Philosophical Studies*, 2004, (118): p. 134.

于一个名词。对于每一个名词都写出其多级理论模型，这将势必形成一个网络，这将使得我们不可能脱离某个理论系统单独判断名词的稳定性。同时，该网络结点是某一名词的某一级理论，因此，理论系统的某处调整有可能影响整个网络的结构，从而影响其中名词的稳定。单链多级理论模型中原本能带来便利性的因素在网络中变得混乱和晦涩。

也许 David Braddon-Mitchell 会反驳说，我们就是通过简单化和理想化，找出影响语义的因素。但是我们可以怀疑在简单化和理想化的过程中有可能遗漏了某些影响语义的因素，除非他能够给出在忽略了不同名词之间关系的过程中，我们没有遗漏任何影响语义的因素。

即使我们承认这种简单化和理想化没有遗漏任何影响语义的因素，关于 T1 理论究竟什么样的理论，我们仍然需要进一步地明确化。David Braddon-Mitchell 间接地给出的关于 T1 理论的说法是：T1 理论是把语义直觉和语义倾向归并到语义判断中的理论。但是我们对我们的语义倾向的猜测往往出错，外界信息的干扰可能会使我们错误地把某种信息当作我们自己的语义倾向。更不用说我们对其他人的语义倾向的把握了。

那么，如果我们没有明确的手段正确地判断我们的语义直觉和语义倾向的话，对于某一个名词，我们判断其 T1 理论是什么的时候，将遭遇重大的困难。更不用说在某些日常用法中判断某个名词到底是 T1 理论中的名词 P1，还是 T2 中的名词 P2 了。

不同的个体以及社会共同体的语义直觉和语义倾向在名词的稳定性中的作用，其权重应该有所不同。例如"黑洞"的语义直觉和语义倾向对于物理学家的权重应该大于"黑洞"的语义直觉和语义倾向对于小学生的权重。只有给出一个量化这些权重的精细标准，我们才能准确地判断一个名词的稳定性。

即使上述问题都不成问题，多级理论模型还面临着一个重要的问题：由于经验知识的可误性，对于任何一个 T1 理论，我们都不能非经验地判断是否存在一个 TT 理论，使得 T1 中的名词 P1 有所指。甚至在有限的经验里，我们都不能确定某些名词是否存在着相应的 TT 理论。

因此，名词的稳定性最终仍需要关于TT的准确知识。

然而，上述问题可能是所有名词稳定性问题的解决方案都会遇到的问题。David Braddon-Mitchell 的二维多级理论模型是解决问题的一条很好的思路，其发展有赖于心灵哲学和经验科学的发展。

（本文编辑：朱会晖）

儒道美学在徐复观艺术思想中的地位论辩

□ 刘建平

徐复观认为中国文化中的艺术精神，穷究到底只有孔子和庄子所显出的两个典型，他旗帜鲜明地宣称“由庄子所显出的典型，彻底是纯艺术精神的性格”，《中国艺术精神》一书也是围绕此论点而展开的。作为新儒学大师的徐复观，何以在艺术思想上独钟情于庄子并称之为中国的“纯艺术精神”呢？儒道两家美学在其艺术思想中究竟处于什么样的地位呢？时人对此多有争议。本文对学界流行的“重庄轻儒”、“根儒道华”、“儒学化的庄子”三种观点提出批判，指出徐复观洞察到了儒道艺术精神之间差异，从而突破了传统的以儒家美学为主导的固有思维模式，对庄子美学做出了富有创造性和现代性的诠释。落实于绘画的庄子美学，是徐复观艺术思想的核心，而落实于音乐和文学的儒家美学则起着重要的补充作用。

一、学界关于此问题之主要观点及辨析

自1987年中国内地开始引进徐复观的著作以来，学界先后有78篇学术论文、7篇博士论文和5部学术专著，涉及对儒道美学在徐复观艺术思想中的地位的探讨：学术论文从1987年卢善庆(《中国古代文化中艺术精神的探源溯流——读徐〈中国艺术精神〉》，《中国文化》，复旦大学出版社）算起至2008年7月，博士论文是：2002年，侯敏《现代新儒家文化诗学研究》；2004年，王守雪《心之文学——徐复观与中国文学思想经脉的疏通》；2005年，张晚林《徐复观艺术思想诠释体系研

究》；2005年，耿波《自由之远与艺术世界的价值根源——徐复观艺术思想扩展研究》；2006年，孙琪《台港新儒学阐释下的“中国艺术精神”》；2006年，刘桂荣《徐复观美学思想研究》；2007年，张宏《徐复观中国古典美学研究论评》。学术专著是：侯敏《有根的诗学》（上海人民出版社2003年版）；王守雪《人心与文学——徐复观文学思想研究》（郑州大学出版社2005年版）；耿波《徐复观心性与艺术思想研究》（中国传媒大学出版社2007年版）；张晚林《徐复观艺术诠释体系研究》（上海古籍出版社2007年版）；刘桂荣《徐复观美学思想研究》（人民出版社2007年版）。其中以“重庄轻儒”、“根儒道华”、“儒学化的庄子”三种观点最具代表性：

（1）“重庄轻儒”。刘纲纪认为，徐复观从哲学史、思想史的角度来考察中国美学和艺术理论，突破了邓以蛰、宗白华、朱光潜等人从美学和艺术角度观照中国美学理论的限制，这是徐复观艺术思想的特点，也是其贡献所在；但徐复观给了道家美学比儒家美学更高的评价，对儒家美学的分析阐释不足，这种单线式的分析，不免脱离了中国美学发展的多样性与复杂性，孙邦金亦持此论①。从《中国艺术精神》一书来看，刘纲纪的论断是很有道理的，该书共十章，除第一章谈儒家美学在音乐上的落实、转化外，其余九章都是谈论庄子美学在绘画上的展开与落实；然而，如果我们突破《中国艺术精神》一书的局限，放眼徐复观的整个艺术思想，从《中国文学论集》（1965）、《石涛之一研究》（1968）、《黄大痴两山水长卷的真伪问题》（1977）、《中国文学论集续编》（1981）等论著以及百余篇文艺论文入手，则会发现其中别有洞天。在《儒道两家思想在文学中的人格修养问题》中，徐复观明确指出：“中国有文字的文学的根，只能求之于儒家的经”，“由道家回到儒

① 孙邦金：《儒家乐教与中国艺术精神》，《武汉大学学报》（人文社科版）2002年第1期。

家的大统，亦即是回到文学的主流。”① 徐复观基本是以儒家美学作为其文学精神的主线的，因而刘纲纪的论断有失偏颇。徐复观自己也意识到了这一点恐遭人误解，他在《中国艺术精神·自叙》中解释儒家美学只占一章的原因是“在这一方面的研究作的不够”，这只是谦辞，真正原因恐怕是他对儒道美学之间差异性的发现，本文将在后面展开论述。

（2）“根儒道华”。李维武突破了第一种观点的局限，认为徐复观以开放的心态和兼容的精神，对儒家美学和道家美学都予以重视和发掘，但儒家美学是其艺术思想之根源；李淑珍也认为徐复观是从道家中发现儒家的特质，而不是在儒家中寻找道家的痕迹，因而其艺术思想更接近于儒家“美善合一”的典型;② 耿波在其博士论文中明确提出了“根儒道华”的观点，认为徐复观艺术之思的最终点，实际是以儒家为根柢。③ 的确，从艺术作为一种文化现象的角度看，徐复观对现代艺术之展开猛烈的批判的姿态，无疑受到了儒家美学“文以载道”思想的影响；然而，从艺术作为一种自足、自律的存在形态来看，这种观点忽略了徐复观对艺术之不同于文化现象的独立性的发现，从而忽略了徐复观艺术思想的独特价值。这种观念的出发点，大多是从徐复观写作《中国艺术精神》的意图这个视域去诠释《中国艺术精神》文本本身的意义，再由此文本的意义而诠释徐复观艺术思想的主旨。然而，作者的意图并不等于文本的意图，正如艾柯所指出的“‘作者前本文的意图’——即可能导致某一作品之产生的意图——不能成为诠释有效性的标准，甚至可能与文本的意义毫不相干，或是可能对本文意义的诠释

① 徐复观：《中国文学精神》，上海书店出版社 2006 年版，第 13 ~ 14 页。

② 李维武：《徐复观与中国文化》，湖北人民出版社 1997 年版，第 559 页。

③ 耿波：《徐复观心性与艺术思想研究》，中国传媒大学出版社 2007 年版，第 21 页。

产生误导。"① 诠释既要受到特定历史和语境的制约，又要接受客观文本的检验，如果我们称徐复观艺术思想是"根儒道华"，那么我们该如何解释徐复观以儒家美学来阐释哲学、文化乃至音乐、文学，而独在对中国艺术精神的诠释上，旗帜鲜明地标举庄子美学的大旗呢？以庄子美学论绘画，以儒家美学论音乐、文学，这恰恰体现了徐复观对中国艺术精神的独到理解。

（3）"儒学化的庄子"。刘桂荣认为徐复观有将庄子儒学化的倾向②；李薇的硕士论文《徐复观庄子思想儒学化倾向研究》也持此论。将庄子看作儒学的信徒，这种论断其实古已有之。如唐韩愈云："尽子夏之学，其后有田子方，子方之后，流而为庄周，故庄子之书喜称子方之为人。"③ 认为庄周乃子夏之后学；宋苏东坡在《庄子祠堂记》中也认为庄子之言对孔子皆"实予而文不予，阳挤而阴助之"④。章太炎也认为儒道是同源的："周秦诸子，儒、道两家所见独到。这两家本是同源，后来才分离的。《史记》载孔子受业于徵藏史，已可见孔子学说的渊源。"⑤ 徐复观曾经研读过章氏的著作，但他并不同意章氏的这种说法，而直言"（章太炎）是一个极为有害的国学大师的偶像"⑥。可见，徐复观通过台湾"现代艺术论战"和《中国人性论史·先秦篇》等研

① 艾柯：《诠释与过度诠释》，柯里尼编，王宇根译，牛津大学（香港）出版社1995年版，第10页。

② 刘桂荣：《生命境界的会通——徐复观文学精神的美学阐释》，《名作欣赏》2007年第6期。

③ 钱伯城：《韩愈文集导读》，巴蜀书社1993年版，第152页。

④ 苏轼：《苏东坡全集》（上），中国书店出版社1986年版，第251页。

⑤ 章太炎：《国学概论》，上海古籍出版社1997年版，第31页。

⑥ 徐复观曾说："我在住湖北第一师范学校时，每听到几位讲文史的老先生提及'章太炎先生是一代通人'时，心里发生无限的向往……以后也看过他的《国故论衡》之类，总是作懂与不懂之间表示一种莫名其妙的佩服。"见徐复观《按语〈评章太炎对中国文化的认识〉》，收录于黎汉基、李明辉编《徐复观杂文补编·思想文化卷》（上），台北"中央研究院"中国文哲研究所2001年版，第537～538页。

究，发现庄子美学于儒家美学之外，实有其特异的精神价值，因此走出了这一观念的束缚。徐复观通过《中国艺术精神》中所要辨明的，不是庄子儒学化的一面，而是要凸显儒道相异的一面；不是庄子与儒家美学相通的一面，而恰恰是庄子艺术精神中为儒家所不具而独有的一面。

以上三种对徐复观艺术思想的解读，大多脱离了台湾地区的历史文化传统和现代艺术论战的历史背景，脱离了徐复观个人的性情、遭遇及其内心情感，更忽略了徐复观艺术思想的丰富性和差异性，只做表层的、经验式的解读，从而无法对徐复观艺术思想做出整体的、本质的把握。

二、儒道美学的会通与差异

理解一个问题，其实就是对这个问题提出问题。徐复观的艺术思想，简而言之就是“中国艺术精神”问题，什么是中国艺术精神？这个问题是悬而未决的，徐复观对这个问题提出了他独特的解决方式，“总说一句，不能彻底了解庄子，便无法真正了解中国的艺术”①。不同的是，徐复观并非如其他人那样笼而统之地谈论“儒道互补”②，而是以中国艺术的两大主干绘画和文学为例，通过对儒道美学的梳理和区分，围绕着以庄子美学论绘画、以儒家美学论文学这两条线索来展开他对“中国艺术精神”问题的建构，儒道美学这种既对立又统一的关系在徐复观的艺术思想中体现得尤为明显。

徐复观在《中国艺术精神·自叙》中认为中国文化“从人的具体生命的心、性中，发掘出艺术的根源，把握到精神自由解放的关键，并

---

① 徐复观：《佛观先生书札》，收录于萧欣义编《儒家政治思想与民主自由人权》，台湾学生书局1988年版，第360页。

② 李泽厚：《美的历程》，文物出版社1981年版，第54页。

由此而在绘画方面，产生了许多伟大的画家和作品。"① 这点出了中国艺术精神的两个重要层面，一是由反省而来的人格修养和人生价值的确立，"中国只有儒道两家的思想，才有人格修养的意义"②。这是儒道之会通的一面。

徐复观谓庄子的艺术精神是中国艺术精神的主体，"彻底是纯艺术精神的性格"，显然不是要阐述儒道之间的这种相通性，而是在经过深入的研究和思考之后对儒道美学之间差异性发掘的基础上，对"中国艺术精神"问题做出的新诠释。那么，徐复观发现的儒道美学间的根本性差异是什么呢？这就涉及中国艺术精神的第二个层面——以精神的自由解放为旨归。这一点上，儒道美学呈现出了完全不同的价值取向。

首先，从对艺术的态度看，孔子所代表的儒家艺术精神，注重对古代传统诗教、乐教③的传承，强调艺术对行为规范和道德教化的作用，这种"文以载道"、"艺以载道"的艺术观无疑是有其局限性的。徐复观也敏锐地觉察到了儒家艺术精神的这种缺失："儒家所开出的艺术精神，常需要在仁义道德根源之地，有某种意味的转换。没有此种转换，便可以忽视艺术，不成就艺术。"④ 它无论是对促进艺术自身的自律，还是对艺术在人格独立和精神自由解放方面所做的开拓，以及在现实中对人生活的安顿，都和庄子所代表的艺术精神大相径庭。李泽厚说："（儒家）由于其狭隘的功利框架，经常造成对审美和艺术的束缚、损害和破坏；那么，后者（道家）恰恰给予这种框架和束缚以强有力的冲击、解脱和否定。浪漫不羁的形象想象，热烈奔放的情感抒发，独特个性的追求表达，他们从内容到形式不断给中国艺术发展提供新鲜的动

① 徐复观：《中国艺术精神》"自叙"，春风文艺出版社1987年版，第1～2页。

② 《徐复观文集》第二卷，湖北人民出版社2002年版，第364页。

③ 孔门的"乐教"只是一种"乐正"，而非艺术和审美，政治和艺术有关联性，但在根本上是不同的，徐复观在这一点上的认识上有偏差。

④ 徐复观：《中国艺术精神》，春风文艺出版社1987年版，第118页。

力。"① 艺术在庄子那里，具有某种意义上的独立地位。儒家和道家，一体现为道德精神，一体现为艺术精神，徐复观显然注意到了庄子美学的这种精神倾向，他用了洋洋三十余万言来发掘、阐释这一影响中国艺术数千年而又往往为人们所忽略的艺术精神的根源，可谓前无古人；他对儒道美学这一差异的挖掘和阐释，独具慧眼，表现出了伟大的异端精神。由此，我们可以理解徐复观之独钟情于庄子艺术精神的缘由了，他独具个性的艺术思想恰恰是从对儒道艺术精神的区分开始的。

其次，徐复观看重庄子美学，恰恰是领悟到了其追求精神自由解放的独特意义，这不仅是庄子美学的核心，也是中国艺术精神的核心。徐复观痛心地看到，儒学在长期的专制暴政统治下，日益沦落变异为专制的附庸，从"大丈夫"蜕化为"软体动物"②，受儒家艺术精神支配的文学、诗歌等成为歌功颂德的载体，日益失去了其讽谏的现实意义。在《石涛之一研究》中，徐复观认为石涛晚年弃僧入道亦有反抗专制政治之精神趋向，所以他的"画笔浩瀚纵恣，实以此一生命的大升华大解放为基底，不能仅从笔墨技巧上去加以解释"③。徐复观曾以岩石中的种子以喻道家的这种精神，"松树的种子，偶然被风吹堕到岩石的缝隙里，因被岩石所逼，不容许它直挺挺的伸长出来。但种子中的生命力，并未曾因此罢休；不能直挺着伸长，便曲折的伸长；不能成为撑天蔽日的形态，却成为钩铜曲铁的形态；伸长的途径不同，成就的形态各异，要其终能突破岩石的压力而能有所成，以无负于一粒种子所含蕴的价值则一"④。这粒在岩石缝隙中生存的种子，其实就是在专制统治下追求精神自由解放的庄子精神的真实写照。它代表了中华民族坚忍不拔、百

① 李泽厚：《美的历程》，文物出版社 1981 年版，第 54 页。

② 徐复观：《痛悼吾敌 痛悼吾友》，收录于萧欣义编《儒家政治思想与民主自由人权》，台湾学生书局 1988 年版，第 333 页。

③ 徐复观：《石涛之一研究》，台湾学生书局 1979 年版，第 103 页。

④ 黎汉基，李明辉编：《徐复观杂文补编·思想文化卷》（上），台北"中央研究院"中国文哲研究所 2001 年版，第 484 ~ 485 页。

折不回的精神，代表着人类灵魂的良知、勇气和美！

在现实生活中，追求精神自由解放即是要做一个“真人”。庄子的鲲鹏的寓言反映了庄子哲学追求精神自由的基本趋向，寄托了庄子的人生理想，这种趋向体现在政治上，就是一种“不合作”的姿态，不受任何组织和权力的控制；体现在思想上，则表现为批儒讽墨的“异端”立场①，对主流的价值观念和权威进行无情的批判和彻底的解构；体现在艺术上，则是与山水画自然的融为一体、“独与天地精神往来”的纯粹的艺术精神。徐复观认为争自由解放“必然要追进到庄子所要求的做一个‘真人’的立场”②。这种“真人”人格，后来成为魏晋名士们的人生理想，宗白华赞之为：“这是真性情、真血性和这虚伪礼法社会不肯妥协的悲壮剧。”③ 徐复观对庄子这种求自由解放精神的发掘，超越了个人私心、时代界限而具有永恒性的意义。

再次，从儒道美学的本质来看，庄子美学较儒家美学更具有现实的、现代的、世界性的意义。从现实的角度看，孔子通过音乐所显现出的艺术精神，即是仁美合一的境界，有其永恒的艺术价值，“它将像天体中的一颗恒星样的，永远会保持其光辉于不坠”④。这种艺术精神高超玄妙，树立了人类永恒的美的标杆，但它不容易在现实中生根落脚，尤其是对于台湾当时的艺术风气而言，让人有“犹河汉而无极也”⑤之感，遥不可及。在这个意义上，徐复观恰恰不是给了道家美学比儒家美学更高的评价，而是充分肯定了儒家美学的重要地位；只不过从艺术的角度来看，庄子美学及其“独生子”中国绘画无疑更具有与西方艺术对话、对时代精神批判的现实意义。

从现代的角度看，20 世纪现代文明的发展，造成了单向度的人、

① 萧萐父：《吹沙纪程》，上海文艺出版社 1998 年版，第 42 ~ 46 页。
② 《徐复观文存》，台湾学生书局 1991 年版，第 163 页。
③ 宗白华：《美学散步》，上海人民出版社 1981 年版，第 223 页。
④ 徐复观：《中国艺术精神》，春风文艺出版社 1987 年版，第 35 页。
⑤ 徐复观：《中国艺术精神》，春风文艺出版社 1987 年版，第 35 页。

虚无主义、工具理性、极权政治等现代性的危机，作为庄子美学在现实中的落实的中国画，对于由机械、社会组织、工业合理化等而来的精神自由的丧失，及生活的枯燥、单调，乃至竞争、变化的剧烈而产生的精神病患，能产生积极的治疗作用，这即是中国画的"反省性的反映"①的现代意义之所在；从世界性的角度看，徐复观对庄子美学不仅从中国绘画史上作纵的挖掘，而且将庄子美学放在世界图景横的比较中，使其与文学上的意识流，心理学上的深层心理、行为主义，哲学上柏格森的生命主义、萨特的存在主义、逻辑实证论，政治上的纳粹主义及物理学上的原子论等相遇，他以开阔的哲学视野及豪迈的胸襟将庄子纳入到世界哲学和艺术之中进行考察，以平等、客观的态度对其进行条分缕析，给我们研究庄子美学开拓了一个新的世界，也为我们对中国艺术精神的探索开辟了一个新的视角。

三、影响徐复观归向庄子美学的其他因素

徐复观进行艺术思考的年代，正是台湾自由主义思潮兴起与专制政治高压相抗衡的时代，无论是现代艺术家刘国松、庄喆，还是作为新儒家的徐复观，他们都担负着沉重的文化使命，都怀有对传统精神的情感依恋和与大陆地理文化上的隔绝所造成的疏离感、漂泊感，参与"现代艺术论战"双方在精神上实有诸多相似的困境，这种由时代所造成的精神困境迫使刘国松等现代艺术家在绘画观念和实践上不断地寻求突破，也迫使徐复观静下心来反思中国文化和艺术，在对儒、道美学的梳理中洞察了庄子艺术精神之异于儒家艺术精神的独特个性，并写出了《中国艺术精神》以阐扬之。除此之外，影响徐复观归向庄子精神的还

① 事实上，儒家美学所影响的音乐、文学同样具有"反省"的现代意义，韶乐之"人人也深，化人也速"，《诗经》之"思无邪"，都可以促进人心灵的净化，精神的提升，解现代文明之弊。徐复观只看到庄子精神以及中国绘画的这种"功效"，无疑是有失偏颇的。

有以下几个因素：

（1）台湾地方文化的传承和影响。从外在的文化背景看，台湾的现代艺术运动是西方文明冲击的产物。20 世纪 50 年代以后，台湾社会也呈现了都市化、消费化、人的异化等西方文明的特征，现代人成为徐复观所说的是“探求宇宙奥秘面前的‘浮躁者’，在奔走骇汗地热闹中的‘凄凉者’和由机械、支票把大家紧紧缚在一起的‘分裂者、孤独者’”①。西方的现代艺术承接了十八、十九世纪的浪漫主义运动求个性解放的思想，它以反传统的姿态对人类的处境和人生存的价值和意义做一反思式、颠覆式的突破；而台湾的现代艺术运动，则是对中国近代百年来的文化冲突和台湾本身所遭逢的历史处境，从文化和艺术上进行反思和抗议，在这一点上，西方的现代艺术和台湾的现代艺术运动具有某种一致性。

从台湾内在的文化脉络来看，20 世纪中叶正是台湾地方文化风格的形成时期。台湾地处传统文化的“边陲”，又曾两度被殖民割据，其文化特色和艺术风格有着完全不同于大陆的特征。郭继生认为，“中国传统文人绘画，严格而言，始终不曾在台湾真正落地生根”②。在台湾的美术发展过程中，务实主义风格占有重要地位。清代的台湾绘画，题材多是装饰性、故事性浓厚的花鸟人物画，或代表民间信仰的宗教画，而代表中国绘画主流的山水画却极为少见。这种务实性的倾向③，对 20 世纪的台湾美术运动也产生了相当的影响，所谓的“传统中国画的精神”在现代艺术家那里，始终是片断而肤浅的。台湾地方文化精神的这种倾向，在出身农村、富有乡土意识和人道情怀的徐复观身上也可

① 《徐复观文集》第一卷，湖北人民出版社 2002 年版，第 189 页。

② 谢里法：《六零年代台湾画坛的墨水趣味》，收录于郭继生主编《当代台湾绘画文选：1945—1990》，台北雄狮图书股份有限公司 1991 年版，第 249 页。

③ 务实非写实。装饰性、故事性的绘画能满足普通大众的精神需要，这是其务实的一面；而装饰性、故事性的绘画很多恰恰是抽象的，如图腾、艺术图案等。

以找到影子，这也是他独特的“庶民史观”① 在艺术思想上的反映；同时，徐复观到台湾二十余年，与张深切、庄垂胜、彭醇士、叶钟荣、洪炎秋等台湾本土文艺人士相交甚笃，过从甚密②，难免会接触到台湾本土的思潮。在“现代艺术论战”中，徐复观之所以标举庄子美学为中国纯艺术精神的代表，理由就是儒家艺术精神“在实现中，乃旷千载而一遇”，孔子所代表的艺术精神流于高超玄虚而无所归依，终于走向了没落；③ 而庄子代表的艺术精神则在现实生活中生根落脚，并对中国艺术产生了深远的影响。台湾本土的务实文化精神可能也在有意无意间对徐复观思想的形成产生了潜移默化的影响。

（2）现代艺术论战的刺激。徐复观自 1958 年起，开始留意中国画，产生了对美术的兴趣。但如果不是台湾“现代艺术论战”的刺激和推动，他恐怕不会潜入中国艺术的内在精神中去思考，并追溯其根

① 郭齐勇：《唐牟徐合论》，《学人》第五辑，江苏文艺出版社 1994 年版，第 358 页。

② 徐复观曾说：“我穷毕生之力，于人海茫茫中能在这里（注：台湾）交上几位永远难以忘怀的朋友。”参徐复观：《徐复观杂文——忆往事》，台北时报文化出版有限公司 1980 年版，第 204 页。

③ 需要指出的是，徐复观在这个认识上是有偏差的。既然他认为儒道两家本质上都是“为人生而艺术”，那么显然儒道美学都是务实的，但他何以再三强调儒家美学流于虚空而庄子美学落实为中国画呢？大概因为在徐复观的艺术观念中，他始终以“乐教”为儒家美学的代表，以儒家“乐教”的衰落为儒家艺术精神的衰落（儒家重乐，孔子爱乐，《礼记》中有《乐记》，《荀子》也有《乐论》篇）；而文学是儒佛道三家影响的产物，不足以作为儒家美学之典型（徐复观《中国艺术精神》，第 116 页）。在徐复观看来，儒家“乐教”的衰落有三个因素：一、乐是人格完善的工夫之一，但毕竟不是唯一的工夫；二、从日常生活层面上看，以魏文侯之好古好学，闻韶乐尚且“唯恐卧”，对一般人而言，儒家的韶乐则难免让人感觉索然无味；三、具有实用价值和大众基础的俗乐，始终不能得到儒家的正面承认。而庄子美学落实的中国画，则除了其高雅的文人性外，还具有通俗意义上的装饰性，一般人也可以欣赏陶冶，从这一角度看，徐复观关于“务实”的论断有合理性的一面。然而，中国画在历史上也曾如韶乐一样，流于玄虚空疏，沦为私人书斋的藏品，走向了“绘画的颓废”，这一点，徐复观不会没有注意到；而就中国画本身的艺术精神指向而言，其意境同样是高超玄妙、富于理想的，这个问题反映出了徐复观艺术思想的内在矛盾性。

源，从而把握到了庄子美学的真谛。

徐复观写《中国艺术精神》之际，正是“许多人标榜以抽象主义为中心的‘现代艺术’的时候”①，其思想显然是承接 1961 年台湾“现代艺术论战”所做的理论上的梳理和反思。台湾的现代艺术家们肤浅地模仿西方和贬斥传统艺术文化的主张，激起了徐复观为“三千年中的圣贤、文学家、艺术家，伸冤雪耻”的义愤，他说：“今日有些人太不受到这种历史事实的限制了，甚至连起码的字句也不懂，便放言高论谈起中国的绘画，是如何如何；还有很多人，只靠人事关系，便被敕封为鉴赏专家。这便更促成我动笔的决心。”② 徐复观重新诠释的庄子美学，正是他对西方现代艺术困境的解决方案。如果我们将徐复观在现代艺术论战中的艺术思想和在《中国艺术精神》中的艺术思想做一对照，则很容易发现两者之间的思想脉络。徐复观在《中国艺术精神》中对作为中国纯艺术精神的庄子美学重视形相之美、崇尚逍遥游、重视生命精神与追求万物齐一、物我同春的艺术境界等方面进行了新的疏释，这正与他在“现代艺术论战”中批判现代艺术破坏形相、破除想象而诉之于感官、幽暗变态的人生态度和人类中心主义等观点一扬一抑，形成了鲜明的对照。庄子美学是徐复观艺术思想的主体，也是徐复观对现代艺术进行批判的思想基础。徐复观对现代艺术的批判，实质上就是通过庄子美学对现代艺术进行新的解读，同时也在这种解读中对庄子美学作出具有现代意义的诠释。

(3) 徐复观内心孤独感的激发。把徐复观和孤独联系在一起，这似乎是个很奇怪的想法。的确，我们通过徐复观元气淋漓的人生经历和激情飞扬的文字不容易发觉他的孤独感，但是细读他晚年的日记，我们却不难感受到这一点，而这对理解一个矛盾而又完整的徐复观至关重要。这种孤独感也许不独是徐复观晚年在香港时的感受，而是贯穿了他

① 徐复观：《中国艺术精神》“三版自序“，春风文艺出版社 1987 年版。

② 徐复观：《中国艺术精神》“自叙”，春风文艺出版社 1987 年版，第 4 页。

生命的始终，这其中徐复观在古稀之年被迫从台湾远走香港的变迁使这种隐藏于其生命之内的情感开始凸显于外。从台湾远走香港其实不仅仅是物质条件、工作单位、外在环境的变化那么简单，更重要的是，徐复观从此成为一个漂泊的游子，失去了亲朋故旧，情感和心灵上日益萧疏。徐复观晚年的落寞，恐怕还与教学虽努力、功效却甚微、薪火难传承这一难堪的现实有关。徐复观在专制政治的迫害下，无疑是有委屈的，但这种委屈、孤愤之情又是那样的幽咽难言！恰如庄喆所说：“在这种孤独状态下，伟大作品得以产生……越是强烈的爱，越不能为人接受，而越是有强烈的爱的人越憎恶虚伪、丑恶，于是他只有痛苦，而转求在作品中解脱，于是在这种不断循环的周期中，他完成他的生命。”①庄子“独与天地精神往来”的精神成为这种孤独情感的发抒和解脱。

徐复观临去世前在其数百万言的著作中，独重《中国艺术精神》并把它看做是唯一可以传之后世的著作，也许，在他的内心深处，庄子精神正是他孤独生命的一种“自我完成”；也许，作为新儒家大师的徐复观此时才意识到，尽管儒家思想也可以开出新“外王”作为现代民主政治的基础，然而，这须待清明盛世和明德仁君才能实现，和孔门的乐教精神一样，高固高矣，美固美哉，但毕竟是“旷千载而一遇”的；而在漫长的历史长河中，庄子精神正可为在专制统治下的自由灵魂提供一栖息之地，作为与专制的对抗②和对现实“反省性的反映”。徐复观视野中的庄子美学，实兼具有“工具”（与专制对抗的手段）与“理性”（对现代性危机的反省）的双重性格，这其实与自律、自足的纯粹艺术精神是不相符合的，人性论是徐复观艺术思想的基础，也是他艺术

① 庄喆：《论艺书信五封》，《当代台湾绘画文选：1945—1990》，收录于郭继生主编《当代台湾绘画文选：1945—1990》，台北雄狮图书股份有限公司 1991 年版，第 219 页。

② 徐复观在《中国艺术精神·自叙》中说：“中国的山水画，则是在长期专制政治的压迫下……以获得精神的自由，保持精神的纯洁，恢复生命的疲困，而成立的。”

思想的局限之所在。

四、结　　论

综上所述，试作结论如下：

（1）从诠释路径看，徐复观敏锐地洞察到了儒道美学间的差异，从而突破了传统的以儒家为主导的固有思维模式，为中国艺术精神开辟了一片新的天地。徐复观以儒家美学阐释文化、音乐和文学之外，旗帜鲜明地标举庄子美学为中国艺术精神的主体，是通过对“现代艺术论战”和《中国人性论史·先秦篇》的考据和梳理之后，发现了儒道美学之间存在着极大的差异，并且这种差异在绘画、文学和音乐上有着不同的表现和影响，然而从历史上看，这种差异性却长期为人们所忽视。不仅如此，徐复观还敏锐地发现了作为不同艺术门类的文学和绘画本身也存在巨大的差异，不可混为一谈：“美术与文学，有艺术的共性，也各有艺术的特性，只能在某一层次上可以并论，在某一层次上不可以并论……学术的谨严，便表现在这些分际上面。”① 以庄子美学论绘画正体现了徐复观对中国艺术精神的深刻领悟。徐复观写《中国艺术精神》，就是要通过现代语言，把以庄子为代表的道家美学的这种为儒家美学所遮蔽的光辉梳理、凸现出来，并通过有组织的语言对其现代的、世界的意义做出了创造性的诠释。庄子美学是徐复观艺术思想的起点，也是“中国艺术精神”问题最终的归结点，这是我们研究徐复观艺术思想必须把握的一个关键。

（2）从绘画和文学在徐复观艺术思想中的比重看，他的艺术思想主要是从绘画和文学两条线索展开的②，但两者的地位有着主次的差

① 黎汉基，李明辉：《徐复观杂文补编·思想文化卷》（上），台北“中央研究院”中国文哲研究所 2001 年版，第 376 页。

② 徐复观认为音乐所体现的儒家艺术精神，最终衰落并转化、落实在文学上。

异。从1957年至1982年，徐复观共著有绘画类论著3部，文学类论著2部，此外还写作了绘画类论文及杂文67篇，文学类论文及杂文43篇，戏剧及其他艺术类论文7篇①，一部《中国艺术精神》就是描绘“绘画的历史发展在趋向庄子精神、具体庄子精神、丰富庄子精神的历史”②，毫无疑问，绘画在徐复观艺术思想中居于主体的地位，要把握徐复观的艺术思想，只能从绘画入手，以绘画为主，而以他的文学、戏剧等论著论文为辅，这是我们必须注意的另一个关键点。

在这里，有一个问题值得我们深思：徐复观在《中国艺术精神》中所谈的中国艺术精神，其实主要是中国绘画的精神，而与文学、建筑、戏剧等有意划清了界限（这在大陆版的《中国文学精神》一书的书名中更是可见一斑），这种对中国艺术精神的理解无疑是流于褊狭的。如果说徐复观在这一点上还表现得很隐晦的话，那么另一位新儒学大师唐君毅在其名作《中国文化之精神价值》中，则明确以“中国艺术精神”与“中国文学精神”分而论之，这种编排与诠释的导向对于我们准确而全面地把握徐复观的艺术思想是极为有害的。

（3）结合中国的文化传统和学术传统来探究人物的思想脉络，这对我们梳理和诠释传统中国知识分子的思想是非常重要的。作为一代新儒家大师的徐复观，何以对道家的庄子精神推崇备至呢？这在经过严格的现代学术规范训练的人眼里，无疑是一个思想的矛盾。Guy Salvatore Alitto在研究梁漱溟先生的思想时，也曾大惑不解：一个人如何可以既是佛家又是儒家？既认同马列思想又赞许基督教？后来他终于明白：“这种可以融合多种相互矛盾的思想，正是典型的中国传统知识分子的特质。”③ 徐复观也无疑具备了传统中国知识分子的这种“特质”，这

① 此统计为本人所作，难免挂一漏万，然徐复观著绘画与文学论著论文数目之大致比例可见一斑。

② 李维武：《徐复观与中国文化》，湖北人民出版社1997年版，第514页。

③ 一耽学堂整理《这个世界会好吗——梁漱溟晚年口述》，上海东方出版中心2006年版，第2~3页。

种“矛盾”对徐复观而言，显然不是一个问题，“儒道两家精神，在生活实践中乃至于在文学创作中的自由转换，可以说是自汉以来的大统。因此刘彦和由道家的人格修养而接上儒家的经世致用，在他不感到有矛盾”①。由此，我们不仅可以理解徐复观对庄子精神情有独钟的缘由，亦可发现他在唐君毅、牟宗三等“书斋型”的新儒家研究路向之外开辟“学术与政治之间”的学术之路的独特价值了。

（本文编辑：肖航）

① 徐复观：《中国文学精神》，上海书店出版社2006年版，第13页。

哲学评论 批评与书评
第7辑
PHILOSOPHICAL INQUIRY
出版者：
武汉大学出版社
2009年

略谈陈慕泽对王宪钧等的两点批评

□ 杨海波

陈慕泽先生在《全称概括规则和受限制的演绎定理——国内数理逻辑教材中的一个问题》一文中，对王宪钧的《数理逻辑引论》、张尚水的《数理逻辑导引》和周礼全的《模态逻辑引论》中关于形式化公理系统的设置提出两点批评。本文简要地分析这两个批评，指出陈先生的第一个批评是一种误解，而第二个批评是恰当的，在简要地分析有前提的演绎与推理规则两个概念的基础上，尝试在不改变王先生等关于形式化公理系统设置的前提下，重新定义有前提的演绎这个概念。

一、陈慕泽先生的第一个批评

陈慕泽先生在文章中指出："我认为，问题最早产生于王宪钧先生的《数理逻辑引论》一书。……在1981年出版的《数理逻辑引论》一书中，在对系统公理作初始陈述时，在公理前加上了'⊢'，并把分离规则表述为'从⊢A与⊢$A\to B$，可以得到⊢B。'……这种添加（即公理前加'⊢'符号与规则表述时使用'⊥'符号——作者加）是不正确的。"① 考虑到王先生对"⊢A"的含义有明确的说明，它表示A是

① 陈慕泽：《全称概括规则和受限制的演绎定理——国内数理逻辑教材中的一个问题》，《浙江社会科学》，2001年第2期。

本系统的可证公式或定理，陈慕泽先生认为："在所要构造的系统中，何为证明，何为可证公式，何为定理，何为'$\vdash$'，必须基于公理和推导规则才能定义，因此，不能在对公理作初始表述和定义推导规则时，就使用'$\vdash$'，我所见到的国外专著中没有出现过这种情况。"① 这个批评是一个误解。为明确起见，考虑以下两个不同的关于命题逻辑系统的设置：

（1）系统 H

"$\vdash A$" 表示 A 是本系统的可证公式或定理。

系统 H 的定理集合：

一、公理：

公理 1：$\vdash \phi \rightarrow (\varphi \rightarrow \phi)$

公理 2：$\vdash (\phi \rightarrow (\varphi \rightarrow \chi)) \rightarrow ((\phi \rightarrow \varphi) \rightarrow (\phi \rightarrow \chi))$

公理 3：$\vdash (\sim\phi \rightarrow \varphi) \rightarrow ((\sim\phi \rightarrow \sim\varphi) \rightarrow \phi)$

二、分离规则：从 $\vdash \phi$ 与 $\vdash \phi \rightarrow \varphi$，可以得到 $\vdash \varphi$。

三、通常的限制性条款。

（2）系统 H'

公理：

公理 1′：$\phi \rightarrow (\varphi \rightarrow \phi)$

公理 2′：$(\phi \rightarrow (\varphi \rightarrow \chi)) \rightarrow ((\phi \rightarrow \varphi) \rightarrow (\phi \rightarrow \chi))$

公理 3′：$(\sim\phi \rightarrow \varphi) \rightarrow ((\sim\phi \rightarrow \sim\varphi) \rightarrow \phi)$

系统 H' 定理集合：

定义 1：公理都是定理。

定义 2：（分离规则）如果 ϕ 是定理并且 $\phi \rightarrow \varphi$ 是定理，则 φ 是定理。

定义 3：通常的限制性条款。

---

① 陈慕泽：《全称概括规则和受限制的演绎定理——国内数理逻辑教材中的一个问题》，《浙江社会科学》，2001 年第 2 期。

我们在系统 H 的设置中的公理前加上“ ⊢”符号，这只相当于系统 H' 中的定义 1，如果考虑到如上设置的纯粹形式化公理系统的定理集是归纳定义的集合，这样做只是给出定理集合的归纳基始。在系统 H 的设置中我们使用“ ⊢”符号的规则表述相当于系统 H' 中的定义 2。系统 H 的设置中的规则与限制性条款相当于系统 H' 中的定义 2 与 3，它们只是将定理集合描述为包含归纳基始并对分离规则封闭的最小归纳集。很明显，上述两种设置本质上是一样的，两个系统具有相同的定理集合，并且在公理系统的设置与表述中也没有混乱与含糊。而王宪钧先生书中关于公理系统的设置是与我们以上所谈到的系统 H 的设置是相仿的，所以在只关涉证明或定理的推演时是恰当的。由此可以看出，陈慕泽先生所说的：“在所要构造的系统中，何为证明，何为可证公式，何为定理，何为‘ ⊢’，必须基于公理和推导规则才能定义，因此，不能在对公理作初始表述和定义推导规则时，就使用‘ ⊢’，我所见到的国外专著中没有出现过这种情况”是不恰当的。在表述变形规则时使用“ ⊢”符号的国外著作与文章也有许多，比如 Chellas 的《模态逻辑引论》的第 15 页中就有特意的说明①。Hughes 与 Cresswell 的《模态逻辑手册》中也是如此表述②。罗素与怀特海 1910 年的《数学原理》中，不论是公理还是分离规则，都是以‘ ⊢’的方式来表述的③。而罗素的关于公理系统的设置则明显是模仿弗雷格 1879 年的《概念文字》，在《概念文字》中，弗雷格明确的用“ ⊢”来表示断定符号，关于公理系统的设置，弗雷格明确的在他挑选作为基本命题或公理的前面加“ ⊢”符号，如书中的公式（1）、（2）、（8）、（28）、（31）、（41）、

---

① Chellas, B.: 1995, Modal Logic: An Introduction, Cambridge University Press.

② Hughes, G. E, Cresswell, M. J.: 1984, A Companion To Modal Logic, Methuen, London and New York.

③ Whitehead, A. N, Russell, B.: 1950, Principia Mathematica, pp. 9-13, 2ed, Cambridge.

(52)、(54) 与 (58)。并且在表述分离规则与全称概括规则时也明确的使用了'├'符号，并由这些装备形式化的较为严格的证明了若干定理，这恰是如此设置形式化公理系统的开端。① 而这距离王先生的书出版已经有一百多年了。

二、陈慕泽先生的第二个批评

考虑到一个证明序列中的所有公式都是系统的定理，而在有前提的演绎序列中可以应用并非系统定理的前提，那么在表述变形规则时使用"├"，比如把分离规则表述成"从 $\vdash\phi$ 与 $\vdash\phi\rightarrow\varphi$，可以得到 $\vdash\varphi$"或者"如果 ϕ 是定理并且 $\phi\rightarrow\varphi$ 是定理，则 φ 是定理"就会产生麻烦。麻烦在于由于有前提的演绎中可以使用并非系统定理的前提，按字面意义理解和使用这样表述的变形规则使得有前提演绎这个概念很难得到定义。在这一点上，由于王宪钧先生在定义有前提演绎概念时并未明确说明此时使用的规则如何表述，容易使人认为此时使用的规则的表述与定义证明时使用的规则在表述上是相同的，从而陈慕泽先生的批评是恰当的。很明显，出现如上问题的原因在于以定理的方式来表述推理规则。这里，王先生可能是说得不够清楚，或者是马虎，因为王先生不太可能认为规则只能用在定理之上。毕竟，为了保证证明序列和可演绎序列满足可能行判定性质，在规则方面，我们只需要要求规则具有可以判定的性质即可，而不必要求规则只能用于定理，不能应用于其他公式。从语法方面来看，给定语言和语言基础之上的合适公式集合，规则可以看作是某种定义在合适公式集合的一定次数的卡氏幂上的变形函数。②

① Frege, G.: 1879, "Begriffsschrift, a formula language, modeled upon that of arithmetic, for pure thought", in van Heijennoort, J. (ed): 1967, Frome Frege To Gödel: A Sourse Book In Mathematical Logic, 1879—1931, p15, p26, p29, Harvard University Press, Cambridge.

② 徐明:《符号逻辑讲义》，参见附录 A 部分，武汉大学出版社，2008。

有许多作者都以定理的方式来叙述变形规则，比如分离规则表述为“如果 ϕ 是定理并且 $\phi\rightarrow\varphi$ 是定理，则 φ 是定理”，代入规则表述为“设 s 为任意代入函数，如果 ϕ 是定理则 ϕs 也是定理，其中 ϕs 是公式 ϕ 在代入 s 下的值。”类似地，许多作者对一阶逻辑中的置换规则、后件概括规则和模态逻辑中的必然化规则都以定理的方式来叙述。我们也注意到，在如此方式表述推理规则时，人们大多不谈有前提的推演这个概念，进而也就不证明演绎定理。原因可能就是这个概念对于它们的目的来说并不重要或者如此表述规则时定义演绎概念会很麻烦。有的作者以定理的方式来叙述变形规则之后，再用下述方式来定义演绎概念：φ 从 ϕ 可以演绎当且仅当 $\phi\rightarrow\varphi$ 是系统的定理，当然这种方式定义的演绎概念不足道的就保证了演绎定理的成立，但这是一种假的演绎概念，这样的定义并没有给我们什么新的观念、结果或便利，因为为了证明 φ 从 ϕ 可以演绎我们还要证明 $\phi\rightarrow\varphi$ 是系统的定理。其实，有前提的演绎这一概念背后的想法很普遍，比如给定一组刻画特定结构的数学公理，我们考虑由这组公理能得到什么样的结论。在一阶逻辑中定义有前提的演绎概念，可以很好地刻画一般的公理化的数学理论，把特定的非逻辑数学公理当作演绎的前提，进而考察它们所能得到的结论。而当非逻辑公理有穷，并且演绎定理成立的话，那么把公理合取起来作为前件，把结论作为后件的蕴涵式就是一条逻辑定理，而不管其背后直观的数学内容，进而把数学理论的判定问题归约为一阶逻辑的判定问题。而就陈先生文中所讨论的概括规则来说，由于一般数学理论的公理是闭公式，所以做概括是没有影响的。而当考察系统的内定理时，演绎概念也很有用处。考虑到形式系统的内定理的证明很麻烦，一个简单的公式的证明也会很长，如果有了演绎概念并且有演绎定理（如果存在从 ϕ 到 φ 的演绎），那么 $\phi\rightarrow\varphi$ 则是系统的定理，我们看到在证明蕴含形式的内定理时，只需要证明从蕴涵公式的前件可演绎出后件。此时，前提增加了，而结论简单了，当然证明也就更为容易了。

下面尝试在用定理的方式来表述规则的系统中来定义演绎概念，其基本想法是把前提当作新公理添加在原有的公理系统中（或者说就把前提当作非逻辑公理），使得结论是新系统的定理。

以上述系统 H'为例。

定义：公式 φ 在系统 H'中由集合 Γ 可演绎当且仅当公式 φ 是系统 H^* 的定理，其中 H^* 如下定义：

公理：$\Gamma \cup \{$公理1′、公理2′、公理3′$\}$

系统 H^* 定理集合：

定义1：公理都是定理。

定义2：（分离规则）如果 ϕ 是定理并且 $\phi \to \varphi$ 是定理，则 φ 是定理。

定义3：通常的限制性条款。

如上的定义是可行的，它避免了规则不能用于非定理的麻烦，而且据此一个简单的归纳就可以证明演绎定理依旧成立。

当然，上述系统只有一个既确保真实性进而也确保重言性的分离规则，而另外一些规则如代入规则只确保重言性（或框架有效性）而不确保真实性，全称概括规则和模态逻辑中必然化规则也不确保真实性而确保（模型）有效性。如果公理系统有如上不确保真实性的规则，而又要保证系统的定理相对于特定的语义学都是有效式且演绎定理成立，我们就要对演绎概念进行一些限制。比如，在命题逻辑系统中，如果允许代入规则用于非定理的前提上，并且定理集合都是重言式的话，那么演绎定理一定不成立。相似的结论对于一阶逻辑系统中的代入规则、全称概括规则，模态逻辑系统中的代入规则、必然化规则同样成立。

下面我们在如下有不确保真实性规则的系统中定义演绎概念：

系统 H_1

公理：

公理1″：$p \to (q \to p)$

公理2″：$(p \to (q \to r)) \to ((p \to q) \to (p \to r))$

公理3″：$(\sim p \to q) \to ((\sim p \to \sim q) \to p)$

系统 H_1 定理集合：

定义1：公理都是定理。

定义2：（分离规则）如果 ϕ 是定理并且 $\phi \to \varphi$ 是定理，则 φ 是定理。

定义3：（代入规则）设 s 为任意代入函数，如果 ϕ 是定理则 ϕs 也是定理，其中 ϕs 是公式 ϕ 在代入 s 下的值。

定义4：通常的限制性条款。

定义：公式 φ 在系统 H_1 中由集合 Γ 可演绎当且仅当公式 φ 是系统 H_1^* 的定理，其中 H_1^* 如下定义：

公理：$\Gamma \cup$ {公理1″、公理2″、公理3″}

系统 H_1^* 定理集合：

定义1：公理都是定理。

定义2：（分离规则）如果 ϕ 是定理并且 $\phi \to \varphi$ 是定理，则 φ 是定理。

定义3：（代入规则）设 s 为任意代入函数，如果 ϕ 是系统 H_1 公理，则 ϕs 是系统 H_1^* 的定理，其中 ϕs 是公式 ϕ 在代入 s 下的值。

定义4：通常的限制性条款。

由于如上系统中定理集合的定义并不依赖于演绎概念，这样的定义也是可行的。有关系的一步即在规定系统 H_1^* 定理集合时的定义3，它其实就是规定代入规则只能用在原来系统的公理或定理上，而不能用于新系统的新公理（集合 Γ 中的公式）。而且证明演绎定理也成立也是容易的。在带有全称概括规则或必然化规则的系统中定义演绎概念也可以照搬有代入规则的系统中定义的办法。

由上，我们看到也可以在以定理方式叙述规则的系统中定义恰当的演绎概念。当然，这样的定义显得不够自然，但是背后的扩大公理系统来定义有前提的演绎概念的直观想法还是自然的。

三、结　　语

在形式化公理系统的设置中，较为常见的做法是并不以定理的方式来叙述变形规则，比如把分离规则表述为“从公式 ϕ 和 $\phi\rightarrow\varphi$ 可以得到 φ”，而把全称概括规则叙述为“从 $P(x)$ 可以得到 $\forall xP(x)$”，然后在定义有前提的演绎概念时，限制不确保真实性的规则的使用。这样的设置在谈论有前提的演绎时较为自然简练。

（本文编辑：朱会晖）

对康德科学哲学在当代应用的反思

□ 桂起权 段文辉

彼得·帕拉斯（Peter Plaass）所著《康德的自然科学理论》①（原文为德文）一书的英译者奥弗雷德和米勒（E. Alfred 和 Maria G. Miller）提出了康德的科学哲学思想在当代应用的可能性问题，以及自己的解题思路，英译者的思想比原作者走得更远，它富有启发价值。我们在解读过程中，对康德的思想于历史主义思想之间的关系，作了新的发挥。

一、康德科学哲学在当代价值问题

康德的科学哲学思想，是否在当代还有其应用价值或仅有历史价值？这是一个值得深思的问题。关键在于，康德所提出的自然科学基础的问题、解答及研究的方法论进路，是否能够对当代的类似问题提供洞见。不难看出，康德显然是一个坚定的基础主义者，然而，科学哲学的新方向却是激烈的反基础主义。这是因为，在该领域受到历史主义者库恩和经验主义教条的批评家奎因等人的强烈影响，同时在人文学科领域又受到基于解释学方法的如海德格尔、伽达默尔、德里达等人的强烈影响。话说回来，当代在认识论问题上，较为传统的研究方法仍然是基础主义的，其基本假设甚至是彻底的经验论。因此，康德寻求自然科学的

① Peter Plaass: Kant's theory of natural science [M], translation, analytic introduction, and commentary by Alfred E. and Maria G. Miller, Dordrecht [The Netherlands]; Boston: Kluwer Academic, 1994.

先验基础的进路，相对当代的基础主义和反基础主义之争中的各派来说都是大异其趣的。从主流观点出发，初看起来，康德的为自然科学奠基的“先验方法”，似乎很难提供什么有价值的东西。

在康德哲学中有强调绝对性的一面，而历史主义的科学哲学和解释学学派却喜欢强调相对性的一面，前者重视“普遍必然性”、“无可怀疑的确凿性”和所谓先验原理，后者却重视科学知识的“范式依赖性”或“理论依赖性”（这是历史主义学派的“标志性命题”），或者强调对文本的理解和阐释的相对性，两者似乎水火不相容。然而，康德的认识论与科学哲学方法，从深层次上看，却仍然与后一种观点有着潜在的相似性和内在联系。笔者认为，这种类似性有助于实现对立观点的“辩证的综合”，有可能发展成一种新的关于科学知识的理论方法，这种方法可以同时克服康德哲学的绝对性，以及历史主义和解释学学派难以避免的相对性。如果真是这样，那么康德的自然科学方法就对今天的科学哲学仍然应当大有价值。

康德为科学（物理学）提供的“无可置疑的确定性”的基础，是科学研究对象的“普遍必然的决定性”。一般地讲，也就是“物质客体”与“经验此类对象的必然条件的决定性”，两者互为充分必要条件。事实上，物理世界的这些基本的“决定性”和“物质运动规律”可以在科学研究过程中从经验上发现，因为它们是人的认知能力在感知和思考研究对象时，以与必然条件相一致的方式组织到经验当中去的结果。认识到这一点，则科学哲学中“理论对范式的依赖性”和解释学中对理解（Das Verstehen）的分析的类似性就很明显了。在科学知识的范式分析中假定，是理论预设或操作预设（科学共同体的范例）决定着可以被经验感知到的“基本结构”作为对特定对象有效的科学知识。例如，借助于伽利略的理想化的“真空”概念，才可能关注轻重物体自由下落的同时性，并发现“自由落体运动”的规律和奥妙。借助于伽利略的“无摩擦的光滑斜面和洋面”等概念，才可能发现惯性原理和相对性原理。同样，在解释学之中，意义是靠解读者解读出来的。由于解读者的兴趣和视角不同，从同一个文本中可以解读出不同层次上的意义。例如，从《红楼梦》中，俞平伯可以解读出大观园的建筑结构、曹雪芹的菜谱和中药方；毛泽东则可以解读出封建社会中的阶级斗争，他从中所看到的是一个封建士大夫家族的没落史的缩影。换一句更加学究气的话来说，按照解释学的观点，可理解事物的意义在于由人类知性的潜在活动和兴趣所投射的功能意义的目标视界（the purposive horizon of functional meaningfulness）。只有在这一意义范围内理解才是可能的。因此，无论是科学哲学家所说的“观察带有理论负荷”（爱因斯坦不是也说过“正是理论决定了观察到的是什么”吗）还是解释学家对理解的说法，在这两种情况中，由经验者为了理解（正如康德所说的“认知能力”）而加之于可能经验的“前结构”（它是由必然条件决定的），决定了什么是可经验的（可以被经验感知的）和以什么方式被经验着。

尽管在康德的关于科学知识方法的最基本的假设，和库恩的“范式依赖性”或解释学家的方法有着显著的相似性，它们之间还是存在很大的不同。康德假设可经验、可理解的条件是绝对的，是可以明确地通过“先验逻辑”和形上学的建构来建立。范式论者和解释学家正好反对这种康德所倡导的基础主义，他们确信，“科学共同体的范式”和“解释视界”是历史文化发展演变的结果。范式理论家假定，由科学共同体的范式所决定的结构受到两个方面的因素的限制：一是其内在的逻辑一致性，二是要看它在应用于科学问题的过程中实际所获得的成功。

按照辩证法的观点看，科学知识同时包含客观性与主观性，包含继承性和革新性，包含绝对性与相对性，两者之间必定存在着两极张力。因此我们赞成《康德的自然科学理论》一书的英译者奥弗雷德和米勒的总的观点，这就是：对于康德派观点与历史主义连同相对主义观点来说，正是双方的极端的立场才导致了各自方法上的困难。康德的知识论没有说明意义和理解的历史文化依赖性。相比之下，范式理论和解释学方法没能说明范式或视界的稳定性和有效性，而正是这种范式或视界决定着什么被经验着。在科学哲学的学术圈内，几乎没有人不记得，爱因斯坦也曾经说过“正是理论决定了观察到的是什么”。科学哲学中著名的“范式依赖性”的“主观”的性质的观念，也就是，感觉或理解高度依赖于经验主体的视角或视界的观念，常被批评为“相对主义的”。康德派所强调的是来自“物自体”的客观性和绝对性，相反，范式论者和解释学家所强调的是主体依赖性。然而，不考虑在主体与客体之间如何进行沟通，这是对立双方共同的毛病。他们双方都缺乏任何严格的说明这个被经验着世界如何提供有意义的输入信息以使我们理解的方式。也就是说，两类方法都没能提供任何解释，解释当经验（理解）发生时在所经验的事物和认知能力或范式或视界之间真正的相互作用是如何可能的。用最简单的大家所习惯的语言来说，主体何以可能正确认识客体？如果没有这种说明，科学哲学中历史主义者的新方法仅仅是提供了对“基础主义认识论”的一种重要的批判视角，而没有提供适当的建设性立场，他们也并没有达到预期目标，即去解释我们何以能够通过经验理解所与的世界。

二、康德的科学哲学和库恩的历史主义思想的互补性

应当看到，康德关于在知性或理解之中“主观性”的作用的观点，和库恩的“范式依赖性”思想以及解释学的“视界方法”的基本假设之间事实上存在着一定的类似性。另一方面，关于那种主观性结构的性质和来源，他们的观点之间又存在着分歧。

这两种观点在实质上都是既存在优点又存在缺点，其中每一种观点所提供的优点正是另一种所缺乏的。因此，如何使得这两种观点以取长补短的方式结合起来是一个值得研究的问题。

奥弗雷德和米勒对于康德的“先验框架”的优点方面的分析，是很有启发性的。康德的关于“一般物质”的先验框架源自形上学的建构，这种构架强调“普遍必然性”，它的优点是，为一个有效范式提供了严格的理性基础，用来定义事物（可作为“科学中的经验对象”的

事物）的性质、事物的决定性和规律。这包括为对自然的测量和数学化的可能性奠基，也为数学物理所必需的自然规律奠基。康德本人深受牛顿思想的影响，对此，我们可以用形象化的语言这样来描述：康德凭借“理性的眼睛”，透过牛顿力学和欧氏几何，从现象中抓住了“普遍必然性”。事实上，康德的科学哲学思想确实提供了一个与经典力学的标准概念框架十分接近的范式，而经典力学在阐明从地面上物体运动到天体运动的统一规律方面都取得了令人惊异的成功。牛顿被拉格朗日誉为“宇宙唯一的解释者”。实际上，康德的先验范式的应用范围比经典力学乃至经典物理学还要广泛。奥弗雷德和米勒甚至提出，康德的哲学思想还包括阐明与当代物理学十分接近的“场论”的概念的可能性。而且，尼尔斯·玻尔，现代量子理论之父，认为即使量子理论也只有在使用经典概念（例如粒子与波动、时空描述等）的基础上才能得到可理解的阐述。这说明康德所提供的具有严格形上学基础的范式，满足了更为基本的物理学要求，它是不能轻易抛弃的。

相反，库恩关于“范式依赖性”的历史主义模式，令人信服地说明了科学理论是如何历史地发展变化的，如何实际上起着作用。这一点正是库恩历史主义模式的优点，同时也是康德的先验模式所欠缺的。奥弗雷德和米勒指出，库恩的范式理论的缺点则在于，它无法提供一种说明性的基础，以解释为什么任一特定的范式（比如康德的范式）能够如此有效如此具有普遍一般性，以至于它能够为许多具体物理理论提供一个统一的基础，或者，为什么这一范式应该比其他的范式更为成功。在库恩那里，范式的出现往往是各自独立的，历史地偶然的，没有统一的必然性的基本假设，他也没能解释为什么数学应当严密地应用到科学经验当中去，为什么测量的可能性应当是任何可接受的物理学范式的必然要求。这种假设自现代物理学伊始就被认为合理有效，但是只有康德严格地对它们提供说明。

三、对康德科学范式作一种实践的、历史文化的解读

鉴于康德的科学模式在说明物理原理的“普遍必然性”方面的成功，和同时在说明人类认知能力的基础和历史起源方面的失败（现代认知科学家不可能接受他那种“先验主义”），我们应当转换思路，考虑改用历史文化起源和生活实践的视角，来重新解读像康德的这样的科学范式。奥弗雷德和米勒已经想到了这一条总思路，但是他们过分强调了美国式的实用主义，这对于我们来说是完全不必要的。实际上，科学哲学家库恩就非常强调科学思想背后的社会历史文化的因素。在他之前，具有马克思主义倾向的科学史家贝尔纳，关于科学的社会背景就有成熟的系统分析。在他之后，布鲁尔等科学知识社会学家，站在社会本体论立场上对于科学知识作了社会学解释。又有劳斯等人强调生活实践的科学哲学。总之，采用历史文化起源或者生活实践的视角来理解问题已经成为一种历史潮流，并非只是一家之言。

从这种历史文化起源或者生活实践的观点来看，由康德的形上学基础发展而来的一般物质的概念范式，其实无非是人类生活实践所需的“客观化的范式”的抽象表达。这一客观化范式基于某种行为预设而建构，这种行为预设是确保人类有效生存的必要的基础，它存在于每一种人类文明之中。

逻辑中的形式系统，其实只是对日常语言的原型中实际上行之有效的推理进行提炼和抽象的结果；同样道理，科学的基本范式说到底无非是对事先存在于现实原型中的实际上行之有效的模式进行提炼和抽象的产物。康德在建立他的科学范式中的论证，可以重建为对有效处理实际对象的可能性的必要条件的分析。在现实原型中“有效性”只是在日常生活实践中的行之有效而已。在物理学当中，“有效性”定义变成关于物理客体的因果关系的可预言性，它构成实际上有效支配物理客体的能力的基础。

根据对康德的科学范式真正起源的这种实践解读，一种应用于所有物理对象（广义地包括一切自然科学对象）的科学范式的可行解释将来自于对实践要求的分析。奥弗雷德和米勒指出，为了研究物理科学，以使科学经验成为可能，必须对主体行为、测量工具及研究对象限定某些条件。科学所必须的经验条件，比康德在《纯粹理性批判》中提出的“一般经验的普遍性条件”或哲学解释学提出的作为“一般知性的必要条件”更为具体明确。然而，尽管物理研究所必需的经验条件，包含对诸如精确的测量之类的特殊要求，然而物理学范式仍然是基于实践和历史文化的起源，而非基于康德原先的先验原则的。物理学范式仍然可看做对现实世界中处理对象的日常范式的一种提升，一种精炼的形式，仍然有它的社会实践的必然性。这种观点提供了对物理学范式起源一种新解释。使用这种方法将可能展示包含在康德的物理学的先验范式中的“物质的根本决定性”是如何遵循实践原则的。

（一）存在于生活实践之中的“客观化范式”

每一个人都有处理日常对象的经验。只要对我们每天每日实际所做的事情进行理性的反思，就可以抽象出几条一般原则，暂且可称为“客观性”三原则。按照奥弗雷德和米勒的观点，处理对象时要求将这些对象看做是：（1）一个个分立的、可以确认的、具有稳定性的个体或单元，而决不是一个瞬息万变、捉摸不定的东西；（2）可以分类为可重复识别的类型，而不是一转眼就“变了脸”；（3）根据因果关系，可对这些对象的性质和行为进行比较可靠的预测，其效果是由实践检验加以肯定或否定。依我们的概括，第一个原则是“个体实在论”假设；第二个原则是“分类稳定性”假设：第三个原则是“可检验的因果性”假设。这是我们所做的再解释。

只有按照符合于上述处理原则而组织起来的行为模式，才可能达到所预期的特定的目的，才是有效的。这种行为模式的一般组织结构具有某种客观的性质。因此，这种范式被看做“客观化范式”。用解释学的语言来说，这种范式提供了“意义的视界”，在此意义的视界中，根据所处理的对象的功能意义可以对此对象获得理解。当然，我们处理对象的实际的行为模式，必须比“客观化范式”抽象的一般规定更为具体和明确，必须考虑具体对象的特殊个性。然而，个体的特殊性并不排斥普遍性，它仍必须具有客观化条件下的一般形式所决定的根本的结构。

按照海德格尔的说法，事物“潜在的实际功能”使得它在“特定的目标视界”中获得意义。然而，为了理解这种功能意义并产生有效行为，还必须达到一定的符合“客观化范式规定”的实际条件。

无论在生活实践还是在科学实践中，任何有意义的、有实际效果的行为的背后必定有着客观性、客观规律性的支撑。在认识上，这种实际的“客观化”的可能性又依赖于有关对象本质的一定预设。上文提到了奥弗雷德和米勒的“客观性”三原则（预设），其要点是“事物的确定性；可识别和可分类；并对其功能反应能够可靠地预测”。一般地说，人类理性必须如此组织自己的经验，以至于它可能从混杂之中分离并鉴别出保持确定属性的客观对象。否则，就不可能将特定的功能与特定的事物联系起来，从而也就不可能将它们进行合适的功能分类以有效地处理事物。同样地，人们所期望的功能因果关系，通常必须符合事物的特殊分类。处理事物时，这种“可分离性、可识别性和可靠的预测性”三者的结合，所体现的就是“客观化范式”。一般地说，科学实在论者不会反对这一套理念。不过，具有后现代主义倾向的哲学家，则从“客观性”立场向“主体间性”和“协同性”立场作了退却。按照罗蒂的说法，在每一个人群（族群），每一个“文化共同体”（也是语言共同体）之中，在思想和行动上都要有“协同性”，在伦理上要有“亲和力”，他们必须把这样一种“主体间性”融入自己的行为模式中去，否则就根本无法生存，既不能在环境中有效地处理事物，也不能与他人进行交流合作。不过，我们作为科学实在论者，在这里所强调的是比“主体间的协同性”论断更强的“客观性范式”。实践上的每一个成功和有效性，被看做“客观性范式”的新的经验证据。

（二）物理学范式的真正起源

当然，并非所有的人类经验都是直接针对狭义的“物质客体”的，因而并非所有事情都直接纳入狭义的“客观化范式”之中。谁都不会否认，我们的社会文化经验的一大部分，是受我们自己在进行感知或理解时的立场、态度或价值观的影响，也受他人的立场、态度或价值观的影响。

奥弗雷德和米勒说得不错，单纯从事物的“可分离性、可识别性和与可靠的功能预期（可预测的因果关系）”相关联这些意义来看，自然科学（尤以物理学为代表）就特别适合于“客观化范式”，而且能够做得比日常实践的情况更为深入。

经典物理学的基本范式，可以解释为以日常生活实践为基础的“客观化范式”的提升和精致化，并限定在最严格的条件之中。实际上，科学必定发端于生活实践的客观需要。可以说，自然科学开始于现成的基于生活实践的条件处理对象的范式，尤其是开始于“确定的、可识别的、可预言的个体（客体）中的因果关联的可重复性”。可以举例说，我们的祖先对日月运行的周期性的发现，对晨星＝暮星（＝金星）的发现，正是观察天文学的开始。这种标准的“客观化范式”通过学科的历史发展而进一步专门化、精致化。物理学（physics）的本义是“关于物体的学问”，关于物质运动的规律性的学问。它仅仅处理可以称之为物体的对象，并且专注于与物体的普遍必然的本性相关的现象，如运动、速度、路程、力、质量，等等。

自伽利略以来，近代科学史把这种“客观性范式”严格地限定在：(1) 科学可接受的对象，它必须有在空间和时间上可以按照因果关系作决定性描述的特性，这使得物理对象的测量和数学化保证严格的可重复性和必要的精确性，从而有可能进行形式化处理。(2) 有物理意义的对象，并可作为特定的类加以识别，可预测性被限定为单一的根本的目标。相应的，唯一可接受的功能主要是以实验上可重复性为特征的。

进一步的限定是，物体主要的可接受的性质是以“力”来定义的。正是牛顿引进了“力”的概念，才使整个经典力学有了主心骨。相比之下，笛卡儿最大的失策就在于竭力回避“力”的概念（尽管他的场论思想其实是很深刻的，但为时过早）。通过上述这些步骤，在物理学中，就将原来的“客观性范式”限定为结构、性质和关系，而这些结构、性质和关系又决定了范式本身的根本的必然的结构。这些由伽利略、牛顿等科学家加于可接受的物理学对象上的限制，与哲学家康德加于“从范畴的先验结构到物质的决定性上”的限制，两者在实质上几乎契合无间。

在经过漫长的历史发展过程之后，到伽利略那时候，物理学已经将其所允许的经验内容，缩减到“纯粹可由空间时间测量来表达的内容”（这一点恰恰与康德建构形上学结构的标准完全一致），缩减到“在实验上的可重复性”。从表面上看，这种限制条件极为苛刻，然而，实际上从宏观到宇观，所允许物体的范围来说它有最为广泛的普遍适用性。这样，物理学就将“客观化范式”的条件推到极致。伽利略、牛顿所确定的纲领性思想包含深刻的哲学意义：这种被物体的可接受的性质限定为由“时空决定论描述”的特性，其实是与实验上可确定的因果关联的准确可重复性紧密相连的。从实质上看，这是在断言：“物理世界中的因果关联，在时空中所有可能的线性变换下具有不变性。”

想必读者都还记得，伽利略在《两个世界体系的对话》（1632）中告诉我们，在理想化的无摩擦的洋面上，在匀速运行的“萨尔维亚蒂大船”上的一切物理过程，与静止情况下没有任何区别。换句专业性更强的话来说，“相对于一切惯性系统，力学规律具有不变性”。这就是伽利略的相对性原理。我们也都记得，爱因斯坦对牛顿最为赞赏之点就在于，牛顿通过微分定律表达了因果性和决定论的思想。爱因斯坦认为，这是牛顿对物理学的最大贡献。

（三）用历史必然性替代康德的“先验必然性”

因此，仅仅考虑实践上有效地处理物理对象的需要，并将相应条件的应用缩减到纯粹由“时空中的决定论描述”，似乎就可以解释经典物理学是如何得出与康德（在《自然科学形而上学基础》中所做的那样）极为相似的基本范式。这样，康德的以“先验方法”奠基的物理学模型就能以一种经修改的历史主义方法（主张范式随着历史文化发展）得以重构。物理学实际上开始于人类生活实践的必然性。兼用科学实在论和历史主义的眼光看，每一个文化共同体，为了有效地保持本族群的生存，有效处理世界上的物体对象，在实践中就会逐渐形成“客观性范式”。然后随着历史的发展，这种模式越来越限定在观察和处理实验对象上。

这里所说的经典物理学范式发展的理性重建和逻辑辩护，是一种按照历史主义方式加上科学实在论的精神的重建和辩护，它与康德为物理学（也包括数学的应用）所论证的“先验范式”必然性的辩护是十分不同的，然而却具有相同的效果。其基本的区别在于，这种物理学的概念与方法论框架的历史文化发展模式，是用“历史文化必然性”（作为客观化范畴）去替代《纯粹理性批判》中的康德的“经验”的“先验必然性条件”的概念，和来自于形而上学基础的物质的“先验决定性”概念。这种客观化范畴之中的文化必然性，包含了处理物体时被物理学的特异性所修改的必然的行为条件。

在用“历史必然性”取代“先验必然性”过程中，康德的“经验”概念，也经受重新解释。“经验”概念在康德那里全部集中于感性和心智具有建构“感觉副本”（如时空作为“直觉的必要形式”，和范畴作为“思想的必要形式”）的功能上。相反，我们的“经验”概念，除了感觉之外，还包括将实践上对客观事物的处理作为一个基本的组成成分。这样的“经验”概念强调的是，科学家在实验前的设计、实验中的操作、实验后的解释等行为，是如何受他的理论上的科学范式的指导，以及受实践条件的限制和影响的。通过考虑实验条件和测量方法是如何决定可经验的对象，这种方法可以扩展对经验的副本是如何组织到心智中去的分析。这样，就似乎可能通过实践解释和历史文化发展的观点得出一种科学范式，它类似于康德的通过他的先验方法和形上学的建构所得出的概念框架。由于在历史主义的理解中，范式和物体之间在发展的所有阶段都是完全互相依赖的，因此对两者的互相适应的解释是完全不成问题的。

物理学基本范式的实践和历史主义重构，还解释了“客观性范式”本身加之于物理学主题上的特有限制。康德在《纯粹理性批判》中，最初的经验条件的“先验表述”，是经由限制才达到形上学基础中的“物质的形上学决定性”范式。相应的，通过将日常的“客观化范式”进一步限制为仅能用时空因果性地描述（为的是，保证自然的数学化以及实验上的可重复性和可测量性），人们也得到了科学上可经验的物理对象。物理学考察问题的方式，在很大程度上是由实验上可预测性、可控制性这一目标所决定的。结果，按照物理学眼光看来，“客观性范式”内有意义的可经验的物体主要功能就成了“可靠的可重复性”。由此，原先就隐含于生活实践中的“客观化范式”的核心内容和初步要求，就被物理学发展成为更为精致和严格的范式。从伽利略和牛顿开始，物理学只是允许满足可测量、可重复性的功能要求的属性，以及可作时空决定性描述的属性，作为该学科的研究主题。

当然，康德时代的化学，并不纯粹由时空决定性来描述，但依然保持对象的必要的可重复性和独立性，因此被划入稍逊于严格自然科学的、不太严格而更为专门的科学。假如所研究的属性既不符合康德意义上的严格科学所必须的“可重复性”要求又不符合“时空决定性描述”的限制，尤其是，如果有关的属性是价值依赖的，那么有着这种属性的现象就整个地处于科学的范围之外了。康德自己非常清楚这种限制，他把物理学的对象限定为可还原为运动的情形，也就是可纯粹由时空决定性来描述。

（四）康德的自然科学哲学与当代物理学的关系

康德的自然科学哲学，按照我们的逻辑重构和再解释，毫无疑问是可以适用于经典物理学的。

上文就方法论贡献的角度，讨论了康德的自然科学哲学在当代的潜在适用性，并提出它内在的基础主义和先验主义的毛病，可以通过历史主义加实践观点的重构得以克服。

尚存在的问题是，他的思想是否能与当代物理学（尤其是相对论和量子力学）沟通起来。正统科学哲学家经常在宣扬一种论调，康德的自然科学哲学充其量只能够作为牛顿物理学和欧几里得几何学的基础，而与当代物理学几乎无关。理由在于，由于相对论和非欧几何的出现，牛顿物理学和欧几里得几何学也就失去了康德所说的“普遍必然的唯一真理”的地位。

且不说相对论问题已由 Werkmeister 及其他人讨论过，他们认为康德对运动的分析并未排除相对论物理学的可能性。奥弗雷德和米勒在《康德的自然科学理论》的英译本中提出了，康德的自然科学哲学与量子理论的潜在关系问题。

按照他们的分析，康德的物理学范式像牛顿的经典物理学范式那样，预设了可分离的、可重复类型的物体，它们通过“力”来进行相互作用，但是这些“力”仅仅只是改变物体的运动“状态”，而没有改变它的本质。结果，物体就有一个“持续的质”作为可观察的本体论基础。为了方便起见，笔者暂且把它叫做“单个实体的实在论”。奥弗雷德和米勒也看出，这样一种范式在量子力学或至少是在量子场论中却行不通。因为在量子力学或量子场论中，力、性质和实体都处于不同的守恒量（如质量-能量，动量，电荷，自旋）的状态，这些物理量仅作为可对易量时才可观察到（即成为可观察量）。在量子场论中，这种物质、性质或状态的互相转化意味着，尽管状态和相互作用总是可以或者由粒子或者由波（力场）交替地得以描述，却并不存在“牛顿式的粒子”意义上的最终的本体论基础，以确定这种物体所表现出的特性或基质。很显然，从牛顿到康德，“单个实体的实在论”作为量子场的本体论基础在这里并不适合。

另外的一个问题是，尽管康德的“先验主义”假设奠定了他的自然形上学的基础，可没有任何迹象表明，康德会假定，主体对客体的观察或相互作用可以决定物体实际状态。由于这两方面的原因，康德的范式似乎明显地不适合于处理量子理论中的最基本的本体论和认识论问题。从表面上看，情况确实是这样。

然而，奥弗雷德和米勒发现，只要深入地关注康德范式的建构和假设形成的过程，那么还是可以找到康德的物理学哲学有一些有趣的特征，它能为当代物理学提供可能的关联。尽管康德最终只是想为经典物理学提供形上学基础，然而他在进行物质概念的形上学建构过程中，实际上发展了一种关于物质本质的范式，其实它的内在假设的精细结构，与当时占主流的牛顿范式很不相同。如果考虑到康德的特殊中间假设，那么就可以发现一般物质的决定性（尤其是“空间的充实性”的观念）是基于与牛顿思想完全不同的基础。

牛顿相信原子论和超距作用。他认为，物质由不可渗透的、不可分割的和不可改变的物质“原子”组成，这原子有固定的形状（广延），这些微粒具有在空间中可移动、通过引力、静电力或磁力隔一定的距离互相施加作用力的属性。

相反，莱布尼兹关于作为物体“存在”基础的相互作用力的理论，则更重视物体间的关系和相互作用。康德在莱布尼兹的影响下，建立了自己的物质模式，这一模式从一个未延伸的原点作为其最初特征的可移动性（实际上是可加速性）开始，然后在这些可移动点的“吸引和排斥”的基础上试图说明“空间的充实性”和物体间的相互作用力。从哲学史上看，亚里士多德的“虚空不可能”、笛卡儿的“充实空间”等等概念都是不折不扣的场论概念。关于这一论题，笔者就曾讨论过

“充实空间、真空、量子场的本体论与生成辩证法”的关系①。

结果，奥弗雷德和米勒正确地注意到，康德实际上为物理学所发展的范式，相比于他那个时代的经典的牛顿的粒子论模式，具有一些与现代场论模式更为接近的特征。康德的“充实空间”概念，理所当然属于“场的本体论”的思想范畴。

不过，康德的物质“场理论”的具体方案依然是不合适的，因为它试图说明“充实空间”和物体的稳定性，仅仅是基于“吸引和排斥”相平衡的机制，而缺乏“谐振”（由正反馈所支持的稳定态）这一概念的作用。尽管如此，康德的上述思想对于他关于太阳系起源的星云说的提出具有启发作用。应当指出，奥弗雷德和米勒的有些分析是错误的。例如，不应当把牛顿和笛卡儿的粒子论思考模式混为一谈。从根本上说，笛卡儿所信奉的是关于充实空间的“场的本体论”，而“粒子论”只是从属的、第二位的概念。

最后，在康德的自然科学哲学与量子物理学的关系中，我们主要关心的是康德的思考方法的基本推动作用。例如，我们可以尝试思考康德物理学哲学中的“主观性”的作用，是否可以作为将他的基本原理与量子理论的问题相联系的出发点。正如已经指出的，量子力学与经典力学的根本区别之一是，测量（观察）的影响不能被忽视。这种“主观性”的介入影响着客观决定性，这就暗示，或许康德哲学在某些方面可以潜在地提供量子理论的基础。又如，康德关于“现象”与“物自体”的两个不同层次、不同本性的划分，如果从积极的意义去理解，仍然有深刻的启示作用。在赵国求、桂起权等人所著的《物理学的新神曲》② 中，就提出了相互作用实在论，并且划分了实在的两个不同层次：现象实在与本体实在。通俗地说，月亮在人不看它的时候作为

① 桂起权，宋伟：《充实的真空：量子场的实在论与生成辩证法》，《河南社会科学》2007 年第 2 期。

② 赵国求，桂起权：《物理学的新神曲》，武汉出版社 2004 年版。

“月球”仍然存在，说的是，本体实在的客观性；反过来说，月球在人不看它的时候作为“月亮”就不存在，说的是，现象实在对观察的依赖性。这种理解，与康德的启发不能说没有关系。

笔者还在《从康德的科学哲学到规范场论》① 一文中充分论证了，为规范场论所揭示的“规范对称性”的奥秘在于“物理学定律的内在不变性”，由此康德所追寻的自然科学中“无可置辩的确定性”、“普遍必然性”在现代物理学的规范场论中得到最充分的体现。

（本文编辑：朱会晖）

① 桂起权，李继堂：《从康德的科学哲学到规范场论》，《自然辩证法研究》2004年第6期。

沾溉学林　嘉惠后学

——论萧萐父先生《中国哲学史史料源流举要》的特点及意义

□ 肖　航

2008年9月17日，萧萐父先生与世长辞，非常遗憾无缘聆听萧先生的亲自教诲，但是睹其书如见其面。通过阅读先生的学术著作《中国辩证法史稿》、《船山哲学引论》、《吹沙集》、《吹沙二集》、《明清启蒙学术流变》、《早期启蒙说与中国现代化》等书，可以想见先生治学的辛勤；通过观览先生的《火凤凰吟》、《苔枝缀玉》、《萧氏文心》等诗文集，可以想见先生作为传统知识分子的诗人情怀与高洁品格。不过，我接触最早、感触最深、获益颇多的一本书却是先生的一本小册子《中国哲学史史料源流举要》。

一年以前我正式开始学习中国哲学，之前因为没有系统上过哲学方面的课，仅仅对历史、文献等这些学科有一些粗浅的了解，所以对中国哲学史史料学的学科定位有些模糊。在中国传统学术中，文史哲是没有分家的，哲学史史料往往相伴着文史等各种材料。刚开始学习中国哲学的时候，面对纷繁复杂的文献，我一时有望洋兴叹的感觉。2008年上半年在李维武先生开设的“中国哲学史史料源流举要”课上，我得以接触萧萐父先生《中国哲学史史料源流举要》一书。正是这本书让我对中国哲学史史料学有了明确的认识，并且了解到应该如何收集整理哲学史史料，可以说这本书给中国哲学的学习者指明了一条坦途。

一、中国哲学史史料学的来源

中国哲学史史料学是关于中国哲学史史料的收集、整理、研究、分析、鉴别和使用的科学。它是中国哲学史研究的基础学科之一，目的在于为中国哲学史的研究提供可靠的根据。“中国哲学史史料学”这门课程其实并不是一门新课，冯友兰、张岱年、朱谦之等先生都开设过这方面的课程，并且冯友兰先生著有《中国哲学史史料学初稿》一书，张岱年先生著有《中国哲学史史料学》一书。

《中国哲学史史料学初稿》是冯友兰先生为初学中国哲学史的人介绍史料学的一部作品。全书共分为十四章，第一章阐释了史料学的范围和内容，第二章论目录，从第三章到第十四章分为奴隶社会时期、奴隶社会向封建社会过渡时期、封建社会的确立和前期封建制发展时期、后期封建制发展时期、近代时期等几大历史时期进行论述，对于每一时期主要史料的内容、版本以及相关注释作了详细介绍。在各个时期，该书以重要典籍作为论述重点，如在“奴隶社会向封建社会过渡时期”（第四章至第六章）的论述中，冯先生主要列举了《尚书》、《周易》、《论语》、《墨子》、《孟子》、《管子》、《老子》、《庄子》、《慎子》、《商君书》、《荀子》、《韩非子》、《吕氏春秋》以及名家的一些著作。附录部分对各阶段的重要史料作了摘录。①

张岱年先生的《中国哲学史史料学》比冯先生的书晚出二十多年，因为时代先后的关系，两本书虽然基本内容一致但详略取舍不尽相同。在先秦典籍中，除了冯先生提到的经典著作《尚书》、《周易》、《论语》等，张先生还讲了《诗经》、《左传》、《国语》、《孙子》、《申子》以及“先秦时代百家之学的史料”如公孟子、董无心、告子、杨朱等。即使同样的典籍，两书不但所列书目互有异同，具体讲法也不尽一致。

① 详参冯友兰：《中国哲学史史料学初稿》，上海人民出版社1962年版。

例如《周易》，冯书只介绍了“经”和“十翼”的内容，张书不但讲了“经”、“传”的异同，而且还列述了它们的流传情况和《周易》“经学”的历史演变。两书的不同之处还在于，张书吸收和介绍了近年出土的汉代竹简、帛书资料和研究成果，介绍了哲学史论著中很少讲到的人和著作，强调了哲学史研究不但要了解每部著作的写作时代还要注意它的流传情况。①

冯先生和张先生的这两部著作最大共同点在于以典型思想家、主要著作为论述重点，使得初学者对各个时代的代表性思想一目了然，对重要著作了然于心，便于入门。但是缺点在于基本上还停留在论著提要的阶段上，比较简略。不过，作为“哲学史史料学”这门学科的开创性作品，这两本书还是很重要的。

二、《中国哲学史史料源流举要》的特点

《中国哲学史史料源流举要》一书是由萧先生开设“中国哲学史史料学”这门课的课程讲义改编而成，但却与前两本书有明显的不同。可以说，正是这些不同点构成了萧先生这本书的特点，也正是因为有了这些特点，萧先生这本书具有独特的指导作用。

首先，《中国哲学史史料源流举要》与前两书因宗旨不同，故命名也不同。冯、张两先生的书以“史料学”命名，在于对哲学史史料进行梳理、辑佚、鉴别真伪善否、校勘、训诂等。但是萧先生的书有自身的侧重点，该书开篇讲到“其内容主要是：以中国历代哲学思想资料以及有关史料为对象，序列文献，综述目录，介绍研究成果，考辨学术源流，近于目录学、校雠学、文献学，史源学之综合，系综合性的专业

① 详参张岱年:《中国哲学史史料学》，生活·读书·新知三联书店 1982 年版。

基础课”①，在这里萧先生不但明确提出研究对象为历代哲学思想资料以及有关史料，使研究哲学史的资料不仅仅局限于思想领域还扩展到了相关领域，而且提出了研究方法“序列文献，总数目录，介绍研究成果，考辨学术源流”，这样就综合了文献学、目录学、校雠学、版本学、史源学等多门学科，囊括了史料本身考辨、研究前史综述、思想源流探析等各种关键环节，故他指明本书主旨在于“序列中国哲学史史料之目录，考辨中国哲学学术之源流；其方式是以纲带目，略举其要”②。

在这里，萧先生在重视目录学的同时推崇著名史学家陈垣先生的史源学。陈垣先生认为，研究史著应该认真寻考其所依据的史料来源，以考察其根据是否可靠，引证是否充分，叙述是否正确，史源学正是寻考史料来源的学问。20世纪三四十年代，陈垣为了传授史源学之精神，先后在北平师范大学、辅仁大学、北京大学开设了“史源学实习”课。这门课的讲授方法是：其一，选定教材。他认为最好是选用近代史学名著，如赵翼的《廿二史札记》，顾炎武的《日知录》等。其二，寻考史源。陈垣每次上课，都要从所选定的名著中抽出一二篇，交学生抄好后即自点句，将文中人名、故事出处考出；晦者释之，误者正之。他要求学生从四个方面寻考史源：一看其根据是否正确：版本异同，记载先后，征引繁简。二看其引证是否充分。三看其叙述有无错误：人名、地名、年代、数目、官名。四看其判断是否正确：计算、比例、推理。萧先生认为“‘史源学’的宗旨，在于使学生通过‘一一追寻其史源，考证其讹误，以练习读史之能力，警惕著论之轻心’。我们研究中国哲学史，为了确切把握各时代哲学家思想的承先启后的关系，也需要对各种

① 萧萐父：《中国哲学史史料源流举要》，武汉大学出版社1998年版，第2页。

② 萧萐父：《中国哲学史史料源流举要》，武汉大学出版社1998年版，第5页。

哲学史史料进行一番史源学的探究"①。这里从更高的标准提出了对哲学史史料的整理分析的方法，对于哲学史史料不仅要作为思想材料来分析研究，还要将其作为史料考辨其本身的来源流变。在寻考史料的基础上进行思想的研究，正是萧先生的独特之处。

其次，《中国哲学史史料源流举要》写法也不同于前两书。萧先生改变了前两书以人物为经，以著作为纬的写作方法，采用了以每个时代主要思潮为经，以人物或者著作为纬的写法。以时代思潮为经线，可以使人看一章便了解一个时代大概的面貌、主要的思想流派，这样便于提纲挈领。同时，根据不同思潮与争论焦点安排行文，在行文中介绍人物与论著详略得当、主次分明，让人对某种思潮既有总体印象又可以针对某个细节进行研究。例如，在周秦时期，萧先生将其分为阴阳家、儒家、墨家、道家、法家、名家等几家思想进行总结，并且按照思想流派突出每个流派最重要的著作又兼顾其他次要著作。比如，在"《论语》与先秦儒家言"一章中，萧先生对"儒"的名称进行了阐释考释，然后列举了作为儒家集大成者孔子的相关思想资料，在这些资料中萧先生以《论语》为重点旁及《春秋三传》、先秦诸子、《孔子家语》、《孔子集语》、《孔丛子》和《洙泗考信录》等书，接下来讨论了儒家分派的问题和其他儒家的著作。这样对儒家思想有兴趣的学习者能够在这章的指引下，了解到关于儒家思想重点应该看哪种书，有哪些版本、各本的侧重点与优劣在哪里，在看了这些材料之后还要兼顾哪些其他相关著作，这些著作又各有什么特点，等等。通过这本书的指引，研究者对自己所要探究的领域有了有点有面的了解，这样为继续深入开展研究作了很好的铺垫。

再次，《中国哲学史史料源流举要》补充了新材料。萧先生对散见于各种材料中的哲学史料独具慧眼，从先秦诸子某些单篇论文到汉代司

① 萧萐父：《中国哲学史史料源流举要》，武汉大学出版社 1998 年版，第 2 页。

马谈的《六家要旨》、刘向的《七略》，还包括谶纬、农学、医学、诗文集、美学、文艺批评等各种材料都被包含在他列举的哲学史史料的范围内。比如在论述魏晋玄学与反玄学思潮的时候，他认为《世说新语》、《人物志》、《全上古三代秦汉三国六朝文》等各种材料都有其作用，他从《全晋文》中找出了反玄学的欧阳建著有《言尽意论》并且指明这是对王弼言不尽意思想的批判；在论述隋唐五代哲学史料时，他特别强调类书的作用，因为在这些总集性史料中可以找到和筛选出哲学及其他文化思想史料。而且他明确指出对儒家经学论著如孔颖达的《五经正义》，"表达了孔颖达的哲学观点"，等等①。萧先生对于哲学史史料范围的扩展，大大拓宽了哲学史研究的史料范围，开阔了研究的领域。同时，相应地对研究者也提出了更高的要求：那就是研究者必须在博览群书和深入研究的过程中对各种材料进行甄别比较，选出适合的、具有哲学研究价值的史料。这是一项很艰巨但是却极有意义的工作。时至今日，这项工作还有大量的任务没有完成。

最后，《中国哲学史史料源流举要》有一些极具特色的写作内容。第一，《古史祛疑》一讲确立中华民族古史的价值与意义。作为"哲学史史料"一课，萧先生专门作为第二讲来论述古史表达了他的古史观以及整个文化观，这也是他进行史料探源的基点。萧先生一向认为人类文化是多源发生、多元并存、多维发展的；人类文化传播中的辐射、迁徙、涵化、融合都以文化发生的多根系与文化发展的多向度为前提。作为对中国文化进行过全方位、多层面、多视角思考的思想者，萧先生要探索中国哲学史史料的源流势必会对中华文化最初的起源做一番探究。在这一章，他描述了"信古派"与"疑古派"的观点和影响，其间阐述了"中国文化西来说"与"中国历史缺环论"等国外的思想，他用考古工作对于仰韶文化、大汶口文化和龙山文化等文明遗址的发现以及

① 萧萐父：《中国哲学史史料源流举要》，武汉大学出版社1998年版，第189页。

传世文献和相关学者的考论，确定了“中华远古文化是本地起源的，而且就中华本土说，非仅一源而是多源、多根系的，在交流发展中才逐步融合”①，这些正是他探寻中国哲学史史料来源的出发点。萧先生总结到要“善于把地下考古资料与传世文献资料相结合，把人类社会运动的一般规律和各个民族历史的具体特点结合，进行宏观和微观的深入考察和具体分析，透过历史的投影去把握历史的真实”②，这种研究办法对于现在的文化史、思想史研究者都具有重要的指导意义。

第二，《朴学简介》一讲总结了传统治学方法，为当代哲学史史料学发展提供了基础。萧先生第三讲定为《朴学简介》，在总结古史之后直接进入关于清代朴学的这一讲，看似时代跨度很大，但是内在理论却非常清晰。《朴学简介》介绍了中国传统治学方法朴学的主要成就与近代学者对朴学的进一步发展，涵盖了语言学（包括文字音韵训诂）、目录学、版本学、校勘学、辨伪学、辑佚学。在《朴学简介》中，萧先生的精要概括不仅列举了各类文献的纲要而且指出了相关文献的特点，这就起到了非常好的提点作用。比如在谈到文字学的时候，萧先生首先介绍了为朴学家所推崇的文字学经典东汉许慎的《说文解字》，对其进行了简单的概括性介绍，接着介绍了宋代徐铉徐锴兄弟、清代说文研究四大家、近代丁福保、当代张舜辉等人对《说文解字》的研究成果，还涉及近现代人对文字学的通论著作。在列举完这些文献纲目以后，萧先生指出有些文字学著作保存了历代关于哲学概念、范畴的各种解释，为研究范畴的演变提供了资料；有些由哲学家编著的字书本身就是阐发哲学思想的著作，这就从哲学史史料收集与运用的角度点明了文字学本身所具有的哲学意义。最为可贵的是，萧先生不囿于朴学已经有的成果，他指出“我们要把中国哲学史研究推向前进，就必须穿越而不能

---

① 萧萐父：《中国哲学史史料源流举要》，武汉大学出版社 1998 年版，第 28 页。

② 萧萐父：《中国哲学史史料源流举要》，武汉大学出版社 1998 年版，第 37 页。

跳过前辈学者的这些劳作”，在重视文献考据的同时，“还必须坚持把唯物辩证法应用于哲学认识的发展，通过历史上合乎规律出现的哲学范畴、原理的联系和演变，进行具体的阶级分析和历史分析，揭示哲学认识的矛盾发展的客观逻辑，由此判定某些难于判定的哲学著作的时代性”①，这样萧先生提出了继承朴学又要扬弃朴学的新的治学途径，对哲学史研究者提出了新的要求，将思想研究回归为研究思想本身发展的内在理路。

第三，《原始文字与古史文献举要》一讲强调了地下考古的各种文字新材料和经学为代表的上古文献的重要性。萧先生在地下考古文字资料中，强调了陶文、甲骨文，金石文、石鼓文、竹简帛书帛画；在传世古史文献中，强调《尚书》、《逸周书》、《竹书纪年》、《穆天子传》、《山海经》、《世本》，这就打破了哲学史的学科界限，将对研究古史有益的材料以及流传版本一一列出，并且点明了各书对于哲学史的作用和意义，比如在《逸周书》的介绍中，萧先生指出：“书中哲学史料如《武顺解》等篇，以‘和’贯通全书，特别是提出‘人有中曰参，无中曰两，两争曰弱，参和曰强’命题，提炼出‘参’与‘两’这对辩证范畴，应当引起重视。”② 另外在古史旁证材料中，萧先生以《诗》、《书》、《礼》、《春秋》等儒家经书作为主要内容，指出了经学在中国历史上的地位：“经学作为文化主干，包含了各门学问，所以历代官修的经学总集，可以说是当时的百科全书。这种百科全书，唐宋以来历代都有……在经学斗争中，有些问题具有哲学意义……”③ 萧先生从研究中国哲学的角度，确定了经学的地位与意义，这对于中国哲学研究中的

① 萧萐父：《中国哲学史史料源流举要》，武汉大学出版社 1998 年版，第 60 页。

② 萧萐父：《中国哲学史史料源流举要》，武汉大学出版社 1998 年版，第 68 页。

③ 萧萐父：《中国哲学史史料源流举要》，武汉大学出版社 1998 年版，第 75 页。

经学研究起到了“正名”的作用，这个观点是极具前瞻性和开创性的。

三、《中国哲学史史料源流举要》的意义

萧先生《中国哲学史史料源流举要》的特点已在前文论述，这些特点使得这本书对于哲学研究者尤其是中国哲学史初学者的指导作用非常明显。但是，这本书的意义不仅限于其对具体研究的指导作用，还在于其自身具有重要的意义。

首先，这本书反映了萧先生对于中国哲学史这门科学的认识，开创了宽阔的研究路径。萧先生认为哲学史研究，“或纯化，或泛化，或微观，或宏观，或纵向，或横向，都可以‘自为经纬，成一家言’”，而“以哲学史为核心的文化史或以文化史为铺垫的哲学史，更能充分反映人的智能创造和不断自我解放的历程”。① 基于对于哲学史研究的这种认识，萧先生在《中国哲学史史料源流举要》中凭借自己渊博学识、宽阔眼界将哲学史史料的范围大大扩宽，对于哲学史史料的甄别独具特色，既有横向分析又有纵向条贯，既有微观论述又有宏观概括，为泛化或者纯化中国哲学史的研究作了良好的铺垫。可以说，这本书既可以指导哲学史为核心的文化史研究又可以指导以文化史为铺垫的哲学史研究，这就回到了思想研究的本身目的，也就是研究“人的智能创造和不断自我解放的历程”，这对于现在的中国哲学史定位等关键问题仍然具有重要启示作用。

其次，这本书表达了萧先生“通观儒、释、道，涵化印、中、西”的学术追求。这本书的史料源流考辨中，论儒家思想则涵盖了先秦儒家原著、六经、隋唐的儒学正宗、宋元明道学诸流派等；论道家思想则涵盖了先秦道家言、秦汉时期原始道教史料、魏晋南北朝时期道教与科学文献、隋唐时期道教理论著作、宋元明时期的道教史料等；论佛学思想

① 萧萐父：《吹沙集》，巴蜀书社 1991 年版，第 410 页。

则涵盖了魏晋南北朝时期的佛教兴盛与反佛思潮、隋唐时期佛教哲学论著、宋元明时期的佛教史料、现代佛学思潮等，对于儒、释、道三家思想都有考辨与著作纲目提要，对于这些方面的研究起到了提纲挈领的作用。另外，萧先生在材料中注意到明清之际耶稣会士来华译著、20世纪科学主义思潮、人文主义思潮、马克思主义哲学等，正是“从容涵化印、中、西”的体现。

最后，这本书体现了萧先生一贯倡导的“德业双修、学思并重、史论结合、中西对比、古今贯通”的十六字指导方针。《中国哲学史史料源流举要》这本书写作目的只是为了“使研究生继踵前修，尽快地进入学术前沿；同时强调义必征实，言必有据，提倡严谨笃实的学风”①，这是典型“俯首甘为孺子牛”的奉献精神，也是一代学人崇高品格与精神的体现，这本书虽然只有三百多页，但是其修订补充却从20世纪80年代一直延续到1996年，其后才决定正式付梓。全书言必有故，对于大量材料的精心筛选与分析需要良好深厚的学养与精密的思考方能做到。至于，对于历代史料的梳理与论述、对中华文明起源探讨、对于各个阶段时代特点与思想特点的阐述，无一不浸润着十六个字。这十六字方针是萧先生毕生治学经验的总结，也是武汉大学中国哲学这一研究领域所有学人的座右铭。现在学科点的各位先生依然兢兢业业地履行着这十六个字，并将此贯彻于对本、硕、博学生的教学指导和自身的研究工作中。

总之，萧先生的《中国哲学史史料源流举要》一书，不仅反映了先生学术观点、学术追求与治学方针，而且对后学具有重要而且实际的指导作用。也可以说，这本书从一个侧面反映了萧先生的高洁人格与朴实学风。因此，这本书对于后学不管是为学还是为人，启迪将是无穷的。

（本文编辑：朱会晖）

---

① 萧萐父：《中国哲学史史料源流举要》弁言，武汉大学出版社1998年版，第1页。

哲学评论 文化研究
第7辑
PHILOSOPHICAL INQUIRY
出版者：
武汉大学出版社
2009年

简析抗日战争时期文化在渝形成强势及其现代意义

□ 朱传棨

抗日战争时期的文化是五四运动中拯救中国危亡思想的继承和发展，显得更为具体化、迫切化。它是中国现代文化史上最富有正义性、进步性和先进性的辉煌一页，是中华民族文化自觉的一座巅峰。1938年南京、武汉相继沦陷之后，全国最优秀的教育、文艺、新闻出版和科学技术机构及人才荟萃集聚和团结于陪都，他们同重庆人民一道，背负民族的创伤与痛苦，用自己的笔和血气，战斗抗争，终于赢得了抗日战争的伟大胜利，为中华民族的振兴增添了无上荣光。

一

到抗日大后方去！到重庆去！这是数千万沦陷区人民、特别是热血知识青年发自内心的共同心声。他们宁愿背井离乡，过着难民的生活，也不愿做亡国奴，而且决心打败日本侵略者。当时，从沦陷区逃出来的近5000万难民，扶老携幼，朝着以重庆为中心的抗日大后方转移。他们中除一般难民外，还有约15万的产业工人，他们是大后方军工业的真正主力军；其次是民族资本家及其各类管理人才，他们为战时的重庆输入了资金和技术；再次是文化学术人，当时国内最著名的大师级人物90%内迁，这支大军是坚决抗日的主力军之一。因为要打败日本帝国主义，首先要依靠手中拿枪的军队，但是仅仅有这支军队是不够的，还要有手中握着笔的文化大军，这是增强团结、鼓舞斗志、战胜敌人不可少的一支军队。正如有的学者所说的那样，数千万人民向抗日大后方的重庆转移，不仅仅是一次民族生命的死里逃生，也是中国南宋以降民族精神凤凰涅槃般的艰难复兴。除早逝的鲁迅、遁入空门的弘一法师和滞留南洋的郁达夫，中国几乎所有现代士大夫和才子佳人，都感领过巴山渝水的万千气象，都在这座云横雾纵、大气氤氲的山城体验到"周虽旧邦，其命维新"的悲壮韵味。①

当时，在重庆聚集了全国文化界、社会科学界和科学技术界的精英人才，不仅有文学艺术界的郭沫若、茅盾、曹禺、老舍、胡风、丁玲、夏衍、徐悲鸿、张大千等，社会科学界的沈钧儒、马寅初、顾颉刚、胡绳、胡乔木等，还有大批的爱国企业家，如爱国民主人士、民生公司重要的高层负责人李肇基先生创办的民生新村文化阵地，还有更为重要的社会名流，相聚陪都、共议抗日救亡的战略策略，如时年已58岁的社会活动家柳亚子在重庆期间，终日忙碌着参加各种政治性的集会。当时，柳亚子虽然被国民党开除，受到国民党当局的冷漠，但他仍满腔热情地撰写抗日救国、变革社会的诗文，并发表在共产党创办的《新华日报》上。特别是1944年11月郭沫若在南纪门天官府街4号寓所宴请柳亚子时，还将共产党在重庆的领导人物董必武、周恩来、王若飞和徐冰等请去参加这次宴会。席间柳亚子激动地说："世界的光明在莫斯科，中国的光明在延安。"郭沫若立即接着说："重庆的光明今夜在天官府。"这里反映出对抗战时期文化理想和文化活动的性质达到了新的公认，即全国各阶层团结起来，坚决地为反抗日本帝国主义的民族、民主、科

① 王康：《抗战中最后的耶路撒冷》，《中华读书报》2007年4月25日第23版。

学、大众的新民主主义文化。

当时，内迁西南抗日大后方的，不仅有上述各界的领军人物及其社会影响，还有中国近一半的高等学府也内迁重庆。这些高校的教职工、学生及其亲属约数十万人的文化大军，不仅显示了中华民族教育重心的地区转移，而且显示出教育的重心和宗旨更加集中与鲜明。这就是广大师生为中华民族的振兴，坚决打败日本帝国主义的侵略，而潜心学习，刻苦钻研的精神和实践，因而使中国的战时教育培养了一批批栋梁之才。他们不仅撑起了中国抗日战争的御辱大任，也支撑着新中国的诞生和发展。甚至几名华人诺贝尔奖得主的幼苗，也是在中国战时教育的温床上萌发起来的。或者说，正是抗日战争时期御辱教育的熏陶，那种为民族振兴和国家富强的精神品格，深深影响着莘莘学子，使他们不仅具有勤奋学习的品德，更有刻苦攀登科学高峰的创新韧劲，从而不仅在各自专业的领域中做出了辉煌的成就，他们也为振奋抗日救亡、奋发图强的精神做出了历史贡献。

从以上的事实情况看，不同党派、不同职业、不同机构、不同年龄、不同文化水平的各类人员，也不管是社会名流或一般学人，为共同抵御日本帝国主义的侵略，聚集在以重庆为中心的抗日大后方，铸造出他们共同具有的理想文化，这种理想文化就是抗日图强、民族独立、民主自由、民生幸福之文化。它不仅对于增强民族的凝聚力起着重要的积极作用，而且它将不同派别、不同行业、不同阶层人们的社会理想和个体的人格理想融会起来，形成巨大的战斗力量。

二

抗日战争时期，中国优秀的文化大军集结于重庆，使抗战时期文化在川渝形成强大之势并非偶然，除现实的抗日战争形势的直接原因，还有其深层的历史原因：这就是重庆自身历来具有容纳外来移民和吸纳外来影响的历史传统和文化上的包容、开放、勇于开拓和革新的思想传统。

首先，近代以来，重庆市的形成和发展的历史，就是不断吸纳外来移民的历史过程，既有粤桂人的迁入，也有湘鄂人的移进，外来居民的迁入，不仅增加了重庆人口，而且也深深影响着重庆人的生活方式、习俗。所以，在抗日战争的紧要关头，重庆市成为抗日大后方的中心，容纳数千万的难民、产业工人、文化学术大军，以及民族资本家及其各类管理人员，并非感到突然，而且在抗日战争最艰难的时日里，重庆人民和汇集在重庆工、农、兵、学、商各路大军一起，支撑起民族抗争的脊梁，顶住了日寇数万枚炸弹的轰炸，将武器、物资、粮食、兵源等送到前线。

其次，川渝文化的优秀传统的一大特点，就是它的开放性，富于探寻中西文化中的优良因素，热衷于研究解决中西文化矛盾的方略。在近现代对川渝文化有重大影响的人物有两大部分：一部分人，多是从敬儒尊经中探索解决中西矛盾方略的大家，如廖平、宋育仁、邹容等。他们的共同特点，都是敬儒尊经，也都受西学的影响，他们反对做与现实相脱离的空洞学问家。他们都为着外御西方烈强侵略，内图民族自强自救，从古今中西各种学说中寻求救亡图存的理论。另一部分人，都是为外抗烈强侵略、内图民族自强、而走出国门学习西方现代新学，学成回国后，深入国情，以新的思想理论探求救亡图强之路的理论家、政治家和社会活动家，如吴虞、郭沫若、朱德、邓小平等。

廖平（1852—1932）是四川近代哲学史上、也是中国近代哲学史上占有重要地位的经学大师。他的经学研究与众不同。他的经学研究，一方面，它否定了传统的经学，用否定的形式包容了以往经学的发展；另一方面，又指出了摆脱经学的现实道路，从古今中西文化冲突中，寻求解决现实矛盾的理论。实际上，廖平的经学理论，是以融合古今中外诸学派之精要为前提，企图创建一个超时空的敬儒尊经的哲学体系，结果是劳而无获。从而表明，经学的终结是历史的必然。但是，廖平的研究及其经学理论的深刻历史意蕴，还是有重大社会影响和独特的历史意义的。

在戊戌变法时期，廖平作为经学家具有强烈的爱国主义精神，并积极参加了四川维新派的活动，担任《蜀学报》的总编辑，对宣传维新变法起了一定作用。戊戌变法失败后，廖平因参与编纂《蜀学报》等以及所谓“离经叛道”的罪名，受到不公。但并不能阻止他著述立说和教导后学的活动，他是近代川渝哲学史著述最多的人。完全可以说，廖平的一生是以学术研究、教育后学的一生，为川渝文化、教育和哲学的发展，做出了巨大的历史贡献。现代著名的革命家和学者如吴玉章、张秀熟、蒙文通、吴虞等都曾受业于廖平。①

在近代川渝，如果说廖平是试图从经学理论中寻求解决现实矛盾的代表人物，而邹容（1885—1905）则是主张以革命手段来推翻清朝封建专制制度的思想家。邹容在世虽然仅有 21 载，但他富有激情地用朴素语言写成的《革命军》，却吹响了近代中国资产阶级民族民主主义革命的号角。在近代中国的内忧外患刺激下，幼年的邹容特别喜爱和崇拜中国历史上的民族英雄人物，英雄人物的精神深深印入邹容的脑海中。与此同时，他也融入当时四川的进步青年活动中，学习西方的文化知识，研读西方资产阶级的政治学说。1901 年，年仅 16 岁的邹容到成都，报考了官费选派留日学生，无奈因他平时的激进言行，被当地政府以“聪颖而不端谨”为由，取消了他赴日留学的资格。邹容不得已到了上海，并于次年春自费赴日留学，如饥似渴地学习西方的先进学说，积极参加中国留日学生组织的反对清政府的政治活动，因而，引起清政府驻日使馆的不满，便与日政府相勾结，抓捕邹容问罪。邹容被迫于 1903 年回到上海，在革命人士章太炎、章士钊的帮助下，不仅将他的《革命军》正式出版，而且在进步报纸上连续发表介绍《革命军》的文章。

① 黄开国，邓星盈：《巴蜀哲学史稿》，四川人民出版社 2001 年版，第473～508、509～523 页。

邹容的《革命军》只有两万多字却系统地论述了中国资产阶级民族民主革命的基本理论。坚信专制主义的清政府王朝一定会被推翻，中华共和国就可实现。在《革命军》中，首先积极宣传西方资产阶级的自由、平等思想，并明确提出在中国实行资产阶级民族民主革命的必要性和紧迫性。其次，邹容认为，革命的对象，对内就是清王朝统治者，对外就是各国侵略者。所以，在《革命军》中鲜明地论述了资产阶级民族民主革命的对象是清代封建专制制度的统治者与外国侵略者，并提出“欲御外侮，先清内患”的口号，将反对封建的清政府与反对帝国主义结合起来，以号召人民起来革命。第三，邹容认为，革命的实行者是国民，而不是奴隶。在邹容看来，当时的中国人民不仅是清王朝的封建专制制度的奴隶，而且还是外国侵略者的奴隶。依靠这种具有双重性奴隶，是不能实现革命的。所以，他提出以先去奴隶性为革命的先决条件。在《革命军》中他坚定的提出：对人民进行革命教育，去掉奴隶性，使之成为国民，以实现资产阶级民族民主革命。这不仅仅是中国革命的必经之路，也是为法国革命、美国革命所证明了的。第四，邹容在《革命军》中指出，革命的首要目标是建立资产阶级民主共和国。在共和国内，人人不仅具有国民的资格，而且还享有自由、平等和相应的各种权利与义务。邹容坚信他所倡导的资产阶级民族民主革命是一定会实现的。所以，在《革命军》的结语中，他振臂高呼：革命独立万岁！中华共和国万岁！中华共和国四万万同胞的自由万岁！①

另一部分川籍的进步代表人物吴虞、郭沫若、朱德、邓小平等，比起前者来，他们为了外御烈强侵略、内图民族自强而走出国门、学习西方进步学说的目标，更为明确、更有自觉性。

吴虞（1972—1949）是中国资产阶级民主革命中具有时代影响的人物。他以民主派的立场，把封建专制制度、家族制度及其理论形态传

① 黄开国，邓星盈：《巴蜀哲学史稿》，四川人民出版社2001年版，第473～508、509～523页。

统儒学三者联系起来，进行深刻的批判。在川渝，他是继邹容之后具有全国性影响的学术人物和激进民主运动的活动家。1905年底，东渡日本留学，由于接触到了西方的法学、史学、政治学和经济学等学科，引起其思想的巨大的变化。其民主激进思想更加强化和坚定。1917年，他就在《新青年》上发表了批判家族制度是封建专制主义之根据的文章。在五四运动中，由于他是负有盛名的活动家，受到胡适、马寅初、梁漱溟等人的称赞。他对四川的教育和川渝文化的发展有重要贡献，特别是为川渝反对封建专制主义、反对帝国主义文化的优秀传统，增添了强有力的内容。吴虞晚年所接交的友好，如张澜、吴玉章、张秀熟、蒙文通等都是川渝文化界的进步人士，这足以表明吴虞的一生，主要是为救亡图存、坚决批判封建专制主义、倡导民主革命的一生。

中国现代杰出的作家、史学家、古文字学家、著名的社会活动家郭沫若（1892—1978），走出四川乐山，于1914年赴日本留学攻读医科，回国后从事文艺运动。“五四”时期，积极从事反对帝国主义、反对封建主义的新文化运动。1921年，出版第一部诗集《女神》，并与郁达夫、成仿吾等著名人士组织“创造社”，倡导民主进步活动。1926年参加北伐战争，任国民革命军总政治部副主任。1927年，蒋介石公开背叛民主革命前夕，他写了《请看今日蒋介石》，在社会各界产生很大影响。1928年旅居日本，从事中国古代史、甲骨文、金文研究，并积极支持留日青年和国内文艺界的新文化活动。抗日战争开始，回到中国，在周恩来直接领导下，组织和团结国民党统治区的进步文化人士，投入到抗日救亡运动。在这一时期他所著的《屈原》、《虎符》、《棠棣之死》等历史剧及大量诗文，深刻揭露和批判买办资产阶级及其党派卖国投降政策，激发了广大人民抗日斗争的热情和斗志。抗日战争胜利后，对蒋介石专制主义统治及其发动内战的阴谋，进行了针锋相对的揭露和批判。中华人民共和国建立后，他长期担负科学文化教育事业的组织领导工作。对发展中国科学文化教育事业做出了不可磨灭的重大贡献。他为川渝优秀传统文化的发展增添了独特的内容和精神力量，特别对川渝抗日战争时期文化的大发展，做出了巨大的历史贡献，其深刻的历史影响，至今仍在起作用。

在郭沫若走出川渝，出国寻求救亡图存的同时，朱德（1886—1976）于1915年远赴德国后，又去俄国。没隔几年，邓小平走出四川去法国留学。他们均被国内反动势力所迫，移至国外寻求真理，组织革命，积极传播先进的革命理论。他们真正是外御帝国主义侵略，内图自强的组织者和领导者，在他们及其政党的组织领导下，团结全国人民一道，对外彻底打败了日本帝国主义，肃清了帝国主义在华一切势力，废除了一切不平等条约；对内不仅彻底肃清了封建的和官僚买办的专制主义的思想统治，消灭了不民主的社会政治制度，建立了工农劳苦大众当家做主人的新中国，特别是邓小平是新中国社会主义改革开放和现代化建设的总设计师，使国家真正开始富强起来，中华民族也真正开始复兴，中华民族优秀传统文化得以弘扬和发展。这已经为世人瞩目共识。如英国驻香港第22任总督葛量洪，于1958年"五四"前夕，在美国哥伦比亚大学演讲时指出："中国文化最为高深，千古以来，世界上古老文化能绵延不绝，至今仍然光芒万丈，屹立不摇，只有中国文化。"

由此可见，抗日战争时期，中国先进的优秀文化大军集结于重庆，形成抗战时期文化发展的强势，既有抗日战争形势发展的特殊原因，还有重庆市形成和发展的历史特征及其所特有的进步和开放的优秀传统文化底蕴的历史原因，重庆为抗战时期文化的发展提供了思想文化滋养和历史前提，抗战时期的文化也为重庆的新发展注入了持久的精神动力。

三

抗战时期齐聚川渝的文化大军有两支主力，要得以彰显和述说。首先是西南联大的积极抗日的广大师生员工及其亲属。

1937年7月7日，抗日战争全面爆发，在中华民族历史上最为危困艰险的时刻，清华大学、北京大学及南开大学三校师生，在上有敌机轰炸、下缺衣食温饱的艰苦环境下，徒步南下，迁至长沙后，组成了长沙临时大学。1937年底，战火逼近到长沙时，学校便决定迁往远离抗战前线的云南昆明。联大师生具有民主传统，特别是“一二九”学生运动传统，他们是高举“一二九”学生运动的革命旗帜离开北平和天津的。其中不少学生直奔抗日前线，投入到抵抗日本帝国主义的血战中。西南联大在昆明成立时，正值陈立夫任教育部长。这时，国民党加强了在教育方面的控制。1939年，蒋介石在第三次教育会议称：“今天我们再不能附和过去误解了许久的教育独立的口号……应该使教育和军事、政治、社会、经济一切事业相贯通。”要求“教育界齐一集中为三民主义而努力”。反对“各逞所见，各行其是”。为此，国民党当局以行政手段对联大从各项制度上予以控制和干涉，并强行要求教职员工加入国民党，实行文化专制主义，对积极抗日图强、救亡图存的进步学生借口“有共党嫌疑”等所谓罪名加以迫害。①

联大师生有着光荣的革命传统，具有很强的爱国主义和民族民主主义进步思想。他们强烈抵制和反对国民政府当局对教育的干涉和控制，要求教学与学术自由。闻一多在《八年的回忆与感想》一文中指出：“大学里的课程，甚至教材都要规定，这是陈立夫做了教育部长后才有的现象。这些花样引起了教授中普通的反感。有一次教育部要重新‘审定’教授们的资格，教授会中讨到这个问题，许多先生发言非常愤激。”不少教授把教育部发的教员资格审查表扔进了字纸篓。有的教授写文章批评和反对国民党当局在学校设立训导制度。国民党要求各院长和系主任都加入国民党遭拒之后，国民党重庆当局又派人到联大，邀请各院教授20多人，“劝请”他们加入国民党，遭到刘仙洲等教授的严词拒绝，并强烈揭露和批评国民党当局不积极引导和发扬青年学生抗日救亡的爱国热情，大搞文化专制主义的图谋。在国民党控制联大的计划

① 清华大学校史稿编写组《清华大学校史稿》，中华书局1981年版，第295～299页。

受挫之后，重庆国民党当局放出信息，企图解聘进步教授闻一多等，后因惮于联大教授的反对而未敢下手。国民党对联大控制，反而更加激增了联大的民主自由的进步传统，特别是到后期联大学生运动蓬勃开展后，联大被人称为"民主堡垒"，"抗日思想库"。西南联大的一大批著名哲学家，如金岳霖、冯友兰、贺麟、沈有鼎等，他们与自己的民族一起同甘苦，共患难，所进行的哲学创造，不仅直接为抗日战争的胜利做出贡献，更为近代中国哲学发展做出永不磨灭的重大贡献。①

其次，亲临重庆积极参与抗日的文化界人士，都是在不同学科领域具有深厚造诣的大师级的著名学者，又都是坚决抗日的社会活动家。他们在广大人民和爱国青年中有强大的社会影响。1938年10月日军相继占领广州、武汉之后，抗日战争逐渐进入战略相持阶段，日本侵略军被拖到中国内地，在财务、物力、兵力等方面都已无力发动大规模的战略进攻。因而，日本侵略者对国民党政府，从以军事进攻为主、政治诱降为辅转变为以政治诱降为主、军事打击为辅的方针。在其占领区内，加紧扶植傀儡政权，建立和发展汉奸组织。在这种形势下，国民党统治内部的投降、分裂、倒退活动日益严重。1938年12月，国民党副总裁、国民参政会议长汪精卫公开投降，并在南京成立日伪政权。当即引起重庆及全国各地区抗日人民的愤怒与抗议。国民党当局对抗日群众的愤怒与抗议不仅不接受，反而对坚决抗日的著名爱国人士进行迫害。禁止言论自由，剥夺人民群众的集会和出版自由的权利，加强了其专制主义的统治，著名经济学家马寅初因抨击豪门资本而被捕入狱。国民党当局还宣布取消著名抗日民主进步人士沈钧儒、章伯钧、史良等人的国民参政会参政员资格。因而更加激起广大人民、特别是文化界人士坚决抗日、民主爱国热潮的高涨，反对压制民主、消极抗日的国民党政府的集会活动，此起彼伏。到1941年，以中产阶级和小资产阶级上层为社会基础

① 李维武：《长江流域文化与近代中国哲学》，湖北教育出版社2005年版，第558~569页。

的《中国民主政团同盟》在重庆成立。后更名为《中国民主同盟》，吸收许多无党派人士参加这个组织。创办了机关报《光明报》，发表了《中国民主政团同盟成立宣言》，提出坚决抗日、加强团结、结束党治、实行宪制、实践民主、保障自由等政治主张。重庆各界爱国民主人士张澜、沈钧儒、冯玉祥等500余人举行会议，要求实行民主，坚决抗战到底，结束一党专政。宋庆龄、郭沫若等72人发起追悼爱国先进战士邹韬奋大会，进一步掀起了要求民主，坚决抗日的热潮。文艺界提出“抗战、民主、团结”为文艺创作的三大目标。文化界张申府、曹禺等50人举行集会，要求言论出版自由。开明人士柳亚子、李济深等在广西成立桂林文化界抗战工作协会，发出“动员民众，坚决抗战，铲除失败主义”的号召。

抗日战争时期这两支文化大军的各项政治主张、为复兴中华民族、外御烈强、内除腐败专制之时弊，实践民主团结，坚决彻底打败日本帝国主义、为建立民主独立和富强的国家，而不畏危困艰险的奋斗精神，至今仍是振兴中华民族的强大动力。

（本文编辑：肖航）

作 者 简 介

吴根友，武汉大学哲学学院教授、博士生导师。

郭齐勇，武汉大学哲学学院教授、博士生导师。

李维武，武汉大学哲学学院教授、博士生导师。

田文军，武汉大学哲学学院教授、博士生导师。

方克涛（C. J. Fraser），香港中文大学哲学系助理教授。

邬昆如，台湾辅仁大学教授。

林安梧，台湾师范大学国文学系所教授，台湾玄奘大学中文系所教授。

李彦仪，台湾政治大学哲学系博士班研究生。

伍晓明，新西兰坎特伯雷大学语言与文化学院讲座教授、高级讲师。

崔发展，武汉大学哲学学院博士研究生。

戴　劲，武汉大学哲学学院博士研究生。

黄　敏，武汉大学哲学学院博士研究生。

李　珊，武汉大学哲学学院博士研究生。

熊文娴，武汉大学哲学学院博士研究生。

刘建平，武汉大学哲学学院博士研究生。

杨海波，武汉大学哲学学院博士研究生。

桂起权，武汉大学哲学学院教授、博士生导师。

段文辉，广东工业大学讲师。

肖　航，武汉大学哲学学院博士研究生。

朱传棨，武汉大学哲学学院教授。

Contents